IDEOLOGIAS E MENTALIDADES

MICHEL VOVELLE

IDEOLOGIAS E MENTALIDADES

Tradução:
Maria Julia Cottvasser

editora brasiliense

Copyright © by *Éditions La Découverte, 1985.*
Título original em francês: Idéologies et mentalités
Nenhuma parte desta publicação pode ser gravada,
armazenada em sistemas eletrônicos, fotocopiada,
reproduzida por meios mecânicos ou outros quaisquer
sem autorização prévia da editora.

ISBN: 85-11-14059-X
2ª edição, 1991
1ª reimpressão, 2004

Revisão: *Carmem T. S. da Costa e Orlando Parolini*
Capa: *Camila C. Costa*

Dados Internacionais de Catalogação na Publicação (CIP)
(Câmara Brasileira do Livro, SP, Brasil)

Vovelle, Michel
    Ideologias e mentalidades / Michel Vovelle / tradução Maria
Julia Cottvasser. – São Paulo : Brasiliense, 2004.

    Título original: Idéologies et mentalités.
    1ª reimpr. da 2ª ed. de 1991.
    ISBN 85-11-14059-X

    1. História - Filosofia 2. História social 3. Historiografia
4. Ideologia 5. Pensamento I. Título

04-8068   CDD-901

Índices para catálogo sistemático:
1. História : Filosofia   901

editora brasiliense s.a.
Rua Airi, 22 - Tatuapé - CEP 03310-010 - São Paulo - SP
Fone/Fax: (0xx11) 6198-1488
E-mail: brasilienseedit@uol.com.br
www.editorabrasiliense.com.br

livraria brasiliense s.a.
Rua Emília Marengo, 216 - Tatuapé - CEP 03336-000 - São Paulo - SP
Fone/Fax (0xx11) 6675-0188

Índice

Introdução:

Ideologias e mentalidades: um esclarecimento necessário 9

Primeira Parte

A história das mentalidades na encruzilhada das fontes 27
Rins e corações: pode-se escrever uma história religiosa a partir de traços? 33
Pertinência e ambigüidade do testemunho literário 48
Iconografia e história das mentalidades 65

Segunda Parte

Da história das culturas à história das atitudes: onde se encontra o inconsciente 103
Existe um inconsciente coletivo? 107
Sobre a morte 127

Terceira Parte

O popular em questão 151
A religião popular 157
Os intermediários culturais 207
Dez anos de sociabilidade meridional 225
O retrocesso pela História na redescoberta da festa 240

Quarta Parte

"Um tempo mais longo": resistências e longa duração nas mentalidades coletivas 255
A longa duração 259
História das mentalidades, história das resistências ou das prisões de longa duração 299

Quinta Parte

Existem revoluções culturais? 333
A sensibilidade pré-revolucionária 337
A Revolução Francesa: mutação ou crise de valores? 372
O evento na história das mentalidades 405

Bibliografia 411

Introdução

Ideologias e mentalidades:
um esclarecimento necessário*

Eis uma questão que poderá parecer ingênua, mas que de fato assume, sem timidez e falso pudor, a sua simplicidade. Sou um historiador formado nos métodos de abordagem marxista — e não os renego, longe disso — mas ao mesmo tempo classificado na categoria dos historiadores das mentalidades, corretamente é provável, no que se refere às produções que me tornaram conhecido, ou seja: os estudos sobre as atitudes coletivas diante da morte; os ensaios sobre a festa e sobre fatos da história religiosa, tais como a descristianização do ano II, tratada em termos de uma mutação crítica no centro do processo revolucionário.**

Não creio, com isso, estar sendo infiel aos meus pressupostos iniciais, mesmo que minha trajetória possa parecer paradoxal a outros. Por exemplo, para historiadores que não

---

* Comunicação inédita apresentada em dezembro de 1980, na Universidade de Dijon, por ocasião do encontro sobre as mentalidades na época revolucionária. A ser publicada nas atas do colóquio. Está prevista a publicação de uma versão inglesa deste texto em: *Mélanges offerts à Eric Hobsbawm*. (*Misturas oferecidas a Eric Hobsbawm*).
** O autor se refere ao ano II do novo calendário instituído pela Revolução Francesa. (N.T.)

se reconhecem — ou não se reconhecem mais — como marxistas, como Emmanuel Le Roy Ladurie que, em uma avaliação sobre minha obra *Piété baroque et déchristianisation: les attitudes devant la mort en Provence au XVIIIe siècle (Piedade barroca e descristianização: as atitudes diante da morte na Provença no século XVIII)*, surpreende-se ante um historiador marxista hábil em descrever o "como" e que se recusa a dizer o "porquê". Uma observação talvez tão simplista quanto a minha, pois parece investir o historiador marxista da perigosa responsabilidade de dizer o porquê... o que, afinal, é uma homenagem nada desprezível.

Por outro lado, causei surpresa, algumas vezes, a historiadores marxistas devido a uma aparente complacência com temas heterodoxos. Recordo, assim, uma interrogação amistosa de Pierre Vilar, preocupado em saber se, em lugar dos temas que evidentemente me atraem — a morte ou, então, a festa — não seria preferível que eu estudasse os processos de tomada de consciência entre as massas: vocação certamente menos ambígua para um historiador marxista. Cada qual tem seu estilo; e as duas histórias refletem pelo menos um mal-entendido, ou talvez até um pouco mais do que um mal-entendido. Acima de minha aventura pessoal, porém, percebi, naquela pergunta, uma questão mais ampla e profunda: a necessidade que se coloca para o historiador marxista de precisar os seus próprios conceitos, confrontando com o refinamento de sua própria problemática, assim como de solicitações exteriores. Também a necessidade, para toda uma nova geração de historiadores de mentalidades, de definir — de maneira muito simples, porém rigorosa — a própria noção de mentalidade, tornando-a operatória, embora guardando um certo toque artístico.

Para isso, é necessário tomar claramente consciência da coexistência, dentro de um mesmo campo, de dois conceitos que, além de rivais, são herdeiros de duas correntes diferentes e, por isso mesmo, difíceis de se ajustarem, embora apresentem, incontestavelmente, uma área real de superposição. Evidentemente, porém, ideologia e mentalidade não são uma única e mesma coisa.

Ideologia

Não cairei na armadilha de iniciar com uma nova definição do conceito marxista de ideologia. Outros já o fizeram, a começar pelos fundadores, até os recentes exegetas como Louis Althusser, que define a ideologia como "a relação imaginária dos indivíduos com suas condições reais de existência" (em *Ideologia e aparelhos ideológicos de Estado*). Em outras palavras: o conjunto de representações, mas também de práticas e comportamentos conscientes ou inconscientes. O caráter muito geral da definição parece apto a congregar em torno de uma hipótese de trabalho comum tanto marxistas como não-marxistas. Se é possível objetar-lhe o caráter incontestavelmente vago, também se pode afirmar ter sido essa a intenção de Marx mesmo, preocupado, em sua Introdução de 1857, em responder às acusações de economicismo reducionista de que fora alvo *A ideologia alemã*. Nessa Introdução, ele define modo de produção em termos talvez citados demais, mas sempre essenciais: "em todas as formas de sociedade, é um modo de produção determinado e as relações por ele engendradas que determinam todos os outros modos de produção e as relações engendradas por estes últimos, como também seu nível e sua importância. É como uma luz geral onde estão mergulhadas todas as cores e que lhes modifica as tonalidades particulares. É como um éter particular que determina o peso específico de todas as formas de existência que dali emergem".

Luz geral, éter particular: podemos, sem nos tornarmos iconoclastas, reconhecer com Pierre Vilar que, estilisticamente, esse não é "o melhor de Marx". Porém, pouco importa, desde que a intenção seja nitidamente percebida, tal como foi depois comentada por Engels, em 1890, em uma carta a Ernst Bloch: "Segundo a concepção materialista da História, o fator determinante é, em última instância, a produção e a reprodução da vida real. Nem Marx nem eu jamais afirmamos mais do que isso. Se, mais tarde, alguém torce essa proposição, fazendo-a dizer que o fator econômico é o único determinante, transforma-a em uma frase vazia abstrata e absurda...".

Assim, Engels, em seguida a Marx, respondia, por antecipação, a toda uma crítica ao mesmo tempo opinativa e tão elementar que não deveríamos nos deter nela: a do "marxismo vulgar", como explicação mecânica através do econômico, em um universo onde as superestruturas ideológicas responderiam, como em um passe de mágica, às solicitações da infra-estrutura. Debate acadêmico, certamente, que deixaremos a cargo dos críticos "vulgares" do marxismo "vulgar". É preciso, porém, reconhecer que tais estereótipos têm vida longa e eficácia real. Nem sei se essa crítica não teria contribuído na historiografia francesa para esse tipo de prudência; aliás, mesmo uma certa timidez dos historiadores marxistas em abordar objetos que poderiam expô-los a tais censuras. Até data recente, tinha-se a impressão de uma partilha implícita à qual subscreviam, pelo menos por seu silêncio, numerosos historiadores marxistas, confinando-se no domínio da economia e das estruturas sociais (mas em liberdade muito vigiada), e reservando aos mais qualificados que eles os territórios mais complexos da história religiosa, das mentalidades e das sensibilidades. Assim, o Goldmann de *Dieu caché* (*Deus escondido*) permaneceu por longo tempo como a exceção que confirma a regra de não-intervenção dos pesquisadores marxistas em assuntos que não eram considerados de sua competência.

Confinados ao subsolo e abandonando para outros os andares nobres, os historiadores marxistas não foram nem

INTRODUÇÃO 13

mesmo recompensados por sua prudência, visto que continuaram a ser solicitados ou confrontados por objeções que pesquisas em novas áreas de investigação colocavam sem cessar a uma leitura supostamente marxista. Essas objeções são fortes — sobretudo quando apresentadas por críticos que não são adversários do marxismo.

Vejamos, limitando-me ao próprio campo de minha pesquisa sobre o século XVIII, o questionamento maior que suscitou o estudo da ruptura entre a ideologia "burguesa" do Iluminismo e o grupo que era seu porta-voz nas academias de província, repúblicas literárias e nas lojas maçônicas. Nas estatísticas irrefutáveis de Daniel Roche, o burguês se oculta, deixando no proscênio os aristocratas ou os representantes de uma "elite" de talento... Pergunta-se então: o que significa uma ideologia que não é representada pelos agentes apropriados, ou melhor, que é avançada justamente por aqueles cuja destruição ela porta em germe? Daí o sucesso, em determinada época, da teoria das elites, naturalizada francesa, como tentativa de romper o encadeamento "mecânico" das participações e opções, ou das tomadas de consciência.

À medida que se atingem as representações mais complexas, a dificuldade cresce para explicar corretamente, e até mesmo levar em conta, um certo número de dados. Uma tese muito recente de história social à luz do marxismo, que visa a reconstituir em toda a sua profundidade o grupo da aristocracia parlamentar francesa do século XVIII, esbarra em obstáculos que ela não pode nem elidir nem reabsorver no momento mesmo em que reúne com muito brilho todos os elementos do estudo. Por exemplo: o jansenismo dos magistrados persistindo no século XVIII seria uma sobrevivência, uma forma vazia?

São essas formas "nobres" de expressão ideológica, mas uma história que amplia cada vez mais o campo de sua curiosidade, englobando comportamentos mediante os quais o homem se define em sua plenitude — isto é, a família, os costumes, os sonhos, a linguagem, a moda... —, confronta-se, nesses domínios, com o aparentemente gratuito, mas nem por isso menos significativo. Que significado, porém, lhe atribuir? Mais ainda: existe nos comportamentos humanos — proposição aparentemente absurda em vista da definição de que partimos — uma parte que escape à ideologia, que esteja abaixo ou de lado? O uso comum do termo no vocabulário cotidiano tende a ser desorientador nesse domínio: "Isto é ideológico", ouve-se dizer, uma expressão que remete à representação que se faz no senso comum (a partir de uma certa prática social do discurso) da ideologia como um configuração orgazinada e polarizada, em contraste com um certo bomsenso, onde se refletiria a atmosfera da época... a mentalidade talvez?

Mentalidade

A noção de mentalidade conforme é atualmente definida, remete a uma herança diversa e muito mais recente — datando de vinte a trinta anos, se nos referíssemos à difusão geral do termo. Contudo, é preciso reconhecer que o conceito está longe de ser universalmente aceito: basta verificar com que dificuldade historiadores de fora da França conseguiram adaptar a noção ou mesmo traduzir o termo. Os alemães procuraram um termo congruente, enquanto os ingleses, seguindo-se aos italianos, resignaram-se pragmaticamente a utilizar a própria expressão francesa.

Por outro lado, sabe-se perfeitamente que se pode descobrir toda uma pré-história da historiografia das mentalidades; e também que é evidente (exatamente como o sr. Jourdain, que fazia prosa sem o saber), que já se fez história das mentalidades sem lhe dar esse título. O que é *La Grande Peur* (*O Terror*) de Georges Lefebvre, senão o estudo impressionantemente moderno de um dos últimos

INTRODUÇÃO 15

grandes pânicos de estilo antigo na sociedade francesa? Pensemos, em seguida, em alguns dos grandes clássicos, como *Le déclin du Moyen Age* (*O declínio da Idade Média*) de Huizinga, incontestavelmente uma das obras fundadoras dessa nova abordagem histórica. Se já é possível começar a falar em história das mentalidades no sentido estrito a partir de Lucien Febvre e da escola dos *Annales* (*Anais*) — assim como em *Le problème de l'incroyance au XVIe siècle: la réligion de Rabelais* (*O problema da descrença no século XVI: a religião de Rabelais*) — é apenas com Robert Mandrou e Georges Duby, nos anos sessenta, que se opera, com fortes resistências, o reconhecimento de um novo terreno da História. Dir-se-ia, porém, que este compensou com uma agressividade conquistadora as dificuldades iniciais: na lista dos atuais sucessos editoriais, a história das mentalidades pode perfeitamente figurar, na historiografia francesa, como o marco de mudança ou como a alternativa para a história social anteriormente dominante. A curiosidade e o efeito de atração sentido por outras correntes historiográficas testemunham que ali reside, provavelmente, muito mais do que um fenômeno de moda.

É aí também que se coloca o primeiro dilema de uma noção conquistadora, mas que conserva, ao mesmo tempo, um caráter no mínimo muito vago. Embora não cessem há vinte anos as interrogações sobre a definição da própria noção de "mentalidade", não conheço ainda melhor definição do que a proposta por Robert Mandrou, centrada nesse ponto: uma história das "visões de mundo". Uma definição ao mesmo tempo bela, satisfatória em minha opinião, mas incontestavelmente vaga.

Poderia-se ainda contestar R. Mandrou, ao se verificar a forma como tem evoluído o próprio conteúdo dessa história nos últimos vinte a trinta anos? Assumindo tudo que essa redução possa ter de empobrecedor, e até de caricatural, parece-me bem que se passou de uma história das mentalidades que em seus primórdios situava-se essencialmente

16   MICHEL VOVELLE

ao nível da cultura ou do pensamento claro *Le problème de l'incroyance au XVI siècle: la réligion de Rabelais* (*O problema da descrença no século XVI: a religião de Rabelais*), de L. Febvre, mas também *De la culture populaire aux XVIIe et XVIIIe siècles* (*Da cultura popular nos séculos XVII e XVIII*), de Mandrou, para uma história das atitudes, dos comportamentos e das representações coletivas inconscientes. É precisamente isso que se inscreve maciçamente nos novos centros de interesse em voga: a criança, a mãe, a família, o amor e a sexualidade... a morte.

Para tomar consciência dessa trajetória, basta acompanhar dois temas que aparecem constantemente na produção da História das mentalidades. Tomemos, por exemplo, a feitiçaria. Desde o estudo histórico de R. Mandrou — cujo mérito nunca será suficientemente louvado —, *Magistrats et sorciers en France au XVIIe siècle* (*Magistrados e feiticeiros na França no século XVII*), até as abordagens mais recentes de C. Ginzburg e R. Muchembled, a visão do historiador tem-se modificado. Mandrou nos revela a mutação histórica do ponto de vista da perspectiva das elites e do poder, quando os parlamentares, em algum momento em torno de 1660, decidiram não mais queimar os feiticeiros. Atualmente, esforçamo-nos para passar para o outro lado da barreira a fim de tentar analisar, de seu próprio interior, o universo mental dos marginais e desviantes. Da mesma maneira, seria talvez fácil demais demonstrar a mudança operada entre o *Rabelais* de L. Febvre, hoje historicamente datado — reflexo de uma história que permanecia ao nível das elites, a meio caminho entre a história das idéias e a história das mentalidades —, e o *Rabelais*[1] de Mikhail Bakhtine — expressão e reflexo de uma cultura popular

---

[1] *L'oeuvre de François Rabelais et la culture populaire au Moyen Age et sous la Renaissance* (*A obra de François Rabelais e a cultura popular na Idade Média e Renascimento*).

apropriada. A história das mentalidades mudou em muito pouco tempo, a própria noção de mentalidade também: experimentamos atualmente o sentimento de lidar com uma disciplina com bulimia, levada a anexar a si mesma, sem complexos, áreas inteiras da História: religiosa, literária, das idéias, mas também do folclore e de toda uma dimensão da etnografia... Bulimia perigosa em ato: quem devorará o outro?

É tempo de fazer uma pausa e reenfocar o problema que nos preocupa: mentalidade e ideologia. Entre um conceito elaborado, longamente amadurecido, mesmo que a última palavra esteja evidentemente longe ainda de ser dita; e uma noção como a de mentalidade, reflexo conceitual de uma prática ou de uma descoberta progressiva — é verdade que recente, mas incontestavelmente fluida ainda —, carregada de sucessivas conotações, compreende-se que o ajustamento seja difícil: eles provêm de duas heranças diferentes; e também de dois modos de pensar: um mais sistemático e o outro voluntariamente empírico, com todos os riscos que isso acarreta.

Todavia, existe entre os dois termos uma indiscutível e ampla área de superposição. Se nos reportarmos ao seu emprego corrente, parecerá — no que se arrisca a tornar-se um diálogo entre surdos — para alguns que as mentalidades se inserem naturalmente no campo do ideológico, enquanto para outros a ideologia, no sentido estrito do termo, não poderia ser senão um aspecto ou um nível no campo das mentalidades, isto é, o da tomada de consciência ou de formalização do pensamento claro. Percebe-se o que essa dupla apreciação contém de mal-entendidos fundamentais. Os que aspiram a livrar o conceito de ideologia dessa mácula excessivamente grave de ser um conceito marxista falarão de um "terceiro nível"... sem jamais se referir, contudo, à hierarquização entre infra-estruturas econômicas, estruturas sociais e superestruturas ideológicas. Admitimos ser este um compromisso burguês, mas que tem pelo menos o mérito — tal como foi apresentado por Pierre Chaunu — de atrair a atenção para a importância considerável assumida nesses últimos decênios pela História "no terceiro nível" dentro das preocupações coletivas de pesquisa. Nesse investimento coletivo na historiografia dos países liberais, e particularmente na França, parece nitidamente ser a noção de mentalidade — mais flexível, desembaraçada de toda conotação "ideológica" — a parte premiada, a mais operatória, a melhor habilitada, graças à própria sutileza de que se reveste, a responder às necessidades de uma pesquisa sem pressupostos.

Mentalidade contra ideologia

A história das mentalidades é antimarxista? Esse é um problema que só pode ser tratado a partir de uma perspectiva histórica. É inegável que durante longo tempo tem havido uma real inquietude entre os historiadores marxistas em face de uma abordagem suspeita de ser, conscientemente ou não, mistificante. É justificada a atitude? Certamente não, considerando-se uma parte dos incentivadores da escola francesa, Mandrou ou Duby, particularmente atentos em manter unidas as duas pontas da cadeia, desde o social ao mental e, portanto, abertos a todas as confrontações. Não se pode dizer o mesmo, talvez, da geração precedente, como L. Febvre e de uma parte dos primeiros *Annales*. Se os criadores da revista procuraram manter a ênfase sobre a trilogia economia-sociedade-civilização (esse último termo como lembrança de uma codificação mais antiga, abrindo-se para o superestrutural), e se Fernand Braudel conserva a ênfase sobre a importância da mediação social ("civilização material *e* capitalismo"), não se distingue menos no espírito dos *Annales* a preocupação em diferenciar-se de uma História marxista, tida como envelhecida e fechada

INTRODUÇÃO 19

nos esquemas dogmáticos de um reducionismo sócio-econômico. Inversamente, a ênfase posta sobre o mental e sobre a especificidade da "prisão de longa duração" atesta a preocupação de Braudel em afirmar, senão a autonomia do mental, pelo menos a originalidade dos ritmos aos quais este se subordina. Dentro dessa perspectiva — ela própria histórica — apesar de uma boa parte dos historiadores franceses atuais das mentalidades terem vindo da história social e de não a terem repudiado, pelo contrário, vê-se também adquirir um lugar mais amplo, de ambos os lados do Atlântico, uma nova geração de especialistas que não passaram pelo desvio antes obrigatório, e preferiram escolher "o método curto de fazer oração". Esses novos historiadores das mentalidades, preparados para todas as tentações da psicohistória, acentuarão provavelmente — e sem felicidade — uma parte dos traços que logo se destacam, para sublinhar a autonomia do mental.

Em um primeiro nível, o conceito de mentalidade se constitui, como observamos, mais amplo que o de ideologia: ele integra o que não está formulado, o que permanece aparentemente como "não significante", o que se conserva muito encoberto ao nível das motivações inconscientes. Daí a vantagem, talvez, dessa referência mais maleável para uma História total.

Além dessa característica, as mentalidades se distinguem de outros registros da História por aquilo que R. Mandrou definiu como "um tempo mais longo", alusão à longa duração braudeliana e às "prisões de longa duração". As mentalidades remetem, portanto, de modo privilegiado, à lembrança, à memória, às formas de resistências. Em resumo: aponta aquilo que se tornou corrente definir como "a força de inércia das estruturas mentais", mesmo que essa explicação continue de caráter verbal. Especialmente da perspectiva que nos interessa, essa constatação — à primeira vista irrefutável de inércia das mentalidades — abre-se para diversos tipos de interpretação ou hipóteses de trabalho.

A primeira — recurso talvez visando a conciliar ideologia e mentalidades — veria em toda parte um setor de traços de mentalidade, ou seja, a expressão de um nível inferior de ideologia. Em outras palavras, ideologias "em migalhas", ou o que restaria de formulações ideológicas, algumas vezes enraizadas em contextos históricos precisos, mas que entraram em discrepância e deixaram de se ligar ao real para se tornarem estruturas formais ociosas e até irrisórias. Essa primeira pista explicativa — ainda insatisfatória em minha opinião — tem pelo menos o mérito de tentar reintegrar validamente, em uma visão coerente, o que a abordagem das mentalidades encontra em seu caminho. Mas também talvez possa ser isso o que seja reprovável nela.

Há um outro modo de dar conta da relação específica entre o tempo das mentalidades e o da História, como também dessa "força da inércia das estruturas mentais". Nos pontos onde a hipótese precedente identifica restos de ideologias mortas, muitos, ao contrário, tendem atualmente a descobrir, nessas lembranças que resistem, o tesouro de uma identidade preservada, estruturas intangíveis e enraizadas, a expressão mais autêntica dos temperamentos coletivos: em resumo, o que há de mais precioso. Por ocasião de um recente encontro sobre o tema "História das mentalidades, história das resistências, ou as prisões de longa duração", realizado em Aix, em 1980, esse tema surgiu inesperadamente na discussão: sinal dos tempos, dentro de uma sociedade à procura de suas "raízes". Abrindo o armário da avó, ali se descobre o essencial.

Esse é um dos caminhos apropriados a nos levar ao próprio lugar onde se fixa a incompatibilidade mais flagrante entre os conceitos de ideologia e de mentalidade, isto é: a afirmação da autonomia do mental e de sua irredutibilidade ao econômico e ao social. Esta é uma noção

INTRODUÇÃO 21

antiga: não me façam dizer que é recente; mas compreende também noções novas, tais como as de "inconsciente coletivo" ou "imaginário coletivo".

Para explicitar a primeira, podemos reportar-nos ao que diz Philippe Ariès, em sua contribuição a *La Nouvelle Histoire* (*A História Nova*), tratando da história das mentalidades. O "inconsciente coletivo" a que se refere não se define nem em termos de psicanálise — exceto talvez Jung, eventualmente — nem segundo os critérios de uma antropologia inspirada em Lévi-Strauss. É uma noção que se pretende, e se declara, muito mais empírica, remetendo à autonomia de uma aventura mental coletiva que obedece a seus ritmos e causalidades próprios. No campo que lhe é caro — o das atitudes coletivas diante da morte —, Ariès decodifica os elementos de uma aventura aparentemente independente de todo determinismo sócio-econômico, e mesmo da mediação da demografia. Inclusive o estrato intermediário de gestos, atitudes e representações coletivas, que são objeto de seu estudo, se define igualmente sem referência às ideologias constituídas: o discurso religioso — quer seja ele reformista ou católico — não é mais valorizado do que o discurso filosófico, e nem mesmo levado em conta verdadeiramente; são hipóteses supérfluas para uma história cujas linhas de força se tecem no inconsciente coletivo.

Comentei em outras ocasiões por que essa História tecida "sobre camadas de ar", e que recusa o risco de correlações pacientes — por receio, talvez, de cair no reducionismo ou no mecanismo —, me deixa perplexo e, de fato, insatisfeito. Porém, no estado atual dos problemas, tenho hoje menos reticências a acrescentar — juntamente com outros como G. Duby em suas últimas obras — ao termo "imaginário coletivo", que me parece mais operacionável e, sobretudo, menos suscetível a extrapolações temerárias do domínio da psicanálise.

Onde o historiador marxista se faz historiador de mentalidades

Diante das atuais interrogações que se dirigem à história das mentalidades — sem mencionar o campo da psico-história, que não examinamos ainda — tem-se a impressão que esse é um domínio onde o historiador marxista se vê diretamente interpelado. Ele está, aliás, inteiramente consciente disso, e não fica inativo. De minha parte, intitulei um dos meus últimos livros *De la cave au grenier* * (*Da adega ao celeiro*), como eco a uma conversa que tive há bastante tempo com Emmanuel Le Roy Ladurie: o futuro autor de *Montaillou, village occitan de 1294 à 1324* (*Montaillou: vila occitana de 1294 a 1324*), surpreendido com a trajetória que me havia levado da "adega" — isto é, as estruturas sociais — ao "celeiro" — isto é, minhas pesquisas sobre a descristianização e as atitudes diante da morte — afirmava que ele, pessoalmente, pretendia manter-se na adega. Sabe-se com que brilho ele vem desde então desmentindo essa afirmação.

Nós não somos, porém, os únicos exemplos desse itinerário: marxistas ou não, outros historiadores, entre 1960 e 1980, passaram da história social para os novos campos de estudo de mentalidades: Georges Kuby, Maurice Agulhon e Pierre Chaunu à sua maneira... Cada qual com suas motivações particulares e com um percurso específico. Para alguns, abandono sem retorno; para muitos outros, ao contrário, consciência de uma continuidade que se afirma no propósito decidido de manter o controle das duas pontas da cadeia: a história das estruturas e a história das atitudes mais elaboradas.

Poderia-se indagar da razão de um movimento coletivo, cuja importância demonstra o seu caráter não contingente e significativo, e que também, como se nota, tem

---

* "Da adega ao celeiro": expressão que significa passar de um pólo a outro. (N.T.)

INTRODUÇÃO 23

preocupado historiadores de posições mesmo de formações bem diversas. Não faltam respostas, sendo talvez a de Pierre Chaunu a mais elaborada, ao analisar, em "Le quantitatif au troisième niveau" (O quantitativo no terceiro nível), as grandes correntes que influenciaram a historiografia nos últimos decênios. Concordamos com o argumento de Chaunu de que cada seqüência histórica abordou os problemas que se lhe impunham com maior força. E essa explicação — cada qual conservando seus próprios pressupostos — é, a rigor, suficiente.

Acrescentarei a isso uma reflexão pessoal, reportando-me às condições de partida ao início dos anos sessenta. Toda uma geração de historiadores se formou, então, nas disciplinas da história social, conforme era ensinada por E. Labrousse: a história quantitativista que "conta, mede e pesa". Depois, vieram os tempos de confrontação: "sociedades de ordens", defendidas por Roland Mousnier e sua escola, contra "sociedade de classes"... Uma disputa que pode ter sido esterilizante — e provavelmente o foi em parte —, paralisando a iniciativa e incitando uma parte dessa geração a dissimular para avançar.

Desvio benéfico, visto da perspectiva do tempo. Sem renunciar a seus métodos de abordagem nem a suas hipóteses de trabalho, os historiadores se dedicaram, além da análise das estruturas sociais, também à explicação das opções, das atitudes e dos comportamentos coletivos. Assim, viram-se instigados por um catálogo de tarefas mais denso, sendo provavelmente isso o que procuravam.

Passando das estruturas sociais às atitudes e representações coletivas, foi sobre o problema das mediações complexas entre a vida real dos homens e as representações que os homens produzem para si — inclusive as representações fantásticas — que eles dirigiram sua abordagem à história das mentalidades. Abordagem esta que desafia todas as reduções mecanicistas, enfrentando o "entrelaçamento de tempos da História", segundo a expressão de Althusser, isto é:

a inércia na difusão de idéias-força, como também a coexistência, em estágios estratificados, de modelos de comportamento oriundos de heranças culturais diferentes.

Partindo de problemas demarcados, encontraram outros em seu caminho. Foi assim que, ao pretender explicar a Contra-Revolução no Sul da França, fui levado a me debruçar sobre a descristianização em seus dois aspectos: o violento e explosivo no ano II; e o espontâneo e gradual no século das Luzes. Querendo fundamentar em fatos esse último fenômeno — através do que nos informam os testamentos provençais do século XVIII —, encontrei algo inteiramente diverso, mais profundo e essencial talvez: a modificação de uma sensibilidade diante da morte e, pelo mesmo caminho, da visão de mundo de que falava Robert Mandrou...

Chegando ao fim do caminho, no ponto onde a história das mentalidades se encontra, sem se perder, com a etnografia histórica, o historiador se questiona. De mediações em mediações, não teria ele perdido o fio da História, claro demais ou linear demais, do qual havia partido?

De fato, o historiador não deixou, aparentemente, a ideologia senão para reencontrá-la, mais amplamente informada, dentro de uma leitura precisa e refinada. Provavelmente, ele deveria evitar aproveitar-se demais do comodismo da fórmula marxista "luz particular" ou "éter" de um dado momento: essas referências autorizariam uma leitura laxista, se justamente a utilização do modo de produção como todo englobante — o sobredeterminante — não levasse à unidade do campo histórico.

História das mentalidades: estudo das mediações e da relação dialética entre, de um lado, as condições objetivas da vida dos homens e, de outro, a maneira como eles a narram e mesmo como a vivem. A esse nível, as contradições se diluem entre dois esquemas conceituais, cujos aspectos contrastamos: ideologia de uma parte, mentalidades de outra. O estudo das mentalidades, longe de ser um em-

preendimento mistificador, torna-se, no limite, um alarga-
mento essencial do campo de pesquisa. Não como um território estrangeiro, exótico, mas como o prolongamento natural e a ponta fina de toda história social. Há debates essenciais de que tornamos devedores, como a grande discussão
sobre a elite e a natureza da burguesia do antigo estilo, que
fez avançar a elaboração conceitual a passos largos. O despertar da história das mentalidades, há vinte ou trinta anos,
ainda que tivesse sido apenas um desvio salutar — o que
não acredito — teria tido, pelo menos, o imenso mérito
de nos ensinar a encarar mais diretamente o real, em toda
a sua complexidade e em sua totalidade.

Primeira Parte

A história das mentalidades na encruzilhada das fontes

Não é unicamente pelo fato de sua novidade que a história das mentalidades, mais que qualquer outra talvez, se interrogue com obstinação sobre suas fontes e métodos. Isso se deve à própria natureza de suas curiosidades que a levam, ora ao domínio do popular, aos silêncios ou aos problemas das fontes históricas raras e pobres, ora à prolixidade dos testemunhos literários ou artísticos, ao terreno de uma história da cultura ou das sensibilidades.

Essa prospecção em todas as direções, que supõe da parte do pesquisador uma real inventividade e, no mínimo, uma abertura que o habilite a tirar o melhor proveito das fontes menos convencionais, exige um contato interdisciplinar, ainda que a história das mentalidades assuma às vezes, aparentemente, um caráter invasor, para não dizer bulímico, pilhando sem timidez, nos territórios vizinhos. Ela tem, no entanto, o bastante a fazer, assumindo suas próprias escolhas internas, entre a abordagem quantitativa, a qual confia em indicadores para atingir as massas em suas atitudes profundas, isto é, fontes demográficas, cartoriais, livrescas, iconográficas, organizadas em séries de longa du-

MICHEL VOVELLE

ração; e a visão "qualitativa", que explora todas as virtualidades do estudo de caso.

Em suas primeiras etapas, a história das mentalidades permaneceu muito "qualitativa", ainda próxima da história das idéias; em seguida, ela descobriu as vantagens da quantificação. Tenho uma parte de responsabilidade nessa tendência, por haver dado o exemplo analisando, por meio de milhares de testamentos, a passagem da sensibilidade provençal do "barroco" para a laicização. Quantas outras áreas de pesquisa se abriram, então, a partir daí, desde o livro aos retábulos até os ex-votos mais recentemente!

Nesses últimos anos, porém, se delineia uma reação diante da pobreza do tratamento quantitativo da massa de dados e mais ainda contra uma certa nebulosidade mistificadora que o autorizaria; a ele se contrapondo, o retorno ao estudo de caso, mais autêntico e, talvez, mais esclarecedor. Um exemplo como o do moleiro Menocchio — herói ao mesmo tempo singular e típico de Carlo Ginzburg em Le fromage et les vers (O queijo e os vermes)[1] *ilustra essa nova exigência de modo perfeitamente convincente. Devo dizer que, em minha opinião, esse debate, se é que algum debate existe, é puramente acadêmico. Sem recair no compromisso burguês, me parece evidente que é preciso desenvolver paralelamente as duas abordagens, uma esclarecendo a outra. Quando publiquei, em 1975, meu pequeno ensaio,* L'irrésistible ascension de Joseph Sec, bourgeois d'Aix (A irresistível ascensão de Joseph Sec, burguês de Aix), *a seção francesa da "República das Letras" ainda não se tinha transformado em estudo de caso... Mas em minha pesquisa pessoal, tentar apreender, a partir do epitáfio incongruente de um cenotáfio jacobino e maçônico mandado edificar em 1792 por um* self-made man *local, a maneira como a des-*

---

[1] C. Ginzburg, *Il formaggio e i vermi. Il cosmo di un mugnaio del'500 (O queijo e os vermes: o cosmo de um moleiro do século XVI).* Turim, 1976.

cristianização do século das luzes era interiormente vivida, vinha como complemento natural — e não como contraponto — de uma contagem austera dos testamentos provençais. Do estudo de casos para o estudo seriado, uma relação dialética se tece, apoiando-se e instigando-se mutuamente.

Do modo como se apresenta hoje, o reagrupamento que proponho, a partir de três contribuições definidas, se defronta com três aspectos relacionados à problemática das fontes e dos métodos na história das mentalidades. No domínio das sensibilidades religiosas — um perfeito terreno escorregadio — ela aborda o problema do conhecimento "baseado em traços", inevitável a toda abordagem em série, desde que haja um esforço para relacionar gestos e expressões exteriores com os segredos de atitudes interiores. Dialogando, em seguida, com os historiadores da literatura, tentei analisar o testemunho individual em sua forma mais complexa e rica, porém profundamente ambígua, tal como se apresenta na literatura, relacionando-o com a história das mentalidades. Tentando dar conta, enfim, de todo um conjunto de pesquisas sobre iconografia — dado privilegiado em nosso domínio —, procurei debruçar-me sobre as fontes "diferentes", a fim de procurar compreender por que se pode, freqüentemente, inferir mais dessas abordagens aparentemente oblíquas do que dos escritos. Como exemplo, entre outros possíveis, pensamos na história oral, em pleno desenvolvimento atualmente.

Rins e corações: pode-se escrever uma história religiosa a partir de traços?*

É no domínio da história religiosa, a qual tende em muitos aspectos a se fundir com a história das mentalidades — para grande escândalo de alguns —, que essa questão básica se coloca com maior insistência: o que revelam os "sinais" e "indicadores" de comportamentos comuns, além do peso da pressão social e da convenção de um determinado momento? Uma confissão indiscreta, talvez, cujo alcance é necessário avaliar. Mas não foi por acaso que precisamente nesse campo é que foi colocada a questão, ainda que o problema seja geral.

O debate que pretendi abrir aqui, apesar das aparências, nada tem de acadêmico. Tem por fim conduzir a uma reflexão, ou mais exatamente, ao estado atual de uma questão hoje singularmente fluida: a dos métodos de abordagem das atitudes e das práticas religiosas.

Domínio em total renovação nos últimos decênios: obviamente, já não se escreve hoje a história religiosa como

---

* Comunicação ao congresso internacional de história religiosa Winnipeg, agosto de 1980. Publicada nas atas do congresso (1982).

antigamente. Porém, se é verdade que se multiplicam os temas nesse campo, nos encontramos longe de um consenso metodológico, o que também se poderia argumentar não ser indispensável. Porém, nessa abundância de aberturas em todas as direções, somos obrigados a perguntar: desaparecerá a história religiosa, como o cristianismo de Jean Delumeau? Isto é: se fundirá ela com a história das mentalidades ou mesmo com uma etnografia histórica, cujo expansionismo é evidente?

Não podemos nos esquivar dessa questão, como tela de fundo de uma interrogação que, prudentemente, esperamos limitar aos métodos e técnicas de abordagem. Tudo, porém, está interligado.

A descoberta do quantitativo na história religiosa

Sem remontar ao dilúvio, é evidente que quando o abade Brémond, há mais de cinqüenta anos, investigava, como desbravador ousado, os domínios de uma *Histoire littéraire du sentiment religieux (História literária do sentimento religioso)*, o problema se colocava em termos inteiramente diversos. Em testemunhos elaborados e acabados, e não sinais freqüentemente ínfimos, que ele analisava, mesmo que já fosse grande a novidade metodológica de se referir à massa anônima de escritos pouco ou mal conhecidos da literatura religiosa do quotidiano. Um amplo corpo virtual, como diríamos hoje, se delineia em filigrana, ainda que o tratamento, recusando a sistematização, permanecesse impressionista.

Brémond havia descoberto um caminho, e esse caminho não caiu inteiramente em desuso, conduzindo às produções mais recentes da história da espiritualidade, atenta às aventuras individuais de um pequeno número de eleitos.

A HISTÓRIA DAS MENTALIDADES NA ENCRUZILHADA DAS FONTES 35

Para introduzir nosso tema convém, porém, partir de uma outra revolução metodológica, prontos a apreciá-la, ela mesma, historicamente: a da sociologia religiosa, cujas trilhas e técnicas foram iniciadas por Bras e Boulard. Em 1980, François Isambert, auxiliado por Jean-Paul Terrenoire, publicou o *Atlas de la pratique religieuse des catholiques en France* (*Atlas da prática religiosa dos católicos na França*), a partir de escritos e documentos do cônego Boulard. Um monumento, sem dúvida, que não cessou de ser útil nem de provocar interrogações através de sua série de mapas de páscoa, missas e eucaristias, a respeito de homens e mulheres, distribuídos entre cidade e campo, e entre *status* sociais hierarquizados. Ao mesmo tempo, porém, que nos sentimos deslumbrados pela riqueza dessa seara científica, estreitamente associada a uma etapa da pastoral — entre 1955 e 1970 *grosso modo* —, oferecendo uma visão da prática religiosa francesa em um momento essencial de sua História, também não podemos deixar de afirmar: eis um tipo de História que não se repetirá jamais. Não porque — se poderia acrescentar um tanto perversamente — não se fazem mais contagens à porta de igrejas, ou porque a pastoral ativista dos anos cinqüenta, desejosa de fazer um inventário dos locais de missões pelo interior, não é mais a mesma atualmente. Mas, se o monumento levantado por F. Isambert, do mesmo modo que a publicação em curso dos materiais de Boulard, parecem antes marcos comemorativos do que aberturas para o futuro e se também queimamos hoje as antigualhas de Gabriel Le Bras, sem mencionar outras, resta-nos, todavia, a contribuição ainda revolucionária dessa sociologia religiosa, que tanto esforço despendeu há trinta anos para garantir o seu espaço.

Em primeiro lugar, coloca-se essa hipótese de trabalho, ou essa fértil imprudência metodológica, que consiste em afirmar que, entre os gestos da prática e a fidelidade religiosa, há uma correlação, grosseira é certo, mas positiva e indiscutível. Eis aí uma primeira resposta, pelo menos

36 MICHEL VOVELLE

implícita, ao problema central dessa reflexão. A partir dessa base, torna-se legítimo computar os freqüentadores de missas, páscoas, eucaristias, tempos de batismo, casamento e exéquias religiosas, taxas de ordenação e vocações monásticas. Tantos "índices", os quais têm em comum com aqueles que irão nos preocupar o fato enfim de serem pobres, brutos, mas ao mesmo tempo diretos, medidas sem desvios da participação religiosa.

Uma mudança ocorreu na França, nos anos sessenta, na mesma época em que os métodos quantitativos da sociologia religiosa conheciam uma espécie de apogeu no quadro da pastoral que os questionava. Essa mudança implicou a contextualização em uma perspectiva histórica mais larga daquilo que ficou essencialmente como uma técnica de pesquisa na época contemporânea. Não que Gabriel Le Bras não tenha sido o primeiro a conduzir os historiadores pelos caminhos da pesquisa regressiva, até a época moderna ou mesmo medieval, insistindo sobre as riquezas em potencial das visitas pastorais do Antigo Regime.

Essa descoberta, porém, se fez por etapas. Para vários pesquisadores franceses, a Revolução Francesa representava uma espécie de marco de referência, antes do qual se situava um estado da cristandade caracterizado pela unanimidade ou pela quase-unanimidade dos gestos significativos: grandes sacramentos "sazonais", comunhão pascal... Os primeiros a se arriscar nesse tipo de pesquisa, como L. Perouas em sua tese sobre a diocese de La Rochelle, nos séculos XVII e XVIII, esbarraram com uma proporção maciça de 97% a 98% de praticantes da páscoa ou sazonais, o que parecia tirar-lhes quase toda significação.

A visão regressiva na duração histórica expunha, assim, o historiador à necessidade de repor em questão a bateria de indicadores operatórios na época contemporânea, e da descoberta de outros índices apropriados: dificuldade insti-

A HISTÓRIA DAS MENTALIDADES NA ENCRUZILHADA DAS FONTES

gante pois, demonstrando o caráter relativo dos "índices" nos quais haviam confiado, forçava a busca de outros.

Os dois outros traços que me parecem caracterizar a mudança dos anos sessenta se associam diretamente ao primeiro. Um deles é a *banalização* da técnica de computação e medida, que começa a deixar de espantar ou parecer incongruente. A história religiosa se habitua à sociologia histórica e começa a sair do quadro eleito das elites e da espiritualidade para se inclinar sobre as atitudes e comportamentos de massa. Não sem surpresas, às vezes, como em Toussaert, descobrindo entre os camponeses da Flandres francesa no século XV, uma força de resistência insuspeitada à cristianização. Nessa fase, todavia, as reticências que se produzirão diante da decomposição dos gestos ainda não estão em andamento, e o que a computação traz é uma descoberta confiante. Quem diz banalização desses métodos, diz igualmente mudança no espírito da pesquisa, e se posso usar o termo no seu sentido mais neutro, sua "desclericalização". A preocupação pastoral subjacente, consciente ou não, na maioria das pesquisas sobre o presente ou o passado imediato — que faziam dela uma meditação inquieta sobre a descristianização e suas origens —, se dilui à medida que se retroage no tempo. Ao lado disso, nesses últimos anos, a história das mentalidades, tornando-se mais agressiva e mais ávida, tem anexado territórios tomados da história religiosa clássica, isto é: as atitudes coletivas diante da vida, a família, o amor ou a morte. Quantas solicitações para outras tantas novas pistas.

O tempo das séries e dos "indicadores"

A história das atitudes e das práticas religiosas se tornou quantitativa, ou mais precisamente serial, organizando, na longa duração, a evolução de "indicadores", tanto selecionados como encontrados. Não pretendemos ser exaustivos — tarefa inútil — evocando alguns dos campos que têm sido explorados há vinte anos. A contribuição da sociologia religiosa da escola de Le Bras não foi rejeitada. Simplesmente, sofisticaram-se e refinaram-se os métodos para mensuração dos gestos da prática, ainda que somente para ir além da impressão de monolitismo que podem deixar os registros paroquiais anteriores à divisão laica nascida da Revolução Francesa. Outros textos mais indiretos são então examinados: o zelo pelo batismo, o respeito pelos períodos de proibição ao casamento (quaresma e advento) e depois as solicitações de dispensa de proclamas.

Em seguida, o fluxo das vocações religiosas e sacerdotais, que, apesar de ter sido significativamente questionado quanto a sua pertinência como indicador do fervor e do zelo religioso (Perouas), parece ter passado com sucesso nesse exame de admissão: dispomos atualmente de inúmeras curvas de ordenações e de títulos clericais relativos a mais da metade das dioceses francesas. Os acontecimentos vividos pelos clérigos sob a Revolução — sisma, juramento constitucional, descristianização e abdicação do sacerdócio — oferecem, por sua vez, outros índices tabuláveis, que permitem freqüentemente antecipar em aproximadamente dois séculos as tabelas de prática religiosa organizadas pelo cônego Boulard nos anos 1960.

Isso ainda não é mais que uma extrapolação regressiva sobre os métodos e problemas da sociologia da prática religiosa: mas é importante sublinhar a diversidade de dados novos levados em conta, tanto no domínio das fontes escritas como nos da arqueologia e da iconografia.

Fontes escritas? Dei, há uns dez anos, o mau exemplo, propondo uma abordagem da rede de devoções "barrocas" em Provença e de sua desestruturação no século XVIII, a partir dos dados brutos de várias dezenas de milhares de testamentos: contaminação evidente e voluntária dos méto-

A HISTÓRIA DAS MENTALIDADES NA ENCRUZILHADA DAS FONTES 39

dos de análise da história religiosa pelos métodos de uma história social quantitativista, a qual, segundo a fórmula de Simiand, "conta, mede e pesa". Essa quantificação não foi admitida imediatamente sem reticências; perguntei-me antes sobre o significado do conjunto de índices que os testamentos me permitiam levar em conta, desde escolha das sepulturas até as pompas fúnebres, as missas *de mortuis*, as doações pias e beneficentes e a filiação a confrarias. E ainda surgiu um historiador inglês sem humor que se indignou com a curva do peso médio dos círios na Provença que eu, como maliciosa provocação, havia incluído em minha obra.

Estamos, portanto, no centro de pesquisas de um novo estilo, que valoriza um "indicador" pertinente para analisar, na longa duração plurissecular, uma evolução da sensibilidade ou do sentimento religioso. Por esse caminho, as possibilidades são múltiplas, e eu mesmo me embrenhei, no quadro de minhas pesquisas, pelas atitudes diante da morte, explorando, certa vez, uma listagem de um milhar de epitáfios americanos, de 1660 a 1813, compilados no século XIX por um clérigo erudito, Thomas Alden; e tratando, em outra ocasião, de um repertório de centenas de comunicações de falecimento de aristocratas e de notáveis franceses desde o início do século XIX ao século XX.

Tantos exemplos que não visam mais que uma ilustração de uma conduta atualmente generalizada: onde os testamentos me permitiram seguir o discurso coletivo sobre a morte, a análise serial dos pedidos de dispensa de proclamas de casamento por consangüinidade ou compadrio conduziu um outro pesquisador (J. M. Gouesse) a reconstituir o discurso sobre o casal, o casamento e a família. Particularmente significativo é ver em que termos e mediante quais métodos pode-se retomar, atualmente, o acervo sobre a pequena literatura de devoção utilizado há sessenta anos pelo abade Brémond: Daniel Roche, em um artigo notável sobre a memória da morte, substituiu a análise temática impressionista do historiador literário por um censo exaustivo e sistemático, seguido pela análise de um certo número de traços pertinentes a esse acervo da literatura cristã da idade clássica referente à morte.

Nesse domínio, a importância das fontes escritas se acha relativizada por outros "índices" oferecidos pela iconografia ou pela arqueologia, por exemplo. Tampouco pretendemos estar descobrindo a América: não se esperaram os últimos vinte anos para se começar a estudar esses testemunhos de sensibilidade religiosa. Mas foi o tipo de abordagem que mudou. Um pesquisador (B. Cousin), que reuniu um impressionante acervo de cinco mil ex-votos pintados na Provença, desde o século XVI ao século XIX, dele inferiu, de forma esclarecedora — e mediante um estudo serial a partir de uma grade de tratamento elaborado —, os momentos e etapas da relação com o sagrado, do ponto de vista do milagre pedido e obtido.

A partir de uma série comparável, embora muito mais restrita, tentamos, Gaby Vovelle e eu, analisar as representações da morte e do outro mundo segundo os altares e retábulos das almas do purgatório, acompanhando a sua evolução no Sul da França, do século XV ao século XX.

Recentemente, para dar outro exemplo ao mesmo tempo próximo e diferente, dirigi, no mesmo quadro geográfico, uma pesquisa sobre a arqueologia dos cemitérios urbanos, desde o século XIX à atualidade, a fim de analisar os traços do que se tem definido, algumas vezes — abusivamente talvez, mas com certa razão —, como o novo "culto dos mortos", cujo local é o cemitério. A síntese que realizei desse estudo, sob o título *La ville des morts* (*A cidade dos mortos*), tenta alcançar esse ponto, a partir dessa floresta de sinais e símbolos de que são depositárias as grandes necrópoles mediterrâneas.

Por mais parcial que seja um inventário que reconhece o seu próprio caráter subjetivo, já examinamos, talvez, um número suficiente de exemplos que permitem analisar os

A HISTÓRIA DAS MENTALIDADES NA ENCRUZILHADA DAS FONTES 41

traços originais apresentados em comum por essas novas abordagens, e entre as quais a quantificação não é mais do que um de seus elementos.

A um nível mais profundo, o que me parece essencial no enfoque assumido por esses novos estudos é o projeto de alcançar, além do discurso e da religiosidade das elites, também o conhecimento das massas anônimas — essas que não puderam se dar ao luxo de uma expressão individual literária, por menor que fosse. É, portanto, nessa etapa ou nesse nível da religião média, tanto em suas práticas como nas representações coletivas que as sustentam, que se situa a pesquisa.

Nesse aspecto ela reflete, provavelmente, essa evolução, demonstrada aliás pela obra de Philippe Ariés, a qual privilegia, na história atual das mentalidades, mais do que o nível do pensamento claro e das expressões acabadas, aquilo que Ariès denomina o "inconsciente coletivo". É exatamente nessa área que o interrogatório indireto ou a confissão extorquida de nossas fontes se tornam mais rentáveis.

Declaração de intenções: o quantitativo em questão

É preciso tomar bem consciência dos limites, e ao mesmo tempo das cláusulas limitadoras que esse tipo de pesquisa implica. O primeiro limite seria a relativa pobreza dessas fontes maciças. Vejamos uma ilustração: o ex-voto pintado, por exemplo, pode, à primeira vista, desencorajar, devido a sua repetição aparente, ao caráter estereotipado das atitudes, ao reduzido número de cenários — isto é, cenas de interior: "jaz no leito enfermo", e cenas de exterior como acidentes de morte violenta — que o ex-voto ilustra e comenta. Poderia-se dizer o mesmo sobre a iconografia dos cemitérios e com mais razão ainda das comunicações fúnebres. Fontes repetidas, testemunhos elaborados somente para a finalidade a qual se destinam. Todo um trabalho de decifração se impõe a partir de indícios frágeis. Escrutinizando os ex-votos, o pesquisador medirá pacientemente a superfície, respectivamente do espaço celeste de aparição e da cena terrestre; analisará, também, o gestual e o jogo dos olhares pelo qual se estabelece a ligação entre os dois universos. Analisando as representações do purgatório em sua evolução, sublinhará as mutações características de um panteão de intercessores que, paulatinamente, se vai despovoando do século XVII ao século XVIII...

Além disso, as cláusulas desse contrato exigem do pesquisador uma real engenhosidade, uma perspicácia sem falhas, tanto na escolha como na interpretação desses indicadores que o legado histórico colocou à sua disposição. Esses dados, tais como os testamentos cuja importância e significação crescem do século XVI à idade clássica, ao mesmo tempo em que se difunde a sua prática, perdem brutalmente a sua base estatística e seu interesse intrínseco na França e até na Europa pós-revolucionária, quando o Código Civil passou a sancionar a partilha laica, ao mesmo tempo em que atuava irreversivelmente sobre as antigas práticas de transmissão de bens.

O contrato implica saber passar de uma base a outra: seguir as expressões de sobrevivência individual da arte funerária, desde igrejas aos cemitérios, e também à praça pública, quando os mortos deixam o lugar sagrado, entre 1770 e 1850, para se reagrupar em outros locais.

Esses gravames e pressões, que não admitem nem o erro nem a leitura pobre ou reducionista, explicam em parte as reticências, ou melhor, a contestação radical de que foi objeto, às vezes, essa pesquisa sobre indícios, à medida mesmo que seus campos de estudo se multiplicavam. Essas críticas são fortes e não podem ser menosprezadas. Esses indícios, coletados com vistas a organização de séries, são por definição o reflexo de práticas sociais. Eles passam por filtros e mediações apropriados a alterar-lhes o seu signifi-

A HISTÓRIA DAS MENTALIDADES NA ENCRUZILHADA DAS FONTES 43

cado. Quem faz o testamento: o testador ou o notário? E os ex-votos, freqüentemente semipreparados que o artesão pinta em série para completá-los apenas sob encomenda. Mediações, distorções, constrangimentos: esses documentos maciços e pobres não seriam, afinal, senão o reflexo da pressão social, ou da convenção de um determinado momento? Por isso mesmo, a debilidade dessas pesquisas seriais em cima de índices não seriam de tal natureza a nos deixar à tona dos fatos, limitados a um conhecimento ao mesmo tempo superficial e grosseiro, confinado às aparências? E, pode-se esperar, a partir daí, abordar um fenômeno tão secreto como a fé?

O diálogo amistoso que travei com Philippe Ariès sobre a interpretação da mudança espetacular da sensibilidade coletiva que ocorreu no século XVIII, entre 1730 e 1770, quando as cláusulas de devoção e os discursos religiosos desapareceram dos testamentos franceses, é perfeitamente representativo da dimensão do debate. Início de descristianização: essa foi e continua sendo a minha hipótese. Mudança de convenção, reflexo de uma sensibilidade modificada, responde Ariès, para quem, na era rousseauniana de afetividade triunfante, o pai de família não tinha mais necessidade de estipular egoisticamente as precauções a tomar em relação a seus despojos, como também sua alma... seguro de que seus herdeiros se ocupariam destes. Interiorização mais que mudança: há sempre um foro interior, e quem pode se vangloriar de lhe ter desvendado o segredo? Devo admitir que, em mais de vinte mil testamentos, não encontrei nenhum que iniciasse com "alegria, alegria, prantos de alegria...".

Em todas essas pesquisas, uma das maiores dificuldades reside precisamente na leitura e interpretação dos silêncios, tão densos de sentido porém. Quando a fonte de informação se torna muda, o que se deve concluir? Nos testamentos provençais do século XVIII se encontrava assim um silêncio jansenista, como também um silêncio libertino, que se alargavam no silêncio de indiferença generalizada da segunda metade do século... Para essas fortes críticas, o historiador quantitativista não fica absolutamente sem resposta. Ele está ciente da fragilidade de um índice tomado isoladamente e da imperiosa necessidade de correlacionar. Não é difícil responder a Ariès que a mudança que se introduz na afetividade familiar não explica por que as confrarias se esvaziam, nem por que a nebulosa de clérigos e religiosas, parentes e amigos, importante nos testamentos de fins do século XVII e início do século XVIII, se amesquinha em bens materiais ao final do século.

Seria igualmente cômodo interpretar, em termos de conjuntura histórica, esse retorno ao qualitativo que caracteriza, em parte, a história mais recente das mentalidades e, particularmente, a história religiosa. A tentação quantitativista correspondeu na historiografia católica francesa e européia a uma etapa da pastoral voluntarista, aceitando como hipótese de trabalho a adequação entre a vitalidade da fé e a regularidade dos gestos da prática. Daí a importância do momento representado pela sociologia religiosa de G. Le Bras e seus sucessores. Hoje, porém, encarando como um ponto final o seu *Atlas de la pratique religieuse des catholiques en France*, François Isambert anuncia a formação da nova equipe que ele dirige, significativamente, sobre o tema "Ethiques et pratiques symboliques" ("Ética e práticas simbólicas").

Evidentemente, toda uma orientação mudou, e não somente porque a falência dos gestos formalizados da prática do cristianismo pré-conciliar impunha essa revisão fundamental.

Palavras de defensor

Pesquisadores de índices, computadores de vestígios anônimos, seríamos nós os retardatários de uma outra guerra, de uma época extinta? Não creio absolutamente nisso, mas em uma possibilidade de utilização fecunda, no sentido mesmo de uma nova historiografia religiosa, dessas enquetes a partir de vestígios anônimos da história serial. Primeiramente, porque eles são portadores, quando convenientemente decifrados, de elementos que nada têm de pobres, e vão mesmo muito além das questões preliminares formuladas ao início da pesquisa.

Retornando ainda uma vez àqueles testamentos, que foram meu primeiro campo de experimentação: partindo de uma problemática inicial, que pode retrospectivamente parecer estreita, dirigida a uma interrogação sobre as origens da descristianização no século das Luzes, encontrei mais do que esperava dessa fonte, isto é, os testemunhos de uma sensibilidade diante da morte, a teia de gestos que a cercam e as formas simbólicas que a acompanham.

Não poderíamos dizer o mesmo de todas essas fontes tão diversas, que vão da dispensa dos proclamas ao cômputo da ilegitimidade, ou dos anúncios fúnebres à arte funerária dos cemitérios, e que todos convergem em torno do tema da família e das atitudes diante da vida?

Retorquirão ser essa uma maneira ambígua e, afinal, discutível de se encarar a história religiosa, que aparece aqui como que absorvida pela história das mentalidades. Admito, mas ao nível propriamente das atitudes e mais profundamente das atitudes religiosas, se é possível dissociá-la da precedente, parece-me que é toda uma série de resultados inesperados que se encontram nesse desvio ou nessa artimanha metodológica.

Assim, do ponto de vista da história dos comportamentos, das atitudes e das representações coletivas das massas, o primeiro é a difusão de idéias-forças. A dialética que associa, em uma relação complexa, o surgimento de temas e noções novas entre as elites espirituais, e a sua difusão junto ao povo cristão, não pode ser percebida, nem em seus avanços nem em suas inércias, senão através da comprovação prática. É entre 1620 e 1640 que o abade Brémond situa o grande período que ele denomina "a invasão mística"; mas é entre 1660 e 1680 que eu encontro suas minúcias nas cláusulas de devoção dos testamentos provençais. Essas formas de hiato ou de inércia podem ser analisadas com precisão através das fontes convergentes de que dispomos: se o movimento ascendente da literatura sobre os fins últimos, peça importante da pastoral pós-tridentina, sofre uma queda ao início do século XVIII, pelas estatísticas de produção livresca copiladas por Daniel Roche, fazendo do século das Luzes o século das reedições, não será antes de 1750, ou no máximo 1730, que essa tendência se registrará nas curvas de devoções testamentárias.

Uma demonstração semelhante a esta, cujos tópicos recordaremos aqui muito sucintamente, foi realizada na longa duração, focalizando o dogma e as devoções em torno do purgatório, antigamente vigentes entre os clérigos e, sobretudo, os religiosos da Idade Média, mas não começando sua difusão junto às massas senão a partir do século XIV e sobretudo do século XV, vindo a culminar no período da reconquista pós-tridentina. Para apreender o fenômeno da difusão, distorção e também adaptação, parece que o uso das fontes escritas ou iconográficas a que acabamos de nos referir, representa um caminho indispensável: e foi isso que Gaby Vovelle e eu tentamos fazer, a partir dos altares das almas do purgatório.

Ainda vou mais longe: acredito que há toda uma série de elementos nas representações coletivas que só podem ser apreendidos em suas estruturas e sua evolução inconsciente por meio desse tipo de fonte. A psicologia do milagre, acompanhada através do jogo de olhares nos ex-votos, evolução que se registra na seqüência de quadros das almas no purgatório, são confidências inesperadas sobre as representações do terceiro lugar, iguais a tantas outras descobertas que nenhum texto escrito nos poderia mostrar. E isso não é buscar o paradoxo, após ter falado do peso da inércia na difusão das novidades, mas ao contrário, contrapor à estabilidade de um discurso religioso cristalizado a partir da Contra-Reforma, um paciente trabalho de adaptação, de desvio, e até de criação que se opera nas massas.

Para perceber essas evoluções obscuras, freqüentemente mal conhecidas pelos contemporâneos — porque elas se situam aquém de uma tomada de consciência formalizada —, os novos meios de pesquisa que acabamos de evocar são mais do que nunca necessários. E ainda se encontrarão outros.

Que não me façam dizer que as verdades globais e as aproximações às quais elas conduzem desvendam o grande segredo e permitem — por ardil — sondar os rins e os corações. Porque essa é uma outra questão.

Pertinência e ambigüidades do testemunho literário*

Mais que uma variação sobre o tema do difícil diálogo pluridisciplinar, eis uma interrogação sobre o problema do testemunho, que sua unicidade torna, ao mesmo tempo, insubstituível e inclassificável, e até mesmo suspeito: no pólo oposto à história quantificada das atitudes coletivas, que contribuição nos traz a literatura? No curso de uma interrogação que nada tem de acadêmica surge toda uma série de questões: qual a relação da história das idéias com a história das mentalidades, e, também mais profundamente, qual o alcance desses testemunhos que, enfim, propõem a arte e a literatura? Dialética ambígua entre o único e o coletivo. A história das mentalidades revela nesse campo, ao mesmo tempo, seu expansionismo... e seus escrúpulos.

---

* *Pertinence et ambigüité du témoignage littéraire: Pour une histoire des attitudes devant la mort* (Pertinência e ambigüidade do testemunho literário: para uma história das atitudes diante da morte). Comunicação apresentada ao colóquio de História literária sobre a morte na literatura. Nancy, outubro 1980. Publicada nas atas do colóquio (1982).

A história literária, em seus novos caminhos, assim como a história das mentalidades, de maneira como eu e outros a praticamos, somam hoje uma cumplicidade secreta ou declarada a muitos restos de incompreensões mútuas, herdadas de tradições diferentes. Creio que o tema da morte, tanto na história literária como na história das mentalidades, oferece de modo privilegiado, não o campo fechado para se travar uma disputa acadêmica, mas o lugar para uma confrontação de métodos, por sua vez, tanto mais frutífera quanto mais largamente ultrapassar o tópico estrito que a provocou.

Isso porque ambas testemunham de maneira significativa na França essa redescoberta da morte que vem se operando há quinze anos, justamente quando começamos a nos apropriar desse tema com o tabu que pesaria sobre ele nas sociedades liberais contemporâneas. Enquanto os anglo-saxões, particularmente, assistiram médicos, sociólogos, psicólogos ou ensaístas lançarem um tema que ganhou entre eles proporções consideráveis, o papel excepcional das disciplinas literárias e históricas seria, ao que me parece, justamente uma das originalidades do caminho francês (ou italiano) para essa redescoberta. E não há absolutamente necessidade de recordar os méritos a que já fazem jus os historiadores franceses, de F. Lebrun a P. Ariès, P. Chaunu, D. Roche ou R. Chartier, para citar apenas alguns.

No domínio da literatura, a impressão de ruptura ou de desvio é menos nítida, talvez devido ao fato de o tema não ter jamais sido de fato ocultado. Lucien Febvre lançava ainda recentemente uma provocação aos historiadores: "Quem escreverá uma história da maldade, da morte e do amor...?". Mas em termos clássicos ou atuais, o motivo fúnebre, macabro mesmo, sempre teve seu lugar nos estudos literários, e com mais forte razão ainda quando, em continuação a Mauzi, Ehrard ou Deprun, o estudo de temas — isto é, idéia de felicidade, idéia de natureza ou inquietude — veio introduzir um novo campo na história literária. A brilhante síntese de Robert Favre, intitulada *La mort au siècle des Lumières* (*A morte no século das Luzes*), se inscreve na seqüência desses trabalhos, trazendo-lhes, ao que me parece, toda uma dimensão nova. Mas, na fronteira movediça entre a história literária e a história das idéias ou a história religiosa, que iriam deslizar para dentro da história das mentalidades, Brémond apontou o caminho, muito precocemente, reservando à literatura dos fins últimos, um capítulo no tomo IX de sua *Histoire littéraire du sentiment religieux*. E Tenenti, em sua obra pioneira *Il senso della morte e l'amore della vita nell Rinascimento* (*O sentido da morte e o amor pela vida no Renascimento*), abria magistralmente, nos anos cinqüenta, um campo que se pode considerar dentro do título conveniente de história das idéias, vista como território comum à história literária, à história da arte e à história das mentalidades. Uma longa tradição de companheirismo existe assim, ainda que apenas agora comecemos a tomar plena consciência dela, à luz de nossas novas preocupações. Mas, ao mesmo tempo, parece-me que a recente evolução da história das mentalidades, tanto em seus métodos como em suas perspectivas, conduz a colocar em termos renovados o problema da utilização do testemunho e da fonte literária.

Já é bastante conhecido como, há uns quinze anos, a abordagem das mentalidades tem evoluído de uma história que se conservava, em L. Febvre e mesmo em R. Mandrou, próxima da história das culturas ou do pensamento manifesto, para o estudo dos comportamentos, dos gestos e das atitudes como representações coletivas inconscientes dos homens.

Das atitudes coletivas diante da família, da vida, do amor, e da morte, os historiadores atuais tenderão a pesquisar traços que têm sido recentemente evocados a partir de fontes literárias, compreendendo baterias de "indicadores" novos, fontes escritas maciças e anônimas tais como

A HISTÓRIA DAS MENTALIDADES NA ENCRUZILHADA DAS FONTES 51

testamentos, e fontes iconográficas e arqueológicas... Mesmo quando não cedem à atração do quantitativo ou do serial, os pesquisadores atuais parecem se afastar do apoio do testemunho literário tornado talvez exageradamente cômodo em aparência.

A literatura: fonte suspeita?

Que me seja permitido, sem visar a uma exaustividade ilusória, ilustrar esse propósito a partir de alguns exemplos significativos. Em sua rica síntese, *L'homme devant la mort* (*O homem diante da morte*), Philippe Ariès oferece uma demonstração da relação equívoca que une atualmente uma certa história nova das mentalidades ao testemunho literário. As referências múltiplas de uma cultura facetada permitem ao autor extrair o máximo de todo um estoque de dados, coletados em todos os registros, desde a arqueologia ou iconografia aos escritos religiosos ou profanos, anônimos ou de autor conhecido. A morte "acrônica" que P. Ariès coloca ao início de seu percurso — como também se reencontrará no fim —, morte sem idade das sociedades tradicionais, está assim ilustrada, tanto pela morte dos heróis de *La Chanson de Roland* (*A Canção de Rolando*), como pela do camponês de Tolstoi em *Ivan Ilitch,* que se volta para o muro para morrer quando é chegada a hora.

Mas, ao mesmo tempo que Ariès se utiliza igualmente de todas as boas fontes, seguindo a técnica impressionista que ele aprecia, pode-se dizer, por outro lado, que rejeita a literatura como tal. A sensibilidade barroca ou romântica à morte, por exemplo, não figura devidamente em Ariès, e se ele não recusa sistematicamente os dados recolhidos na "grande" literatura, por outro lado memórias, livros de razões e narrativas anônimas são um recurso muito mais para ele. Isso porque o autor — o que ele explica e justifica — pretende colocar-se ao nível do que denomina, segundo um

52 MICHEL VOVELLE

termo um tanto ambíguo, "o inconsciente coletivo", amputando em suas duas extremidades a História total dos homens diante da morte: de um lado, dos seus condicionamentos sociais, econômicos ou demográficos, o que, no caso, não nos incomodaria muito; e, de outro, de tudo que resulta da ideologia, seja ela religiosa, cívica, fisolófica, ou ao nível da expressão literária ou estética, para se colocar, enfim, nessa região intermediária onde as atitudes refletem um sistema inconsciente de representações coletivas.

Tenho consciência de que esse enfoque que se encontra em Ariès, me foi igualmente imputado, em bases diferentes. Escolhendo como base de um de meus estudos mais aprofundados sobre a morte, os milhares de testamentos provençais que informaram *Piété baroque et dechristianisation, les attitudes devant la mort en Provence au XVIIIe siècle,* voluntariamente privilegiei o documento escrito em sua forma aparentemente mais neutra, mais maciça e mais anônima, em uma palavra, a forma menos "literária". Formulando-a diversamente de Ariès, minha justificação não repousa menos sobre a preocupação comum aos historiadores contemporâneos das mentalidades, de reabilitar as atitudes coletivas das massas, em detrimento da expressão privilegiada de uns poucos.

O último exemplo que apresentarei do ponto de vista diferente que se lança hoje sobre a abordagem literária das atitudes diante da morte, talvez seja o mais nítido: trata-se da pesquisa realizada por Daniel Roche sob o título "La mémoire de la mort" ("A memória da morte"), com base na literatura dos fins últimos e da passagem final durante os séculos XVII e XVIII. Trata-se de um levantamento exaustivo ao máximo, dessa literatura, a religiosa pelo menos, contextualizada no fluxo da produção total, focalizando esse "esforço global", de que fala Pierre Chaunu, de investimento coletivo sobre a morte. Essa análise autoriza igualmente, além de uma valiosa sociologia dos autores, uma análise temática a partir de títulos recenseados na longa duração secular.

Seguindo uma atitude que, em sua simplicidade intencional, nada tem de desconfortável para os atuais historiadores da literatura, essa conduta não testemunha menos a tendência à reutilização da fonte literária a serviço de uma história diferente, isto é, a História das mentalidades e das sensibilidades. Tomada em massa, em uma análise que assume sem timidez a sua rusticidade, a curva das produções sobre a morte revela como, entre 1680 e 1720, se rompeu a tendência até então ascendente dos tratados sobre os fins últimos, prenunciando a esterilidade do século XVIII com as reedições de antigos manuais.

Três exemplos, e apesar de seus contrastes, três visões ilustrativas das novas abordagens da morte pela história das mentalidades. Em cada uma, se insere de maneira diversa, uma recusa a um tipo de História "que não é mais a nossa", como disse frontalmente Lucien Febvre, isto é, de uma abordagem literária que resumirei de maneira inevitavelmente injusta como: sobre o tema da "morte em...". Repertório apaixonante, certamente, e com que interesse li as inúmeras teses e ensaios sobre a morte em Martin du Gard, a morte em Simone de Beauvoir, sobre o anjo da morte de Winckelmann a Thomas Mann... Mas sempre se coloca, em sua simplicidade inevitável, a questão preliminar para o historiador: quem testemunha e por quê? Exatamente quando a abordagem literária sai do quadro de um estudo individual para se ampliar às dimensões de um afresco da sensibilidade coletiva — como em Favre, para o século XVIII, ou, em termos mais tênues, em Dübruck para a poesia francesa dos séculos XV e XVI, somos levados a perguntar qual é o alcance e a significação real dessa florescência do discurso literário em relação a uma sensibilidade coletiva mais ampla. Philippe Ariès, em um ensaio que retomou depois sobre "Huizinga et le thème macabre" ("Huizinga e o tema macabro"), no fim da Idade Média, tentou exorcizar essa presença, que a iconografia ou a literatura amplificam de uma certa maneira, porque ela certamente não tem lugar dentro de seu modelo explicativo, fundado antes sobre deslizamentos progressivos do que sobre as rupturas bruscas. Porém mais amplamente, porque o macabro remete a esse "escombro patético" que Braudel havia desejado proscrever do campo da História de longa duração. A esse nível, todavia, o historiador das mentalidades se sente desafiado por uma problemática essencial: após ter cedido à tentação de descartar o testemunho literário, talvez seja ele levado a redescobrir a sua importância, o seu lugar central dentro de sua problemática.

Foi esse o partido que julguei necessário tomar em minha obra *La mort et l'Occident de 1300 à nos jours* (*A morte e o Ocidente, de 1300 à atualidade*), adotando a concepção de uma história total vertical, apreendendo o fato da mortalidade em seu estado bruto, isto é, em seus aspectos demográficos, para tentar analisá-la, ao longo do tempo, em todos os seus prolongamentos, até a complexidade das produções mais sofisticadas do imaginário, incluindo a religião, a literatura e a arte, em resumo, a ideologia sob suas formas elaboradas.

Essa imprudência, ou essa ambição desmesurada, pela qual em breve serei julgado, me foi como que imposta, no percurso, pela onipresença da morte, constante em toda manifestação literária e, conseqüentemente, pela onipresença de um testemunho literário que não pode ser desdenhado.

Um testemunho incontornável

Essa ambição coloca uma série de dificuldades ou problemas preliminares, alguns evidentes desde o início, outros menos. Se o recurso ao testemunho literário se impõe por si mesmo para os períodos mais antigos, quando as fontes são raras e se faz fogo com qualquer lenha, na época moderna, porém, a proliferação de uma literatura autônoma em relação ao contexto religioso, torna-se múltipla, tanto em suas formas de expressão como nos discursos de que é portadora, conduzindo assim, desde o século XIX aos nossos dias, ao labirinto inextrincavelmente enredado de fragmentos de mensagens, transmitidos também pelos filmes, pelas histórias em quadrinhos, pela canção, pela televisão e os diversos mídia, sendo todos testemunhos que merecem ser levados em conta, em graus diversos. E não surpreenderia ninguém ao confessar, como um modernista consciente de minha imprudência, que senti menos dificuldades ao me improvisar como medievalista — quaisquer que sejam as críticas que merecer por isso — do que ao tentar organizar uma síntese coerente para o período contemporâneo, onde a História das mentalidades, significativamente, abre seu caminho com muito maior dificuldade em vista da profusão de testemunhos ainda desorganizados.

É a partir dessas dificuldades que pretendo expor, muito simplesmente, como e em que termos vejo a utilização do testemunho literário para uma abordagem das atitudes coletivas diante da morte. É útil a literatura? De imediato, e sem pretender absolutamente trazer grandes revelações, eu diria que existem dois "meios curtos de fazer a oração", isto é, de valorizar a contribuição de textos, em um primeiro nível.

O primeiro meio é tomá-los bem ingenuamente como testemunhos elementares de uma realidade social vivida, de uma prática a respeito da qual eles nos trazem, inocentemente ou não, dados que seria difícil obter de outras fontes. Isso é óbvio, dirão. Mas essa forma de interrogar os textos, onde a História e a história literária colaboram em uma primeira etapa, não é tão imediata que seja supérfluo relembrá-la. Quando li, em *Roman de Renart (Roman-*

ce de Renart), a descrição do cortejo fúnebre de Goupil, com a mortalha "que deixava a cabeça descoberta" — evocação de um estilo de exéquias cavaleirescas ou principescas, onde a ostentação do cadáver com o rosto descoberto constitui a regra — vi esse dado estrito e aparentemente fútil integrar-se ao seu tempo, dentro de toda uma rede de traços escritos, arqueológicos e iconográficos próprios a esclarecer o delicado problema da relação com o corpo morto. Alguns encerravam o cadáver rapidamente demais, em minha opinião, na clausura hermética da sepultura, enquanto as iluminuras dos livros de horas franceses e flamengos, assim como os retábulos dos altares italianos, testemunham, ao invés, a pertinácia de uma prática de ostentação póstuma que teve longa duração, e não somente no mundo mediterrâneo.

Essa decodificação erudita nem sempre se impõe de imediato: ela exige uma real prudência no uso das indicações concretas que oferece. Não gostaria de dar a impressão de estar multiplicando as ínfimas disputas de detalhes em relação a uma obra tão imponente e estimulante como a de Philippe Ariès, mas lhe tomarei de empréstimo mais um exemplo referente ao gestual da morte, tão densamente carregado de sentido. Tratando da morte acrônica, isto é, da morte domesticada da Idade Média, Ariès extrai da canção de gesta, a descrição da postura em que se colocam os bravos como Roland no momento de morrer, ou seja, a *commendatio animae*. Essa é também a posição dos que jazem em paz, no século XIII do Ocidente cristão. Sob a mesma rubrica, Ariès classifica a morte do camponês de Tolstoi, que se volta para o muro ao chegar o momento de aceitar a morte. Porém, é aqui que nos interrogamos: o gesto de voltar-se para o muro é freqüentemente evocado na literatura da Idade Média. Sem multiplicar os exemplos, assim é a morte de Marsílio em *La Chanson de Roland*, como também a de Tristão. Entre os dois, adivinha-se, existe um traço comum: é a morte má e sem salvação. O que poderia parecer, em um universo camponês do século XIX, uma imagem de morte "natural", se inscreve para mim na História com outro valor, em termos precisos e já complexos. Não seria difícil mostrar outros exemplos — prometo que o farei com parcimônia — saltando de um lugar para outro ou de um século a outro. Pois, se esses dados são particularmente raros e valiosos para os tempos que denominei como de "fonte rara", eles se tornam ricos e, às vezes, insubstituíveis nos textos mais recentes. Assim, as últimas páginas de *L'ingénu* (*O ingênuo*) de Voltaire — sobre a morte da bela Saint-Yves — podem ser perfeitamente lidas, nessa perspectiva, como um testemunho sobre a morte em Paris no primeiro terço do século XVIII: relativa intimidade da agonia e dos últimos instantes, porém exposição do cadáver, ainda com o rosto descoberto, à porta da sua casa...

Certamente, à medida que se avança no tempo, torna-se cada vez mais difícil estabelecer essa leitura elementar, que vê no texto literário o mero reflexo da prática social do tempo, cabendo-nos antes decifrar as significações latentes de um discurso bem mais complexo porque carregado de múltiplos pensamentos encobertos.

Assim, não é impossível analisar no romance europeu, desde o século XIX à primeira metade do século XX, o cerimonial de morte burguês, tal como se elabora e se configura então, para culminar nas grandes sagas do final do século, em Thomas Mann ou Roger Martin du Gard. Essa seqüência se enriquece no confronto com o discurso paralelo, ou significativamente discordante, dos anúncios fúnebres, necrológicos, epitáfios ou da estatuária cemiterial, tal como proliferou, entre 1860 e 1920, em Gênova, Milão e outros lugares. Percebe-se bem que, mesmo à época do realismo ou do verismo, o romance representa muito mais do que um reflexo ou um depoimento inerte sobre a prática social comum, e impõe, por isso, uma leitura mais elaborada.

Referi-me a dois níveis de leitura direta do testemunho literário; já é tempo de passar ao segundo, que também não pretende maior originalidade que o primeiro: é o discurso voluntário sobre a morte, exercício de estilo do qual a literatura religiosa foi, durante longo tempo, o local privilegiado, ou melhor, exclusivo.

Poder-se-ia acreditar que também nesse domínio a decodificação, para não ser problemática, continue direta. Dispomos de um corpo maciço de dados, uma de cujas maiores vantagens é, sem dúvida, a continuidade na longa e até mesmo na muito longa duração, constituído dessa literatura pequena ou grande (mas onde passa a fronteira que separa a literatura da não-literatura? Não entraremos nesse debate, a um só tempo essencial e fútil), de sermões, tratados apologéticos, *artes moriendi*, orações fúnebres ou dos "túmulos"... e por que não os testamentos? Nesse caso, o discurso sobre a morte se exibe sem véus, senão sem desvios, deixando livre o historiador, como também o historiador da literatura, para tratá-lo em conjunto ou em detalhes, e de organizá-lo em séries, como procedeu Daniel Roche com os manuais da idade clássica, ou Roger Chartier com as *artes moriendi*, do século XV ao século XVI.

A dificuldade começa quando se trata de abrir os livros para lhes analisar o conteúdo. Nós não nos achamos nesse domínio absolutamente sem marcos convincentes, pois a história clássica das idéias nos descortinou bem o caminho. Discursos oficiais das Igrejas, discursos desviantes dos heréticos aos libertinos, depois discursos distintos do humanismo e da filosofia, para chegar às novas vulgatas do século XVIII ao século XIX: se ainda há muito que fazer no trabalho de organização dessas expressões ideológicas, na longa duração, em todo caso, elas continuam a se apresentar para nós como aquilo que são, isto é, meditações sobre a morte, sobre os fins últimos e o outro mundo.

Muito mais que um reflexo

É provável que se valorizássemos exclusivamente os dois níveis de leitura discutidos anteriormente — dois modos, enfim, de encarar a morte — ficaríamos visivelmente limitados a uma exploração relativamente pobre das fontes literárias. A história da morte é de fato a história de toda uma série de artimanhas, de mascaramentos, de evitações, mas também de criações do imaginário coletivo em relação a uma passagem obrigatória em toda existência humana. É nesse nível que a literatura oferece um testemunho elaborado e complexo, muito mais significativo do que um reflexo direto da prática social vivida. Ela pode situar-se em contraste manifesto e total com o sistema de convenções do tempo: o que vivemos hoje, no século XX, no qual se difundiu, inexoravelmente talvez, por todo o Ocidente, mesmo católico, a partir das sociedades anglo-saxônicas, o modelo de tabu sobre a morte, que constitui a nova categoria de obsceno no mundo atual, senão, em contrapartida, a proliferação de expressões, em maior ou menor grau, "literárias" sobre a morte? Como compensação catártica à conspiração do silêncio, pode-se analisar, como fez Potel em seu ensaio *Mort à voir, mort à vendre* (*Morte para ver, morte para vender*), a onipresença de uma produção e de uma criação fantasmagórica em torno da morte, difundida por todos os mídia. De minha parte, se não cheguei a escandalizar, pelo menos causei surpresa por deter-me em um de meus artigos, na história em quadrinhos. Potel e outros focalizam a canção, o filme e a televisão, meios saturados da evocação de uma morte onipresente, desde o massacre automobilístico de fim-de-semana até aquela outra morte, real mas longínqua no Vietnam ou em outra região, ou a morte imaginada em termos do apocalipse nuclear ou ecológico.

Uma autonomia não propriamente integral mas pelo menos relativa da expressão literária se afirma a partir desse exemplo tirado da história imediata, cujo equivalente se poderia encontrar igualmente na História. A tal ponto que se poderia perguntar se a morte, passagem obrigatória a todos e constante em toda expressão literária, poderia jamais ter sido, de fato, objeto de um tabu verdadeiramente integral nesse domínio. A bela síntese de Robert Favre nos comprova que, no próprio âmago do exorcismo dessa imagem incongruente, tentado durante o século das Luzes, a morte sempre esteve presente no coração da expressão literária.

Sem forçar nenhum paradoxo eu diria que, nesse domínio, o silêncio momentâneo é ele próprio um testemunho que provoca fortes interrogações. O que significa, considerando apenas alguns poucos exemplos, no domínio vizinho da expressão estética, o silêncio absoluto de Ingres sobre a morte, em todo o conjunto de uma obra considerável, quando se pensa na orgia sangrenta que se expõe em Delacroix? O que significa, mais ingenuamente ainda, a recusa total (da parte de Manet?) na pintura impressionista em representar a morte: será simplesmente, como escrevia Odilon Redon, porque esses pintores eram "pouco inteligentes"?

Nossa história da morte é também uma história de silêncios, mas esse outro ponto nos levaria bem longe. Contentemo-nos, por ora, em nos interrogar sobre essa presença da morte ao longo de todo o discurso literário.

O mal-estar que o historiador sente em levar em conta esses discursos decorre, obviamente, do que neles excede a evidência das realidades médias que ele procura, constantemente, apreender através de baterias de fontes associadas com a normalidade. Não haveria, em toda expressão literária, por mais controlada que fosse, uma parte de teatralização, de dramatização, fazendo-a participar do "inoportuno patético" que Braudel pretendera exorcizar? Daí a dificuldade de se levar em conta, no projeto atual de História a longo prazo (até "imóvel" para alguns), a ênfase no macabro durante o século XV, o arrepio do barroco entre 1580 e 1650, o retorno às idéias negras no crepúsculo das Luzes ou a impregnação mórbida dos anos 1900, conhecida pela antífrase *Belle Époque*.

É forte a tentação para delimitar dentro de uma categoria de marginalidade, e até mesmo de patologia individual, os criadores que se deixaram invadir pela presença da morte. P. Ariès observou que a estatuária macabra do século XV, de representação de cadáveres e de cadáveres devorados pelos vermes, jamais representou mais do que 5% do conjunto de sepulturas, como também teve a imprudência de escrever que, ao final do século XIX, o macabro não era cultivado senão por alguns belgas e alemães.

Longe de mim a idéia de negar a importância da patologia individual do criador na síntese pessoal por ele proposta. Sade ou Goya ou Delacroix (mas também Ingres, à sua maneira) reagem em função de uma aventura muito pessoal e que lhes pertence exclusivamente. Reduzir a análise dos fragmentos de bravura, que constituem em Thomas Mann ou em Roger Martin du Gard as grandes agonias familiares, a uma ilustração achatada da morte burguesa nos idos de 1900, sem levar em conta a dimensão pessoal dos autores — terem sido dominados pela angústia da morte durante toda a vida —, seria nos limitarmos a uma visão inegavelmente muito pobre.

Essas aventuras individuais, dentro do movimento browniano que constitui a sensibilidade coletiva, aparecem como testemunhos privilegiados em um contexto mais amplo. Elas adquirem um valor excepcional, parece-me, em contraste com o cenário das crises na sensibilidade coletiva que marcam a história das mentalidades. Sei que, para muitos, a noção de crise nesse domínio é fortemente contestada; ainda não terminamos completamente com as velharias de Paul Hazard, como também, às vezes, ainda há quem se dedique engenhosamente a demonstrar que a Revolução Francesa não existiu.

Seqüências de longa duração e crises de sensibilidade coletiva

Mas essas seqüências existem bem e para elas os testemunhos literários se tornam um indicador privilegiado, onde se incha a imagem da morte, como aquelas que resumidamente lembrei, desde o macabro de fins da Idade Média até nossos dias, passando pela sensibilidade barroca e pela do romantismo europeu, ou pelos simbolistas e decadentes do final do século. Esses marginais testemunham, em nome de muitos outros, um mal-estar muito mais amplo do que os cenáculos que eles representam. Significa isso que eu, como historiador, somente levaria em conta a contribuição dessas expressões nos períodos de ruptura, de tensão e de grandes reviravoltas nas sensibilidades coletivas?

Certamente não, pois entre essas etapas de questionamento, se elaboram e se estabelecem modelos — ou estruturas estáveis, se preferirem — que, a longo prazo geralmente, condicionam as representações coletivas e as atitudes, aliás, todo o ritual de uma época. Assim, entre fins do século XIV e meados do século XVII, sobre um pano de fundo apenas alterado pela crise da Reforma, se configurou o que denominarei, no sentido mais amplo do termo, o modelo de morte "barroca": exteriorização, apresentação, investimento na profusão de gestos multiplicados. O cerimonial barroco do Grande Século cunha e difunde a prática das exéquias principescas desde o século XV ao século XVI. Igualmente, o neoclassicismo e o romantismo, em fins do século XVIII e no século XIX, refletem, ao mesmo tempo em que contribuem para configurá-las, as novas regras segundo as quais se irá exprimir a morte burguesa no século passado. Nessa dialética, é evidente que a literatura, assim como as demais expressões da ideologia, ao mesmo tempo em que a refletem, também contribuem para moldar a sensibilidade coletiva por intermédio de todos os suportes formais que elas lhe oferecem.

A HISTÓRIA DAS MENTALIDADES NA ENCRUZILHADA DAS FONTES 63

Ao fim dessa reflexão, o testemunho literário me parece insubstituível. Integrando os argumentos precedentes e entreabrindo algumas outras portas, parece-me que essa importância se insere já em vários níveis. Antes de tudo, pela relativa riqueza de dados que o testemunho literário nos permite associar. As fontes seriadas que começamos a explorar — falo aliás como praticante convicto — são fontes pobres, freqüentemente unívocas, e exigindo uma decodificação prudente; refiro-me aos túmulos, aos testamentos e aos ex-votos. A confissão literária continua essencial para penetrar a face oculta do sentimento de morte. Cito apenas um exemplo, banalizado e, provavelmente, um tanto explorado hoje em dia: o jogo entre Eros e Tanatos, que não começa absolutamente em Baldung Grien ou Cranach, e que também ganharia em não ser interpretado tão exclusivamente à luz da Revolução de Sade. O ensaio de Mario Praz *La morte, la carne e il diavolo* (*A morte, a carne e o diabo*), mantém em parte seu valor como sugestão e provocação, mas se enriqueceria, certamente, se retomado hoje dentro de uma perspectiva verdadeiramente histórica. Instrumento de análise do oculto, do habitualmente não dito, daquilo que a hegemonia de um modelo recebido sufoca e esconde duramente, o testemunho literário me parece uma fonte preferencial em pelo menos dois níveis.

A longo prazo, que muitos concordam em reconhecer como o tempo próprio da história das mentalidades, a literatura veicula as imagens, os clichês, as lembranças e as heranças, as produções sem cessar distorcidas e reutilizadas do imaginário coletivo. Não chegamos a falar nem do conto nem da lenda, mas é evidente que toda mitologia passa por uma expressão literária. A propósito, poderíamos sublinhar, no terreno da morte, a inércia ou resistência de certas formas obstinadas, das quais o discurso religioso seria o exemplo típico, na forma como se cristalizou durante o século XVII, no curso das lutas da pastoral pós-

tridentina, para se transmitir quase sem variação até...
ontem.

Prefiro, contudo, em aparente e paradoxal contradição (somente na aparência), primeiro reservar para a fonte literária um outro privilégio: o da mobilidade. A literatura, instrumento eletroscópico, vibra e registra prontamente os frêmitos da sensibilidade coletiva. A crispação sobre a morte, expressão metafórica do mal de viver, torna-se um dos indicadores privilegiados da história da sensibilidade atual. Refletindo sobre a questão, ao mesmo tempo ingênua e crucial — como e por que muda a imagem da morte? —, Pierre Chaunu, sensível às grandes fases demográficas, escreveu que, em sua opinião, o investimento coletivo sobre a morte era "um derivado da esperança de vida". Não levarei esse paradoxo ao ponto de querer surpreender P. Chaunu em flagrante delito de reducionismo mecanicista! Mas creio antes, sem cair em um lirismo elementar, que esse investimento é um derivado da esperança de felicidade. O que explica que nossas sociedades, decadentes e encanecidas — onde as mulheres americanas ultrapassaram a barreira dos oitenta anos de expectativa de vida — tenham hoje, com angústia, redescoberto a morte.

Por isso, o circuito pela literatura me parece, enquanto historiador das mentalidades, um meio não somente útil, mas indispensável para reintroduzir no caminho do tempo curto, uma História que tem uma tendência forte demais para ceder às tentações de uma História imóvel, mergulhando com enlevo em uma etnografia, histórica ou não, justamente quando a dimensão do tempo curto corresponde ao da História que se agita com frêmitos de sensibilidade, que são muito mais que a espuma fugidia dos dias.

Iconografia e história das mentalidades*

Muito mais do que uma reflexão individual, trata-se aqui do estado atual de um problema conforme foi debatido coletivamente, em um encontro associando historiadores, historiadores da arte, etnólogos e semiólogos. O problema discutido foi o do uso de fontes diferentes em uma História das mentalidades, na qual a precedência do documento escrito se encontra, senão questionada, pelo menos podada. Também, o porquê do circuito pela imaginária, ou mais amplamente pela expressão figurativa, cuja importância é atestada por toda uma série de estudos paralelos. E ainda, como tratar essa documentação em função das reflexões específicas que lhe são dirigidas?

---

* "Iconographie et histoire des mentalités: problèmes de méthode" ("Iconografia e história das mentalidades: problemas de método"), *Revue d'ethnographie française (Revista de Etnografia francesa)*, 1978. Igualmente publicada na introdução às atas do colóquio "Iconographie et histoire des mentalités" ("Iconografia e história das mentalidades"), realizado em Aix-en-Provence, em junho de 1978, sob o patrocínio do Centro Meridional de História Social, das Mentalidades e das Culturas, apresentando sinteticamente suas comunicações. Edições CNRS (Provença-Côte d'Azur), 1979.

MICHEL VOVELLE

Essa síntese sobre a contribuição da iconografia à História das mentalidades reflete, portanto, uma reflexão coletiva. Ela apresenta, de forma sucinta — sem refutar futuramente ampliar seus objetivos — as contribuições e conclusões apresentadas em um colóquio realizado nos dias 12 e 13 de junho de 1976 sob o patrocínio do Centro Meridional de História Social, das Mentalidades e das Culturas. Todo um grupo de pesquisadores reunidos nessa ocasião se interrogou sobre como surgiu a iconografia como fonte relativamente privilegiada na história das mentalidades. Por que, ao que parece, esse recurso é mais particularmente usado pelos modernistas, embora seja necessário encarar com precaução uma constatação que tem apenas um valor provisório? Em que medida esse novo interesse está ligado ao movimento que se orienta para a cultura popular, valorizando uma fonte de informações que permite conhecer os que não podem ser abordados nem pelo discurso nem pela escrita?

Em termos retrospectivos

A primeira resposta para essas questões preliminares talvez seja uma retrospectiva que retrace brevemente . as etapas dessa abordagem. A sua origem, falando como bibliófilo, nada tem de medíocre. Ela remete, dito de maneira simplificada, a uma dupla direção. De um lado, a História da arte que chamaríamos tradicional, sem nenhuma intenção pejorativa, e que não ficou desatenta àquilo que revelavam as obras sobre a sensibilidade de uma determinada época. Essa iconografia, porém, que continua atenta à qualidade estética da obra (quem a reprovaria por isso?), se mantém também como a iconografia das elites e dos estetas. Ela está fazendo uma comparação banal mas expressiva — na mesma posição da história literária clássica em relação à História; ou da história literária do sentimento religioso

A HISTÓRIA DAS MENTALIDADES NA ENCRUZILHADA DAS FONTES   67

tal como a praticava Brémond, limitada aos "cimos" da espiritualidade, com relação à sociologia religiosa.

Do outro lado está a iconografia folclorizante erudita dos manuais especializados — por exemplo, sobre a imaginária ou sobre as faianças — de uso mais pelo colecionador do que pelo historiador e atenta, por isso mesmo, mais freqüentemente, às formas de arte mais populares, porém de uma ótica inteiramente diversa. Por caminhos diferentes, uma certa iconografia etnográfica, resultante em parte da pesquisa dos folcloristas, permaneceu por longo tempo inaproveitável para o historiador, quaisquer que fossem os seus méritos.

Sobre esse pano de fundo, delineiam-se algumas etapas, cujo paralelo com a História literária também é fácil de retraçar. O que representaram, na geração precedente a Paul Hazard ou Daniel Mornet, corresponderia às obras monumentais elaboradas por Louis Réau — *Iconographie de l'art chrétien* (*Iconografia da arte cristã*) — e, sobretudo, para nós modernistas, Emile Mâle — *L'art religieux après le concile de Trente* (*A arte religiosa após o concílio de Trento*). Neste autor, percebe-se, desde a própria elaboração de sua pesquisa, a articulação progressiva com a arqueologia e a iconografia nos períodos para os quais essas são instrumentos essenciais (Antiguidade e Idade Média) até aqueles onde esses conhecimentos adquirem direitos próprios (época moderna pós-tridentina). A importância dessas obras não deve ser minimizada: não somente devido a riqueza de um repertório temático insubstituível, mas também porque, nesse nível, a iconografia se articula verdadeiramente com a História, e particularmente com a história do sentimento religioso.

Da iconografia temática à iconologia, foi transposta uma etapa que, para o grande público francês, pode ser simbolizada na tradução, em 1967, dos *Essais d'iconologie*

(*Ensaios de iconologia*) de Erwin Panofsky, publicado em 1939. Foi uma etapa importante, favorável para aproximação aos nossos objetivos: não seria essa uma "História dos signos culturais", ou "símbolos em geral" como "o tempo, o amor, a morte, ou a gênese do mundo"? Porém, onde acreditávamos atingir o que constitui o fundamento mesmo de nossa pesquisa — a História —, o projeto do autor se esvanece atrás de uma pesquisa sobre "as tendências essenciais do espírito humano". Essas aventuras se tornam "pequenas odisséias estranhas e eruditas..." que nos estimulam, — dentro de nosso conhecido anexionismo — a pôr a mão da História sobre essas enquetes; o que implicaria deixar o quadro dos iniciados e prosélitos, para nos voltarmos para o problema da difusão maciça das idéias-forças e representações coletivas expressas por esses sistemas de símbolos.

Nesse nível, ou nessa etapa do caminho, em fins dos anos 1960 é que se localiza o ponto de inflexão essencial introduzido pela iconografia no campo das técnicas utilizadas pela história das mentalidades, não obstante a bela pesquisa de A. Tenenti sobre *La vie et la mort à travers l'art du XVe siècle* (*A vida e a morte através da arte do século XV*), que é uma andorinha que prenuncia o verão. Provavelmente, o estímulo essencial partira desse próprio ramo da história, então em vias de constituição, pois no tipo de investigação sem fronteiras como é a dos pesquisadores da cultura popular — de Robert Mandrou a Geneviève Bollème — o documento figurativo mantém seu lugar ao lado dos documentos oral e escrito. À luz dessa problemática nova, se opera uma releitura dos temas da história da arte: vida e morte em Tenenti, a pobreza em Deyon ("La Représentation du pauvre dans la peinture française du XVIIe" ("A representação do pobre na pintura francesa do século XVII")) e a espiritualidade em L. Marin ("Philippe de Campaigne et Port-Royal").

A HISTÓRIA DAS MENTALIDADES NA ENCRUZILHADA DAS FONTES 69

Essa reconversão, porém, não se fez sem implicar revisões mais ou menos dilacerantes. Da história da arte à história religiosa, ou à história das mentalidades, processa-se uma leitura totalmente modificada, que se aplica aos mesmos objetos. As obras que são levadas em conta modificam-se; se prenuncia a passagem da arte nobre ou da grande arte para a arte popular, da obra-prima única para as séries anônimas. É inevitável que os métodos seguidos reflitam essa reviravolta de perspectivas: a quantificação de dados, freqüentemente profusos, impõe a computação e a criação de grades de tratamento.

Dos métodos descritivos ou inventários tradicionais, os pesquisadores passaram a investigações mais sofisticadas, em direções, às vezes, as mais variadas. A tentação do estruturalismo se revelou intensamente no contexto dos anos 1970, como também a da psicanálise histórica. Essas tentativas, ou esse tatear, de uma abordagem à procura de suas técnicas conduzem cada vez mais, nos últimos anos, à busca de uma semiologia apropriada à iconografia histórica. Alguns não viram no recurso à semiologia, sobretudo a semiologia gráfica tal como é praticada pelo laboratório de cartografia da *"École des hautes études"*, mais que uma técnica de tratamento de fichários volumosos, um meio de abreviar a oração através da programação informática, como foi o caso de *Retables baroques de Bretagne (Retábulos barrocos de Bretanha)* de V. L. Tapié e sua equipe. O resultado demonstrou as dimensões do erro cometido. A semiologia não é um instrumento nem uma receita transferível de um domínio a outro sem uma reflexão preliminar. Ela constitui em si uma reflexão, que exige um certo número de definições preliminares essenciais, como a de saber se a imagem é ou não portadora de um "discurso" como os demais.

Assim, retornamos à nossa contextualização inicial, a

fim de definir as preocupações em vista das quais nos reunimos em junho de 1976. A confiança é real e pode autorizar tanto o otimismo como provocar uma certa reserva.

No que tange às fontes da história das mentalidades, a iconografia põe à disposição do pesquisador uma massa considerável de documentos, que lhe permite, tanto abranger grupos sociais os mais variados, como ainda perceber diferentes atitudes. Sem que o conhecimento dos objetos de arte ligados à elite tenha perdido o seu valor (restando redescobri-los de forma diferente), foi no entanto, a iconografia popular (imagens, mobiliário sagrado e profano, ex-voto...) que forneceu dados mais abundantes. Sob essa pressão, a própria noção de iconografia alargou-se, e as fronteiras tornaram-se cada vez mais tênues em relação ao objeto usual ou à civilização material.

As fontes iconográficas não somente são abundantes, mesmo em seu inventário atual, como também oferecem perspectivas renovadas de reflexão. Não obstante afigurar-se paradoxal, eu diria que, em certos aspectos, elas podem parecer mais "inocentes" ou, afinal de contas, mais reveladoras que o discurso escrito ou oral, graças às significações que delas podemos extrair, em termos de confissões involuntárias. Esse foi, pelo menos, o sentimento que me deixou o estudo dos altares e retábulos provençais sobre as almas do purgatório: confidências murmuradas (ou extorquidas) sobre as representações coletivas, para as quais teríamos muita dificuldade em encontrar o equivalente escrito.

Essas razões para confiança não são incondicionais: os estudiosos atuais dessas fontes nutrem o sentimento de uma crise, no mínimo de crescimento, e de uma etapa a transpor. A descrição ou a análise temática impressionista não podem oferecer uma linguagem apropriada ao tratamento da riqueza de dados novamente valorizados, sem por isso deixarem de ser usados dentro de seus próprios limites. Tanto

A HISTÓRIA DAS MENTALIDADES NA ENCRUZILHADA DAS FONTES 71

mais que as novas fontes iconográficas apresentam, elas também, suas limitações. Podem, às vezes, parecer pobres quanto ao conteúdo de sua mensagem como, por exemplo, um ex-voto em sua primeira abordagem, devendo-se, então, violar o seu mutismo. Muito mais freqüentemente elas se apresentam, em seu hermetismo, como fontes de difícil decodificação, sensivelmente menos explícitas que o discurso escrito. Finalmente — e isto não diz absolutamente respeito à sua forma em si, mas à sua significação histórica — fontes iconográficas respondem em seu desenvolvimento a uma cronologia específica, que as tornam ora cambiantes e singularmente tributárias dos fenômenos de "moda" ao nível das expressões de elite como, por exemplo, no domínio pictural, ora, ao contrário, muito inertes, conforme nos impressionam as atitudes das imagens populares ou mesmo os retábulos. Talvez seja por isso que se apreende melhor, nesse domínio, a presença de estratificações múltiplas das expressões de sensibilidade, que se superpõem sem se excluírem.

A segunda ordem de problemas — que diz respeito à elaboração atual de novos procedimentos de abordagem em conexão com o próprio volume das séries tratadas — é tanto de ordem técnica como metodológica. A criação inteiramente empírica dos primeiros processamentos ou grades de tratamento tem mostrado aos pesquisadores que o uso de fontes maciças pode-se revelar improdutivo e até mesmo conduzir a uma sociografia sem perspectivas. Decifrar, decodificar: esses termos em moda ocultam, sob uma forma metafórica tomada abusivamente de empréstimo às técnicas vizinhas, uma inquietude real, dando-lhe, contudo, uma aparência de segurança. Existe mesmo, uma semiologia adaptada ao tratamento das fontes que nos interessam? Ou seremos remetidos de volta, como está acontecendo ao processo da análise intuitiva, do qual jamais deveríamos ter saído?

MICHEL VOVELLE

Visando a responder a essas questões, se organizou o Congresso de Aix segundo várias rubricas. A primeira sessão foi intencionalmente consagrada às comunicações de semiólogos, teóricos ou práticos do estudo da imaginária. Somente depois é que os estudos aplicados, se assim se pode chamá-los, ilustraram o estado atual da pesquisa a partir de diversos núcleos temáticos, fazendo, em geral, intervir vários participantes de acordo com a complementaridade de suas contribuições. Desse modo, foram desenvolvidos os temas do ex-voto, da iconografia sagrada no espaço paroquial, dos monumentos aos mortos; ou, então, representações mais limitadas ou ilustrações específicas, como a iconografia do pastor, ou a representação das idades da vida.

Áreas atuais de iconografia e a história das mentalidades

A reunião de pesquisadores realizada em Aix dependeu, como todo colóquio, de considerações excessivamente contingentes para poder ser tomada como representativa do conjunto de direções atuais da pesquisa. Ela se mostrou, todavia, bastante sugestiva dos caminhos pelos quais tem-se operado atualmente o recurso à iconografia. Seria fácil demais contrapor, de um lado, um primeiro tipo de investigação, no qual um tema determinado, como uma pesquisa sobre as técnicas agrárias e a vida pastoral, solicite suas fontes (o pastor, desde a estatuária grega ao mosaico romano), conduzindo a uma reformulação da problemática (a ausência paradoxal do pastor na estatuária grega); e, de outro, os procedimentos inversos que partem de um conjunto determinado e maciço de dados (os retábulos, os ex-votos, os monumentos aos mortos, as imagens populares representando as idades da vida) para daí extrair uma ou várias séries de dados (a representação do outro mundo nos retábulos de almas do purgatório, da morte heróica individual ou coletiva nos monumentos aos mortos, da doença, do acidente ou do milagre nos ex-votos). Na verdade, esse é um contraste artificial, pois todos os autores partiram justamente de uma problemática inicial para buscar uma fonte de referência.

Aos que se interrogam, por exemplo, sobre as representações religiosas coletivas nos meios populares durante a idade clássica, pode-se logo associar os dados complementares de toda uma bateria de fontes iconográficas. O ex-voto e a imagem religiosa testemunham, cada qual a sua maneira, a devoção ou a piedade individual: o ex-voto como reação individual, ainda que o objeto esteja exposto em público; e a imagem pia como representação estereotipada e, portanto, reflexo de uma atmosfera coletiva, mas de uso doméstico. Em um nível superior, passa-se, com o mobiliário sagrado dos lugares de culto (quadros, estátuas, retábulos) aos suportes da religiosidade coletiva, mas já se começa também a organizar mais amplamente o espaço sagrado coletivo, refletindo sobre a disposição hierarquizada dos altares e das imagens na igreja paroquial, como também sobre a organização espacial dos lugares de culto em áreas abertas, passagem da igreja às capelas, cruzeiros e oratórios. Assim, se delineia um verdadeiro sistema, no qual a contribuição de cada fonte iconográfica encontra o seu próprio lugar.

Nessas condições, os poucos exemplos pioneiros que forneceram as bases para discussão relativa aos "campos de pesquisa" podem manter seu caráter específico mas, ao mesmo tempo, continuarem como ilustrativos, e serem suscetíveis de provocar uma reflexão coletiva, mesmo que representem somente uma parte, adaptada à pesquisa sobre a época moderna, de um tesouro iconográfico, cujas riquezas nos foram sugeridas tanto pelos historiadores da Idade Contemporânea de um lado, como pelos de História Antiga e os etnólogos de outro.

O ex-voto

O estado atual das pesquisas, contudo, transformou alguns setores em pontos de referência privilegiados como, por exemplo, os ex-votos, apesar da aparente pobreza, à primeira vista, desse material — freqüentemente ingênuo, geralmente estereotipado a partir de uma determinada época, e que corresponde, enfim, a um número bastante limitado de situações nas sociedades de estilo antigo. Porém o ex-voto contrabalança a sua pobreza com seus insubstituíveis méritos: é um dos raros meios de investigação no mundo de silêncio daqueles que não têm expressão escrita; uma confissão individual também, introduzindo-nos, por pouco que seja, ao segredo das consciências. Inclusive, é uma fonte maciça: os 208 objetos reunidos na exposição "Ex-voto marins du Ponant" ("Ex-votos marinhos do Ponant"), organizada por M. Mollat, são apenas uma amostra reduzida dos milhares de ex-votos inventariados por sua equipe em santuários espalhados desde Dunquerque até Saint Jean-de-Luz. Na Provença, B. Cousin coletou os cinco mil documentos que formaram seu acervo. Em Nice, Mlle. de Ville-d'Avray computou mais de mil em Notre Dame de Laghet; em Oropa, no Piemonte, C. Loubet pôde selecionar uma amostra de 600 ex-votos extraídos de um total de 2 500. Essa fonte, ainda abundante atualmente, permite uma base para o trabalho a longo prazo: sem remontar até à Antiguidade, os sítios de peregrinação conservam, ainda, alguns exemplares do século XVI, tornando-se mais numerosos os ex-votos nos séculos XVII e XVIII e, sobretudo, no século XIX. Se alguns centros de peregrinação entraram em declínio na segunda metade do século passado, outros manifestam uma vitalidade que se prolonga até nossos dias. A maioria dos quadros de Oropa se distribuem de 1809 até... 1975: essa localidade transalpina registra-se como uma honrosa exceção na morte do ex-voto figurativo, que na Fran-

A HISTÓRIA DAS MENTALIDADES NA ENCRUZILHADA DAS FONTES 75

ça terminou em sua substituição por placas de mármore gravado, prelúdio de seu esvaziamento geral.

Fonte maciça e fonte a longo prazo: sua exploração requer um primeiro trabalho de rastreamento e, sobretudo, de preservação. Nas diferentes áreas de ex-votos, cuja hierarquia se traça desde o centro de peregrinação importante até o santuário local, a destruição ou a dispersão já estão avançadas demais, tornando urgente realizar um inventário e registro fotográfico. A essa tarefa, se dedicam M. Mollat e sua equipe, esforçando-se, por outro lado, para tornar essa fonte conhecida e respeitada. A primeira tarefa é o inventário, mas não se pode parar aí. O volume do material (arquivável, certamente, sob forma de diapositivos) exige a elaboração de uma grade de tratamento, como preliminar indispensável ao tratamento informático dos dados, sendo esta a tarefa a que se lançou Bernard Cousin.

B. Cousin sublinhou a necessidade de se definir um método de análise propriamente histórico, para ir além das grades de localização ou de inventário até aqui propostas. Ele propõe um método que pretende ser amplo e dirigido ao mesmo tempo. Dirigido, na medida que não se volta para a exploração possível, na ótica do estudo de civilização material, na qual recolhe, todavia, os elementos virtuais. Amplo, porque se esforça para reunir todos os dados exploráveis pela história das mentalidades, relativos aos "três espaços" do quadro: a representação celeste, a cena humana e a mensagem escrita. A codificação desses dados, testada a partir de numerosos lugares exemplificativos, conduziu a um projeto já elaborado, cujas possibilidades virtuais foram demonstradas por numerosos exemplos, desde a análise do gestual da prece à análise do espaço celeste ou dos comportamentos familiares. A aplicação de índices e testes estatísticos banais nas ciências humanas, porém menos exploradas na disciplina histórica (o clássico "chi 2"), per-

76 MICHEL VOVELLE

mite testar a validade de correlações na longa duração, assim como apresenta a sua demonstração a partir do surgimento do interesse pela criança doente. Enquanto B. Cousin insiste em problemas técnicos decorrentes de uma exploração maciça em andamento,[1] Christian Loubet, em termos complementares, mostra o conjunto de sugestões proporcionadas pelo já concluído de uma rica porém pequena localidade: a original Oropa, próxima a Biella, no Piemonte. Embora as primeiras fases, desde o século XVI ao século XVIII, permitam somente uma abordagem qualitativa de um pequeno número de documentos, cuja raridade se explica tanto pela destruição como pela "reação jansenista" de 1750 a 1850, se esboça após 1868 um "retorno do maravilhoso", que prenuncia, então, o século dos ex-votos. O volume da amostragem permite logo uma periodização, evidenciando evoluções significativas: quanto ao objetivo da graça, entre 1914 e 1945, a doença cede terreno à guerra e depois ao acidente (de automóvel), em torno do qual se polarizam 80% dos quadros atuais. A sociologia dos agraciados se modifica. O desaparecimento dos ricos juntamente com o recuo dos mais pobres privilegiam, atualmente, uma certa classe média inferior, porém o espaço dos homens continua a preponderar de maneira inalterada; a criança e menos ainda a mulher não se impõem à atenção, talvez porque a guerra... ou o automóvel continuem sendo privilégios masculinos. Todavia, são também, ou sobretudo, as mulheres que suplicam as graças, até um dado momento, visto que, conforme constata C. Loubet, no atual ex-voto do automóvel, tanto o elo divino como a oração tendem a desaparecer. A composição clássica em diagonal se atenua em face da percepção de uma religiosidade "mágica", que se limita a captar o instantâneo do momento do acidente e do milagre, produzindo-se, portanto, um retorno

---

[1] A grande tese de Bernard Cousin está atualmente concluída, aguardando-se para breve a sua publicação.

A HISTÓRIA DAS MENTALIDADES NA ENCRUZILHADA DAS FONTES 77

a uma visão de pânico, na qual o milagre gratuito se coloca como compensação a uma fatalidade percebida.

Assim, o ex-voto, exposto ao fogo cruzado de diversas intervenções situadas em diferentes níveis de tratamento, afirma sua confiabilidade como meio de aproximação a uma sensibilidade sobretudo popular. Tanto a sua relativa estabilidade como sua "pobreza" fazem dele um objeto preferencial para reflexão sobre os problemas da codificação do tratamento serial na iconografia.

Dos retábulos à geografia do sagrado

É a um outro tipo de escalada metodológica que nos conduzem L. Chatellier ("L'iconographie dans ses rapports avec la structure paroissiale" ("A iconografia em suas relações com a estrutura paroquial")) e Marie-Hélène Froeschlé-Chopard, tratando das capelas de romaria. Ambos os pesquisadores se referem às pesquisas do professor Dupront e, por isso mesmo, mais remotamente, aos achados da pesquisa realizada por V.-L. Tapié sobre os retábulos.

Para avaliar plenamente o significado de sua contribuição convém situá-la no processo de descoberta gradual das formas de investigação do mobiliário sagrado, particularmente dos retábulos, como também do próprio espaço sagrado. Quando Gabi Vovelle e eu percorremos as igrejas provençais, entre 1966 e 1969, visando a localizar, registrar e fotografar os altares de almas do purgatório, tivemos que inventar nosso método. Escolhemos uma metodologia ao mesmo tempo clássica, por assim dizer, pois que por comodidade teórica consideramos uma única série temática (ainda que essa escolha deliberada correspondesse antes a um problema preciso do que a uma facilidade), mas também utilizamos um inventário tão exaustivo quanto possível na muito longa duração, como base de um estudo serial. A delimitação temática do assunto permitia uma análise do objeto a um só tempo simples, empírica e total, associando as informações do retábulo e quadros, e analisando-os, tanto seus temas como sua estrutura interna. A etapa seguinte pode ser representada pela obra de V.-L. Tapié, J.-P. Le Flem e A. Pardailhé-Galabrun acerca dos retábulos barrocos bretões. O objetivo desse estudo, realizado mediante métodos completamente diferentes dos nossos, era muito mais ambicioso e, enfim, muito mais razoável. Ao invés de selecionar uma série temática, os autores procuraram empreender um inventário exaustivo dos altares e retábulos (pelo menos das igrejas paroquiais) na escala de uma província particularmente representativa. As dificuldades decorreram do próprio volume do material coletado (mais de 1 500 retábulos), como também da multiplicidade de interrogações formuladas, abrangendo desde elementos de identificação externa (exemplo extraído de uma ficha do inventário: data, autor, situação) à descrição arquitetônica (colunas retas ou torsas, caneladas, etc.), descrição temática (o próprio assunto, ainda que, conforme decidiram os autores, não se chegue até a uma análise interna da cena representada). A análise das imagens sob a forma de fichário pelo laboratório de cartografia da EPHE representa uma tentativa mais do que válida para dominar esse material. Em outro artigo,[2] esclareci, porém, por que julgo ter fracassado esse empreendimento. Sem retomar aquela discussão, os argumentos estão lá: em quinze páginas consagradas ao comentário da iconografia, os autores praticamente se esqueceram do fichário-imagem, que não haviam conseguido programar coerentemente, nem explorar com proveito. Esse julgamento, aparentemente severo, é relembrado aqui somente porque esse fracasso testemunha um impasse coletivo em dominar as contribuições maciças de uma iconografia serial.

[2] *Annales* ESC, set.-out. 1973.

A HISTÓRIA DAS MENTALIDADES NA ENCRUZILHADA DAS FONTES 79

Uma parcela importante dos obstáculos nos quais esbarrou o projeto dos retábulos bretões parece ter sido superada pelos trabalhos em desenvolvimento de L. Chatellier e M.-H. Froeschlé-Chopard. Não inteiramente, é provável, pois falta definir-se um método apropriado à leitura de imagens tomadas isoladamente, que seja, afinal, o equivalente do que tentamos realizar com o ex-voto, um material ainda mais rebelde devido à sua própria diversidade. Os autores demonstram, porém, como, a partir da distribuição de elementos iconográficos no espaço paroquial, se podem obter ricas informações quanto às formas de vida religiosa. Graças a essa distribuição espacial de objetos desenvolveu-se uma problemática fecunda: se pode, doravante, buscar uma técnica de tratamento que — caso recorra à informática ou ao fichário-imagem — não está mais sujeita a se tornar caricatural.

M.-H. Froeschlé-Chopard, em artigos anteriores, havia já mostrado, conforme exemplo das dioceses de Vence e de Grasse, de que modo a estrutura de conjunto dos retábulos se modificara na idade clássica e, sobretudo, como evoluíra a sua localização no interior da nave da igreja paroquial. Constituiu-se, então, uma hierarquia estrita desde o altar-mor, passando pelos altares laterais e altares das naves, até os "santos da porta", em uma feliz expressão de A. Dupront, assistindo-se, então, aos temas renovados da pastoral pós-tridentina (Santo Sacramento, Rosário, São José...) ocuparem os lugares de honra, enquanto se repeliam e marginalizavam os intercessores tradicionais. L. Chatellier estende essa reflexão ao conjunto iconográfico das paróquias da baixa Alsácia, no Kochersberg, que ele estudou localmente e a partir de visitas pastorais. Com base nos elementos recenseados na igreja paroquial, no cemitério, no trajeto da cruz, nas capelas e no cruzeiro, ele analisa sua respectiva situação, como também os padroeiros, identificando uma rede de imagens "em conexão".

O balanço por ele apresentado sublinha, com referência ao surto de igrejas paroquiais da segunda metade do século XVIII, o caráter acentuadamente controlado ("sulpiciano", diz o autor) de uma prática que surpreende pelo seu cristocentrismo, pouco aberto, para além da Santa Trindade (Jesus, Maria e José), a um panteão notoriamente empobrecido, do qual se excluíram os velhos santos agrários. Essa depuração, realizada em nome do catolicismo é apenas parcial porém, pois dentro da própria igreja paroquial, reintroduziram-se marginalmente as expressões mais vivas de uma sensível corrente de piedade (Sagrado Coração, chagas de Cristo e santos da Contra-Reforma), manifestando-se em toda uma iconografia secundária. Mais tarde, os santos padroeiros tradicionais voltam a ser reencontrados sobre os altares laterais, enquanto os santos locais emigram para as capelas rurais ou dos cemitérios, então construídas em grande número. Uma etapa importante na formação da paróquia moderna se encontra assim mapeada, fazendo da igreja paroquial o lugar único da vida religiosa, sem que por isso as construções periféricas tenham perdido totalmente a vida, pelo contrário.

Foram essas construções na região rural da Provença oriental que M.-H. Froeschlé-Chopard focalizou em *Fonction et iconographie des chapelles de romérage (Função e iconografia das capelas de romaria)*. A romaria, na acepção provençal durante o século XVIII, é a peregrinação, não mais a Roma, mas coletivamente em procissão à região, uma vez por ano. É um rito de regeneração, que junta à cerimônia sagrada oficial acréscimos nada fúteis, tais como: jogos, concursos e disputas catárticas entre jovens de diferentes aldeias.

Metade dessas capelas estão ligadas a cultos antigos, às vezes simplesmente como continuação de uma antiga paróquia ou de um antigo local de culto. Relativamente

A HISTÓRIA DAS MENTALIDADES NA ENCRUZILHADA DAS FONTES 81

mais recentes são as capelas dedicadas aos santos terapeutas, propensas a que o novo santo (São Roque, freqüentemente) suplante o antigo. Em todo caso, porém, a capela conserva sua função, que é a de abrigar "o protetor da comunidade, o santo ligado à região há séculos ou o santo encarregado de afastar as doenças contagiosas". Uma geografia específica corresponde a essa vocação: os santos terapeutas são colocados nas estradas para protegê-las; e os intercessores tradicionais mais longe ainda, seja nos limites da região, no âmago de um outro universo sagrado, onde "a comunidade se regenera em contato com as árvores, a água e os rochedos que são fontes de vida, seja junto ao antigo cemitério ou a antiga aldeia, lugares carregados de poder sagrado". O cenário mesmo, porém, denota a freqüente pobreza dos lugares que não recebem senão uma visita anual: retábulos antigos onde aparecem, cristalizados e rígidos, três santos como manifestação estática da presença do sagrado, localidades, em sua maioria, alheias às inovações que despontam na igreja paroquial. A presença geralmente ocasional, mas às vezes permanente, do relicário contribui para reforçar essa impressão. Em certos lugares, todavia, a crescente importância de uma peregrinação atraindo multidões contribui para o enriquecimento do cenário, que mimetiza, então, o da igreja paroquial. Esta não permanece por muito tempo como rival, tornando-se depois vitoriosa diante desses lugares onde se refugia o "sagrado popular" e onde a comunidade entra em contato direto com a divindade através da mediação de um santo.

Ao fim dessas análises, percebe-se como a própria noção de recursos à iconografia é suscetível de alargar-se para abranger uma visão global do espaço sagrado como um todo. Verifica-se melhor, assim, a dialética necessária entre, de um lado, as operações de inventário ou de coleta e, de outro, as hipóteses fecundantes que lhes podem dar vida. Não há ruptura nesse nível mas, ao contrário, continuidade, entre as análises que discutimos antes e as demais reflexões que foram apresentadas em comunicações complementares sobre os monumentos como testemunho da mentalidade coletiva. É certo que no século XIX a sensibilidade é substancialmente laicizada mas, não reteria o monumento aos mortos uma posição essencial no inventário monumental "sagrado" da aldeia?

Arte funerária e monumentos aos mortos

Essas pesquisas se inserem, também, em uma corrente de descobertas da qual podemos recapitular alguns passos: a história das atitudes diante da morte, individuais e arqueológicas. Salientamos, com certo espanto, como, nas igrejas provençais do século XX, a placa ou baixo-relevo alusivo aos mortos da Grande Guerra freqüentemente afastaram as "pobres almas" do altar do purgatório. Mais amplamente, resta ainda por fazer a parte maior do estudo dos cemitérios, ainda que alguns instantâneos tenham já começado a aclarar o tema, tal como a pesquisa de M. Foisil sobre os cemitérios parisienses do século XVIII. O artigo de M. Bée sobre os cemitérios de Calvados, a partir de enquete dos prefeitos imperiais (*Annales de Normandie* (*Anais da Normandia*), 1976) descortina, nesse domínio, vias de investigação interessantes, graças à interpretação de um documento específico, precursor do... inventário de monumentos! Resta, porém, se assim se pode dizer, desenvolver a pesquisa de campo, mediante uma interpretação estilística e temática dos diferentes aspectos do local dos mortos, do século XIX até o presente — tema que os historiadores de arte têm geralmente ignorado e que os historiadores das mentalidades começam apenas a descobrir.

De uma outra perspectiva, ao mesmo tempo próxima e diferente, para o estudo dos monumentos aos mortos, da-

A HISTÓRIA DAS MENTALIDADES NA ENCRUZILHADA DAS FONTES 83

tados em sua maior parte do século XIX em diante, delineiam-se as pesquisas empreendidas, sobretudo, por Maurice Agulhon acerca das representações figurativas simbólicas daquela época. São as *Republiques* ou *Mariannes* que forneceram o tema de suas publicações e, mais amplamente, de "Origines et significations de la statuomanie en France à l'époque contemporaine" ("Origens e significações da estatuomania na França na época contemporânea"). Essas pesquisas testemunham que a descoberta progressiva do objeto de arte banal como meio de abordagem às mentalidades realizada pelos modernistas (enquanto já é de longa data conhecida pelos medievalistas e estudiosos da Antiguidade) conquista a história contemporânea, que durante longo tempo se conservou mais clássica quanto a seus métodos.

É a uma reflexão muito nova, prelúdio de uma investigação conduzida no quadro europeu (da Alemanha à Itália, passando pela França), que nos instiga R. Koselleck, de Bielefeld, sob o título *Les monuments aux morts, contribution à l'étude d'une manifestation visuelle des temps modernes* (*Os monumentos aos mortos: contribuição ao estudo de uma manifestação visual nos tempos modernos*). O autor, à falta provisoriamente de séries maciças, se apóia sobre uma ampla fototeca de significativas ilustrações, recobrindo uma extensa área, desde a Europa à América, como também uma longa duração, isto é, da Guerra dos Trinta Anos aos nossos dias. Ele explica imediatamente, insistindo sobre o valor particular de que se pode revestir, no estudo da "sensibilidade política", o sistema de signos e marcos que são os monumentos aos mortos, um convite à reflexão, não sobre o destino individual, mas sobre a hecatombe coletiva, como meio de mobilizar a atenção com vistas a um projeto político dado.

Se é no século XIX que se afirma essa conduta, ela tem, por outro lado, uma pré-história a conhecer. O soldado mercenário do Antigo Regime não tem nem mesmo di-

MICHEL VOVELLE

reito a um túmulo: a multidão anônima dos soldados da Guerra dos Trinta Anos não recebeu, na melhor das hipóteses, senão duas cruzes expiatórias para os crimes humanos. Em contraste, para o príncipe, o general ou o guerreiro vitorioso se erigem monumentos destinados a imortalizar seu triunfo, como o túmulo de Maurício de Saxe, em Estrasburgo, que seria bem, junto com os cenotáfios vienenses de Canova, o coroamento de uma série contínua, e a também conclusão. Para o autor, com efeito, a passagem que se opera então para o modelo contemporâneo de monumentos aos mortos é caracterizada por duas mutações essenciais: uma igualização progressiva, diluindo seu caráter até então cruelmente hierarquizado; e também uma difusão cada vez maior, ligada ao fato de que o obscurecimento do caráter religioso ou expiatório torna o monumento coletivo mais apto a transmitir uma mensagem política funcional.

O que o autor denomina a "funcionalização da representação da morte em favor dos sobreviventes" é ilustrada pela referência ao humor cáustico e involuntário, embora britânico, de William Wood que, em 1806, propôs, para espicaçar a rudeza dos financistas ingleses na guerra em curso, a construção de uma gigantesca pirâmide, sublinhando o caráter, afinal, economicamente rentável de um investimento equivalente ao custo de três dias de guerra. A premonição de Wood viria a encontrar um notável sucesso póstumo, desde o leão que domina a planície de Waterloo até a fórmula lançada por Frederico Guilherme III da Prússia e em honra até 1871: *"Den Gefallenen zur Erinnerung, den Lebenden zur Mahnung, den Kommenden zur Nacheiferung"* (Aos caídos na guerra, como lembrança; aos vivos, como exemplo; às gerações vindouras, como advertência). O apelo às gerações seguintes, às quais os mortos ditam o dever, permanece como o denominador comum desses monumentos aos mortos, onde quer que estejam, até 1918, não introduzindo a relação de vencedor ou vencido senão modulações secundárias de um dever que permanece coercitivo para todos. Daí a notória homogeneidade, de um país a outro, dos acessórios simbólicos dessa piedade neoclássica laicizada, mesmo que o autor introduza, muito corretamente, acentuadas nuances nacionais: tradição "familista" de certos monumentos à francesa, triunfalismo moralizador do monumento à americana, representando a luta entre o bem e o mal...

Paralelamente a essa instrumentalização do monumento aos mortos, opera-se sua democratização. O autor descreve as etapas dessa difusão desde a tradição antiga, mas não em desuso, de monumento ao general vitorioso (de Scharnhorst a Kellermann ou Patton) até o estágio intermediário, em que se valorizam os oficiais (os oficiais de Hanover a Waterloo), negligenciando-se a tropa, para, em seguida, fazê-los coexistir sobre as placas, mas em ordem hierárquica. A Guerra de Secessão aboliu *post mortem* os graus, e a Europa aderiu, em 1918, à moda americana, no momento mesmo em que o aperfeiçoamento de técnicas, multiplicando o soldado desconhecido, tornaram praticamente impossível a identificação individual: daí, o repatriamento do cemitério militar comunal para o cemitério da aldeia, paralelamente aos monumentos anônimos apenas comemorativos, erigidos nos campos de batalha das duas últimas guerras. O último conflito anulou o uso das fórmulas triunfalistas, marcadas pelo cunho da boa consciência. Monumentos abstratos, formas côncavas (de Zadkine a Amsterdã), antimonumentos (dos quais a paródia ao monumento de Arlington por Kienholz é o exemplo típico) testemunham bem que um certo ciclo — nascimento, vida e morte do monumento comemorativo — já se completou: é tempo, portanto, de transformá-lo em objeto da História.

A comunicação feita por Geneviève Richier e Bernard

Cousin, sobre a tentativa de inventário temático dos monumentos aos mortos da guerra de 1914, em Bouches-du-Rhône, sugere em que caminhos de inventário sistemático, com base em um programa definido, poderia se engajar a investigação desejada por R. Koselleck: lugar e condições de construção, data, monumento único, duplo e até tríplice (na praça, no cemitério, na igreja) e análise temática. Delineiam-se, assim, desde já, os elementos virtuais de uma grade de tratamento para esse testemunho quase universal da sensibilidade coletiva.

As demais áreas mencionadas nesse quadro panorâmico, inevitavelmente incompleto, podem ser convenientemente agrupadas sob o título "Dos trabalhos e dos dias". Elas não são provas menos importantes da aptidão da abordagem iconográfica para se prestar a problemáticas diferenciadas, além do quadro extremamente homogêneo dos trabalhos apresentados precedentemente, isto é, o da iconografia, por pouco que seja, religiosa ou cívica.

Discorrendo sobre o pastor e sua iconografia nas fontes gregas do século VIII ao século III a.c., Marie-Claire Amouretti representou, para a maioria dos modernistas reunidos, mais do que uma instigação útil além de seu período específico, aliás muito mais do que parece, pois a reflexão foi formulada no quadro de uma pesquisa na muito longa duração sobre a vida pastoral, realizada por uma equipe da Universidade de Provença que se consagra à cultura material do mundo mediterrâneo. Ela mostra, sobretudo, como a investigação a partir de testemunhos da estatuária arcadiana, cretense e beócia, e também da cerâmica, conduz, afinal, à constatação de uma ausência, senão total, pelo menos acentuada: o pastor, como tipo humano, não está integrado à iconografia grega, o que não deixa de ser intrigante quando se pensa no realce que a civilização romana dedicará à pastoral. Toda uma série de questões daí emer-

A HISTÓRIA DAS MENTALIDADES NA ENCRUZILHADA DAS FONTES 87

gem: por que o silêncio? por que os gostos, as modas, as emergências? Tanto quanto uma contextualização sócio-econômica essencial, mas que não deve absolutamente ser operada mecanicamente, deve-se levar em conta, também, toda uma série de mediações ideológicas, a partir das representações coletivas, para descobrir por que os gregos, que fizeram do Cíclope a antítese do homem civilizado, ignoraram o pastor; e, inversamente, porque a pastoral da Idade Média até Astrée... ou ao Trianon? A iconografia é um meio privilegiado para se compreender a dialética entre as realidades materiais e o olhar lançado sobre elas.

Yvonne Knibiehler pretendia limitar, às dimensões de uma comunicação, a apresentação comentada de uma série de imagens das "idades da vida" surgidas desde o século XVII até o final do século XIX, que ela utiliza em seu estudo sobre as representações coletivas da mulher no ciclo vital. Base perfeitamente apropriada, graças à aparente inércia das estruturas formais da representação figurativa: a escala ascendente e depois descendente que assumem os casais nas diversas idades, o arco subterrâneo entre o berço e o túmulo, evocando os fins últimos mediante a imagem do Juízo Final. Esse material não tem sido ignorado em recentes estudos, que o abordam dentro de uma leitura que denominaríamos, para simplificar, estruturalista. Yvonne Knibiehler insiste, ao contrário, nas mutações reveladoras atrás da aparente continuidade, assim como no lugar da mulher, pensado de modos muito diferentes, segundo as épocas. A sucessão das idades é um bom tema semiológico, certamente, pela própria rigidez dos quadros formais nos quais se insere a representação figurativa, autorizando a análise de um número finito de elementos significativos.

Esse material limitado, mas denso, conduz à imaginária e particularmente à imaginária popular, ainda que a noção seja fluida neste caso, pois se assiste a uma popularização progressiva, desde a gravura clássica até a imagem

88 MICHEL VOVELLE

de Épinal. As demais séries possíveis para tratamento da imaginária popular não foram lembradas no curso desse encontro: elas são múltiplas, desde as primeiras xilogravuras em fins da Idade Média até a litografia, que substitui a produção de pintores e escultores no decorrer do século XIX. Certos estudos desenvolvidos localmente (como a análise realizada por M. Mus, de Aix, sobre os catálogos iconográficos de Avignon), sugerem com precisão o quanto se pode extrair de um material como este, através de um tratamento serial. Os personagens representados nas imagens avinhonesas focalizadas por Mus são os mesmos das capelas de romaria de M.-H. Froeschlé-Chopard; percebe-se que privilegiam francamente a tradição sobre a inovação e que, na maioria, não têm função didática, permanecendo como "representações simples": santos hieráticos, que valem pela sua presença, suficiente em si mesma para preencher seu papel, que é o de ficarem fixos ao muro, intercessores estáticos que são e imagens-suporte para a prece. Não é absolutamente surpreendente, portanto, que para 10% aproximadamente de evocações de Cristo (crucificado mas, sobretudo, Jesus-menino), se conte quase um terço de representações da Virgem (Virgens da Peregrinação, mas também da Misericórdia ou das Sete Dores e, naturalmente, a do Escapulário ou do Rosário). As imagens dos santos concentram aproximadamente 55% das representações, sendo quatro quintos para os santos de tradição ("os grandes": Pedro e Paulo, José, Antônio, mas também os intercessores locais: São Gens, Benezet ou Pedro de Luxemburgo), em número muito maior que os santos da Contra-Reforma, escassamente representados, ainda que algumas glórias locais façam uma discreta aparição (os padres Bridaine, Yvan ou Cayron). Essa iconografia não é impermeável às novas linguagens: se ela ignora o martírio, acolhe, porém, o êxtase e a visão celeste, como também introduz o anjo da guarda e José agonizante. Todavia, surpreendem por sua extraordinária estabilidade: de um primeiro corte, em fins do século XVII, a um segundo, no século XVIII, e na litografia dos anos 1820 a 1880, as proporções verificadas se mantêm imutáveis, com ligeiras nuanças: desaparecem alguns santos (Sebastião, Barbe, ou Antônio eremita) mas, no conjunto, a tradição se reforça mais do que recua. Devemos ver nisso a simples tradução, usualmente literal, dos motivos dos escultores para a litogravura? Esse dado, porém, ele próprio uma questão problemática, representa apenas uma explicação parcial.

A esse conjunto inerte de imagens tradicionais, opõem-se aquelas por intermédio das quais se introduziu a inovação e se difundiu a nova vulgata da civilização "alfabetizada" da segunda metade do século XIX, com uma nova cultura popular, cujos vetores foram os manuais de diferentes níveis. É a esta reflexão que nos convida Remi Mallet, que tem trabalhado sobre as relações entre a História erudita e a História popular, tomando como base a *Histoire Populaire de la France* (*História popular da França*) publicada por Henri Martin em 1875, a partir especialmente de uma sondagem dos tomos relativos à Revolução e ao Império. Sente-se de imediato aqui o que mudou em comparação às séries precedentes, trazendo em si mesmas a sua própria significação. Trata-se, nesse caso, de exemplificações de apoio ao texto, do qual elas não estão separadas aparentemente; mas não devemos esperar daí, uma simples redundância. Pelo menos não é o que parece, seguindo-se a argumentação do autor, que apresenta uma análise temática, certamente clássica, mas bem detalhada, de um conjunto de 530 gravuras, que ele enumera e registra, distribuídas em dois grupos, *grosso modo* equilibrados, de retratos e de cenas de composição. A intenção didática do historiador se revela tanto na importância dos retratos como nos panoramas das aldeias e dos lugares históricos, e até mesmo em algumas pranchas documentais sobre trajes. Essa pedagogia, porém, não é inocente. Remi Mallet deduz a partir dela inúmeros temas recorrentes, que ele desenvolve na análise, como a vidência, que se afirma estar ligada à época tratada. Essa violência tem uma dupla face: a face libertadora durante a epopéia da conquista francesa, em contraste com a outra violência fanática e constantemente associada à imagem do povo, como a violência desenfreada e brutal dos romanos, napolitanos ou espanhóis, o duplo fanatismo das tropas da Vendéia na França, ou do Terror branco de um lado e da jornada popular sangrenta de outro. Dois mundos emergem mais claramente confrontados pela imagem do que pelo texto: de um lado, a França como liberdade, justiça e organização; de outro, o caos da espontaneidade popular e da violência. Outro tema maior é o da criação de heróis, dentro de uma História que continua sendo uma História de "batalhas" e, sem dúvida, "episódica". As escolhas que transparecem, tanto na galeria de retratos como de um tema como o da morte heróica ou exemplar, traem sem ambigüidade as preferências daquele autor que exalta os girondinos e Mirabeau, oculta Robespierre e Saint-Just, prende Marat no pelourinho e deixa Bonaparte com uma imagem ambígua. Mais distintamente, começa a surgir a filosofia política do autor, sua religião do progresso e do espírito como espírito todo-poderoso, sua confiança na França como guia desses valores-chave. Exatamente, aquele tipo de História onde o povo aparece somente como ator inquietante da Contra-Revolução ou da falsa Revolução, e que põe o poder da imagem a serviço de um discurso ideológico preciso da burguesia para uso das massas; sendo por isso, talvez, que ela é popular.

Essa primeira abordagem, que nos faz esperar uma continuação onde a escultura seja analisada em suas estruturas internas, provoca uma reflexão, levando a uma comparação entre esta série e as séries de gravuras propriamente revolucionárias (Prieur, Duplessis-Berteaux...). Coloca-se também, a partir delas, o duplo problema da relação entre o documento escrito e a iconografia, assim como o da eficácia da escultura para a fixação visual de temas e idéias-forças que poderão se reencontrar ao nível da tradução oral, conforme Philippe Joutard recentemente demonstrou em *La légende des camisards, une sensibilité au passé* (*A lenda dos calvinistas insurretos: uma sensibilidade ao passado*).

Um feixe de problemas e algumas pistas a seguir

Essa visão geral, ao mesmo tempo descontínua e abundante, permitiu avaliar as dimensões desse campo de investigação e suas riquezas virtuais. Resta definir suas fronteiras: a dialética entre o documento escrito e a iconografia, colocada nesse momento — e que se reencontra em outros domínios (como no ex-voto, onde a escrita, em certo ponto, fere a imagem) — pode-se prolongar no problema das relações entre a iconografia e a tradição oral. Foi a esta articulação que visou Philippe Joutard, sob o título *Iconographie et tradition orale* (*Iconografia e tradição oral*). Repudiando a idéia já superada dos antigos folcloristas de uma autonomia da oralidade, ele sublinha o papel essencial desempenhado pela imagem como intermediário entre a cultura escrita e a cultura oral e, portanto, entre a cultura erudita e a cultura popular, relembrando o papel da difusão maciça da iconografia de viagem no século XIX. Hoje, como ontem, as lembranças registradas nas imagens podem não somente fixar a tradição oral, mas suscitá-la (como as cruzes marcadas sobre a porta dos huguenotes às vésperas da noite de São Bartolomeu, lenda nascida de uma imagem; ou a do judeu errante, que a iconografia popular adota como sendo de estatura gigantesco-gargantuesca). A exposição nas feiras, como também as imagens da lanterna mágica foram meios de difusão e de fixação excepcionais nas sociedades tradicionais; talvez, como sugere o autor, porque a memória histórica, recortando o real em seqüências elementares, se presta particularmente bem às contribuições da iconografia popular, o que torna essencial um estudo da difusão social da imagem.

Quer se trate de esterilização por etapas ou de enriquecimento por contato, é certo que o domínio explorável a partir das fontes iconográficas, com modulações essenciais segundo a época, o lugar e o meio social, está no centro das preocupações da história das mentalidades. Tomamos consciência renovada desse caminho quando Didier Lancien, desafiando os historiadores presentes para além de seu campo de pesquisa habitual, com uma provocação muito fecunda a partir de um filme contemporâneo, perguntou-lhes o que, nesse domínio, poderia ser considerado um documento histórico: tudo, respondeu ele aos partidários, de uma leitura restritiva, até o filme de ficção ou o anúncio publicitário da mais extrema mediocridade.

Nossa bulimia afirma-se sem fronteiras: convém ainda nos entendermos sobre os procedimentos a seguir nesse domínio e confrontar o ensino de achados ilustrativos sobre a matéria, com a reflexão teórica em vias de elaboração. Da coleta de um documento até sua exploração, desenha-se um caminho nem sempre linear.

O que denominamos análise temática clássica, sem qualquer conotação pejorativa, não está nem superada nem inadaptada no quadro da história das mentalidades. Uma boa parte dos trabalhos por ela apresentados podem ser definidos como uma análise temática minuciosa: dos monumentos aos mortos até as imagens, e daí às séries previamente definidas — quer se trate do purgatório, do pastor ou da feiticeira, como o fizeram os italianos — a história

A HISTÓRIA DAS MENTALIDADES NA ENCRUZILHADA DAS FONTES 93

das mentalidades tudo tem a ganhar com a prática dessa iconografia reformulada em novos termos.

Poderia-se ir mais além e conferir a essa "leitura" (usando o termo com prudência, e veremos por quê) um caráter mais científico e, portanto, mais detalhado e/ou sistemático? Foi como eco a uma preocupação crescente que a questão foi logo colocada aos especialistas em semiologia. Pode-se, efetivamente, elaborar uma verdadeira semiologia da imagem?

Alguns dos estudos analisados precedentemente se produziram como eco de um real interesse e de uma inquietude manifesta ao mesmo tempo. Bernard Cousin, apresentando sua pesquisa sobre os ex-votos, argumentou que os teóricos da semiologia (Roland Barthes, Umberto Eco, Louis Marin) já propuseram um sistema de conceitos permitindo a decodificação iconográfica, e que os historiadores não podem prescindir dele. Ele se mostrou preocupado com limitações atuais dessas investigações: a preferência pelo exemplar, freqüentemente, ao invés do conjunto de dados; e, de certo modo ligada a essa primeira atitude, a desconfiança manifesta com relação à diacronia (diz Roland Barthes: "Em princípio, o material empírico deve eliminar ao máximo os elementos diacrônicos, devendo coincidir com um estado do sistema, um corte da História"). Poderá a História encontrar aqui o seu escopo? Algumas abordagens recentes, associando semiologia e psicanálise, são de molde a nos deixar pensativos (como o ensaio de B. Lamarche e G. Vadel sobre o ex-voto, com o título: "Dieu signe-t-il?" ("Deus sinaliza?"), em *Communication*, 19), e não somente por seu hermetismo...

A semiologia da imagem

A questão está colocada e a resposta não é unívoca. A voz da prudência, com entonações onde se reconhecem as vozes de mais de um historiador, é a de Georges Mounin, em sua reflexão *Iconographie et sémiologie* (*Iconografia e semiologia*), baseada em exemplos da obra do Dr. Bréhant: "Les répresentations de la crucifixion" ("As representações da crucificação"), (*La Presse Médicale*, 1965), material de referência particularmente apropriado. Georges Mounin previne o pesquisador contra a transposição literal de conceitos lingüísticos para a semiologia. O emprego irrefletido de termos como "leitura" ou "mensagem" pode ser — lembra ele — "parcialmente ou totalmente enganador". Porque não há, por definição mesmo, uma leitura simples ou unívoca de um quadro ou de um objeto, reflexo de um código que bastaria... decodificar. O quadro de uma crucificação é um objeto ao mesmo tempo do tipo da *mensagem* (veiculando as informações) e um *conjunto de estímulos* (destinado a desencadear as reações), o que torna bem mais difícil selecionar os sinais pertinentes. Mais do que uma decodificação, é de interpretação que convém falar, o que supõe a seleção de um certo número de traços pertinentes em função de uma determinada finalidade. O autor, com efeito, relembra a necessidade imperativa, tratando-se de objetos culturais complexos, de se perguntar qual significado... e para quem: o emissor... o receptor (de ontem, de hoje; culto ou inculto).

Caso o espectador atual seja historiador, historiador da arte, sociólogo, médico, antropólogo ou psicanalista, muda evidentemente a escolha das pertinências de um objeto, que há perigo em confundir sem exame da etiqueta de semiologia. Seria, portanto, razoável falar da semiologia gráfica como "ciência capaz de extrair sistematicamente as significações contidas nas imagens"? Isso requer, pelo menos, um consenso sobre o termo: a relação que liga o emissor (o pintor) e os espectadores de ontem ou de hoje é do domínio da semiologia da comunicação, mas a significação que um erudito atual (de uma disciplina ou de outra) extrai dos

A HISTÓRIA DAS MENTALIDADES NA ENCRUZILHADA DAS FONTES 95

sinais que ele interpreta é do domínio da semiologia da significação.

Tomadas essas precauções, Georges Mounin julga possível, a partir dessa clarificação, "tornar mais rigorosos os métodos de análise e interpretação das representações figurativas". Desse ponto de vista, ele reconhece o interesse em retomar, em termos novos, a questão discutida, mas não resolvida, das relações entre mito e História. A análise estruturalista tentou obstinadamente subtrair a análise dos mitos da competência da História, "afirmando que o mito é sempre constituído de um sistema fechado de unidades invariáveis, cujas estruturas subjacentes procura se colocar em evidência". Aplicando essa leitura a um mito concreto — como o da crucificação — pode-se constatar rapidamente a ausência de invariantes estruturais e, no mínimo, a extrema mobilidade que afeta os elementos essenciais (a cruz, a posição do corpo, a nudez ou a coroa de espinhos); e isto, em função de determinações que remetem à História no sentido mais amplo do sentimento religioso ou da sociedade. A partir dessa constatação, podemos compartilhar do otimismo final do autor: "Visto que a iconografia, devido a seu próprio material, dá mais ênfase à pesquisa histórica — e uma ênfase freqüentemente menos aleatória que a linguagem oral ou o relato escrito — ela oferece, provavelmente, um domínio privilegiado para demonstrar que as alterações das estruturas dos mitos dependem profundamente da História".

Seria, provavelmente, forçado contrastar a reflexão de Régine Robin com a de Georges Mounin, mas também seria um artifício manifesto considerá-los de mesma linguagem. R. Robin aborda a iconografia ao mesmo tempo como historiadora e semióloga, familiarizada com o estudo do discurso e das práticas discursivas. Enquanto G. Mounin parte do estudo da crucificação, R. Robin parte de duas ilustrações de romances libertinos do século XVIII, que ela procura interpretar, em termos de exemplificação de seu propósito objetivo, dentro do universo fantástico de representações da mulher no Século das Luzes. Podemos sumariar os temas maiores dessas dissertações: R. Robin e G. Mounin convergem, sem dúvida, para um projeto que muito agrada ao historiador. É preciso, por assim dizer, repor a mão da História sobre um domínio que atualmente foi abandonado para a análise estruturalista, não só incompatível com o discurso histórico, mas precisamente inscrita em uma "conjuntura ideológica, além de ideológica, teórica". R. Robin, porém, não acredita que possamos prescindir, senão da perspectiva estruturalista, pelo menos da pesquisa teórica fundamental. Ela recusa — sem com isso censurar a competência dos historiadores que procuram abrir caminho por um terreno não trilhado — o empirismo dos métodos atuais. Ela não ignora que a sucessão de "modas" rapidamente esgotadas, ou a incompatibilidade de leituras em confronto correm o risco de ter um efeito dissuasivo. Mas não acredita, por isso, que exista um "meio simples de resolver o problema" e remete à contribuição (ou... às contribuições...) de R. Barthes, os que desejarem aprofundar, a partir do corpo iconográfico do passado, as redes conotativas às quais ele remete. Ela dá um exemplo disso no quadro do século XVIII libertino, colocando, a partir de duas imagens, a questão da mobilização fantástica das formações sociais; ou seja, uma História do imaginário com todas as questões que isso implica. Que relações se podem estabelecer entre fantasmas e ideologias? Pode-se evitar o recurso a conceitos da psicanálise, interpretados à luz da História, no quadro de um erotismo libertino, que em nada se assemelha ao nosso? Vários pesquisadores estremeceram com a idéia de se engajar, com todo o investimento que isso comporta, em um terreno ainda movediço; muitos, e às vezes os mesmos, julgaram que isso seria se empobrecer por antecipação e, talvez, mesmo impedir-se de progredir, mais do que acarretaria a recusa em se engajar nessa aventura.

Eles ficam tanto mais perplexos na medida que o movimento da pesquisa atual os coloca em uma situação que não está absolutamente livre de ambigüidades nem de contradições aparentes. A semiologia da imagem, conforme praticada atualmente, ainda se recusa a sair de uma amostragem significativa, e reconhece sua inaptidão para o tratamento de dados mais amplos, indispensáveis a quem desejar se voltar para uma abordagem dos fenômenos de massa próprios à cultura popular. Mas é livrando-se dessas limitações que eles se ressentem, de sua parte, da necessidade de uma abordagem menos empírica e melhor fundamentada. Os exemplos tratados ao longo desses encontros ilustram esses impasses: a etapa essencial para muitas dessas pesquisas é o estabelecimento de uma grade de tratamento, ou seja, a definição dos traços pertinentes de que fala G. Mounin. Esse procedimento é tanto mais necessário na medida que um tratamento não-manual se impõe cada vez com maior freqüência. Os pesquisadores têm consciência, e o declaram, de que uma quantificação sem perspectivas não pode desembocar senão em resultados irrisórios, constatações evidentes ou descrições limitadas. Corresponderia a se transportarem para o domínio da sociografia estéril, às vezes praticada em outros domínios.

Nessas condições, a quantificação não está propriamente posta em questão por seus adversários, mas o problema aqui, como diria La Palisse, é sem esperança, como meio de apreender o comportamento de grupos inteiros. Não há um verdadeiro conflito quanto às técnicas em si de tratamento a serem adotadas. O que acontece é que, passado o estado de contagem manual, que foi e continua sendo o

MICHEL VOVELLE

destino de muitos, a primeira tentativa importante para recorrer a meios mais sofisticados foi o emprego do fichário-imagem e da matriz ordenável na pesquisa sobre *Retables baroques bretons* (*Retábulos barrocos bretões*), ou seja, a semiologia gráfica tal como ela é vista na "Ecole Pratique des Hautes Études" ("Escola Prática de Altos Estudos"): eis a semiologia-instrumento após a semiologia-leitura! O olhar crítico lançado sobre seus resultados não repõe em questão a técnica em si mesma, pois a falha se situava ao nível do programa. Resta mencionar que, se esses procedimentos deixam ao pesquisador que os utiliza, a possibilidade de um contato mais direto e quase manual com os dados coligidos e, portanto, mais satisfações e talvez menos dependências, por outro lado também sofrem limitações técnicas essenciais: amostragem de uma centena de peças para a matriz ordenável e de menos de 500 para um fichário de imagem. Isso exclui toda uma parte das pesquisas comentadas; impondo-se, portanto, o tratamento informático. Entre a semiologia gráfica, ordenador do pobre, e o tratamento informático, a diferença reside na amplitude dos dados a serem tratados.

Programas e técnicas de abordagem

O verdadeiro problema, que não é absolutamente técnico, consiste na organização do programa e das modalidades de tratamento. Três contribuições complementares estimularam os participantes à reflexão nesse aspecto: as de Christian Bromberger, Henri Hudrisier e Mario Borillo.

A partir de exemplos tomados da estatuária antropomórfica africana, ameríndia e da Oceania, Christian Bromberger propôs um "método de análise etnomorfológico da estatuária", como contribuição bem-vinda da antropologia a esse debate. Bem-vinda graças às sugestões que decorrem

A HISTÓRIA DAS MENTALIDADES NA ENCRUZILHADA DAS FONTES   99

para o historiador do encontro com uma problemática ao mesmo tempo semelhante e diferente, como por também pelo confronto com um método já verificado, cujos elementos foram fornecidos pelos trabalhos de Leroi-Gourhan e Perrois. Distinguir os "cânones formais e rítmicos, definindo um estilo étnico comum", e depois identificar seus subestilos, esses são os objetivos desse método que passa em revista, em função de um questionário organizado, o modo de expressão, a criação de formas, o movimento e depois o enquadramento e proporções dos objetos. Exemplos concretos sugeriram inúmeras vias de aproveitamento, rompendo o quadro de uma análise formal, tal como a relação com a visão simbólica dos usuários. Por outro lado, dentro de uma conclusão prudente, o autor procurou sublinhar que essa análise, recurso útil para classificação em substituição às tipologias tradicionais, não representa senão uma etapa preparatória para toda investigação semântica.

Pode-se exigir ou esperar mais do tratamento de dados empíricos e através de que recursos? Duas respostas bem diferentes foram dadas por Henri Hudrisier e Mario Borillo. Henri Hudrisier não é técnico em informática, mas como pesquisador e documentarista simultaneamente aplicou métodos informáticos a um acervo de 873 fotografias feitas na Argélia entre 1954 e 1962: os resultados foram apresentados sob o título "Application des méthodes d'analyse multidimensionnelles à l'étude globale d'un corpus iconographique" ("Aplicação de métodos de análise multidimensionais a um estudo global de material iconográfico"). Esse método de análise, baseado em ocorrências na análise fatorial de correspondência se propõe a criar um método de apresentação tanto para uso pedagógico (dentro de uma fototeca ou uma iconoteca), como para pesquisa (para criar ou refinar hipóteses de trabalho). O processo de investigação do autor é fascinante, o qual, depois de ter analisado "o aspecto semântico dos objetos da coleção segundo uma grade de análise o mais homogênea possível e não hierarquizada... (submete)... o conjunto dessas informações a uma análise fatorial de correspondência".

A materialização desse processo de correspondência no universo sintético reduzido do espaço fatorial conduz a procedimentos de visualização que podem, por exemplo, demonstrar, em um quadro luminoso, os grupos de diapositivos relacionados. Esse processo de tratamento visa, segundo o autor, a "escapar... da pressão cultural forçosamente induzida, de um lado, pelo usuário no enunciado de sua questão; e de outro, pela linguagem documental no que esta impõe obrigatoriamente de idéias hierarquizadas e marcadas *a priori* pelo peso do institucional...".

Para a constituição da pré-grade de análise, todavia, continua indispensável indicar as propriedades pertinentes da imagem, os "significados-astros", retomando a expressão do autor; e ainda que essa grade seja aberta para o exterior e suscetível de enriquecimento, nem por isso, porém, ela representa menos uma triagem preliminar, e uma inevitável distorção em um tratamento sem pressupostos... pela máquina. Desse modo, mas sob reserva de uma apreciação de seus resultados, essa sugestão permanece representativa das preocupações atuais do pesquisador confrontado com a utilização maciça da iconografia.

Enquanto Henri Hudrisier se orgulha de partir "para a aventura", na velha expressão dos libertinos, Mario Borillo, em seu ensaio "Analyse sémiologique et cohérence du discours historique" ("Análise semiológica e coerência do discurso histórico"), procede de uma hipótese de trabalho bem diferente. Ele parte de um material arqueológico conhecido, o repertório das *Kouroi* gregas arcaicas, apresentado em 1960 por Richter; além disso, ele se apóia sobre um estudo já concluído e uma hipótese de trabalho formulada, isto é, a evolução contínua e irreversível de um modelo hierático para uma plástica muito mais elaborada e viva, conforme demonstrou Richter. A partir de uma reclassificação dos dados, mediante um método próximo à análise fatorial, H. Hudrisier tenta, de certa maneira, substituir ou reconstituir (para melhor, porém) o raciocínio de Richter, e mesmo de negá-lo em casos de falha ou enriquecê-lo por meio de novas hipóteses de trabalho. Impressionado com o caráter empírico da pesquisa e dos raciocínios implícitos que balizam o trabalho do arqueólogo, o informático apresenta um duplo explícito, reconstruído sobre bases seguras. Aponta os limites de um método que ele denuncia como "o emprego irrefletido ... em grande parte responsável pelo obscurantismo calculista que grassa nas ciências humanas": não oferecer "um sentido em si", mas uma espécie de simulação da pergunta desconhecida do arqueólogo.

Ao final dessas contribuições e instigações, sobraram-nos mais problemas do que respostas. Salvo algumas pontes, não se operou a articulação entre os artesãos da iconografia histórica e os semiólogos. O saldo é se terem escutado com interesse apaixonado. Alguns lamentaram a falta de homogeneidade resultante, assim como o caráter descontínuo dos testemunhos-relâmpago trazidos sobre os estudos em curso.

Tudo isso exprime, no meu entender, a realidade de uma pesquisa em andamento sobre um tema cuja importância se ressalta mais claramente no quadro da história das mentalidades; é um tema que experimenta, atualmente, uma extraordinária renovação, ampliando suas áreas de pesquisa, bem como alterando radicalmente seus processos de investigação.

O termo "crise de crescimento", que acreditamos poder aplicar-se à caracterização dessa etapa, não deve, porém, nos iludir, visto que os fundamentos da pesquisa não foram postos em questão, embora uma consciência mais alerta dos problemas, que não são aliás exclusivamente de ordem técnica, nos tenha feito alcançar uma maturidade real, levando-nos a perceber que não é suficiente descrever, nem tampouco contar para se chegar a compreender. Os historiadores continuam perplexos diante das aproximações que lhes foram propostas: semiologia (qual semiologia?) e mais ainda a psicanálise. Eles têm consciência de estar operando dentro de um campo de exploração em plena expansão (será preciso estender à iconografia de elite ou nobre, os processos presentemente experimentados no campo da iconografia popular), como também de completo renovamento metodológico. Desse ponto de vista, e sem antecipar as conseqüências, as interrogações que hoje se colocam são antes uma prova de saúde do que de enfermidade.

Segunda Parte

Da história das culturas
à história das atitudes:
onde se encontra
o inconsciente

Se o problema das fontes e métodos representa para a história das mentalidades muito mais do que uma questão preliminar, é porque, como se terá percebido, ele remete inevitavelmente ao problema dos domínios que cobrem esse campo, e mais simplesmente ainda, do que se designa pelo termo mentalidade, uma expressão cujo conteúdo, como vimos, tem variado consideravelmente desde suas origens.

"Inconsciente e idéias claras": esta é a fórmula como Philippe Ariès resume o jogo do diálogo em que nos encontramos. Eu mesmo insisti mais de uma vez, em uma perspectiva um tanto simplificada, talvez, sobre a trajetória, há uns dez anos, do interesse pelas atitudes coletivas diante do nascimento, da vida, da família, do amor e da morte. Como eco dessas necessidades e de uma sensibilidade que ultrapassa amplamente os quadros da disciplina histórica, uma rede de interrogações novas tem tomado corpo atualmente. Sem subestimar os problemas de abordagem das culturas ou das "idéias claras" — nós os encontraremos mais adiante nesta obra sob o ângulo do "popular" — creio que é a partir das atitudes coletivas em grande escala,

que podemos formular hoje os problemas mais essenciais. É por isso que me interrogo, prioritariamente, dentro de uma reflexão de caráter ainda exploratório, sobre a noção de "inconsciente coletivo" — avançada há pouco, pelo menos dentro do campo histórico — visando não somente a delimitar um território, como também esboçar hipóteses sobre a maneira como se formam e evoluem as representações coletivas, o que é, incontestavelmente, mais ambicioso. Mantendo minhas reservas diante de um conceito cuja imprecisão pode tornar mistificador, não me iludo quanto às dificuldades bem reais de conceituação, com as quais me deparei diretamente no curso de minhas pesquisas sobre as atitudes coletivas diante da morte, área privilegiada dessa nova História, graças a toda densidade de que é portadora.

A reflexão que proponho a seguir sobre a morte anuncia, em termos gerais, e sob forma bastante concisa, os temas da introdução com a qual inicio meu ensaio La mort et l'Occident de 1300 à nos jours. Que o leitor a considere, por enquanto, apenas como uma ilustração em termos práticos, dentro de uma área privilegiada, de um questionamento mais vasto no qual espero inseri-la.

Existe um inconsciente coletivo?*

Esta interrogação aparentemente ingênua, mas cabível, foi objeto de uma comunicação, em janeiro de 1979, no seminário sobre o tema "Mentalités et rapports sociaux dans l'Histoire" ("Mentalidades e relações sociais na História"), organizado pelo "Centre d'Études et de Recherches Marxistes" (Centro de Estudos e de Pesquisas Marxistas).

Tentando desenvolver uma reflexão sobre essa questão aparentemente incongruente, procurarei inicialmente definir, para evitar qualquer mal-entendido, com modéstia, a amplitude e, sobretudo, os limites de minhas ambições. Não tenho pretensão a colher em seara alheia, como a do psicólogo ou do psicanalista, sobre os quais será necessário falar de passagem. Meu propósito, porém, continua sendo, antes de tudo, o de um historiador, ou melhor, de um historiador de mentalidades, como se diz atualmente, pois foi principalmente a partir de áreas da História das mentalidades que me tornei conhecido, por pouco que o seja: História das atitudes coletivas diante da morte, História da

---

* Publicado em *La Pensée*. n.º 205, junho de 1979.

cultura e da religião popular, História da festa no contexto do século XVIII e, principalmente, no período de mudança representado pelo século das Luzes e, depois, pela Revolução Francesa. Porém, foi nesse aspecto e nesse nível que me senti em parte envolvido no quadro de uma problemática mais ampla e que ultrapassa largamente minha experiência pessoal. Na introdução de sua tão importante obra *Essais sur l'histoire de la mort en Occident* (*Ensaios sobre a história da morte no Ocidente*), Philippe Ariès — com quem muito me apraz dialogar e me retribui da mesma forma — responde-me amigável e diretamente, resumindo o que, em meu entender, exprime no fundo a diferença de nossas abordagens no terreno comum das atitudes diante da morte. Sensível ao comentário que lhe fiz por ter amputado, se assim se pode dizer, pelas duas extremidades, o seu campo de pesquisa — silenciando, de um lado, sobre o enraizamento sócio-econômico ou demográfico de seu estudo e, de outro, sobre as formas elaboradas do discurso sobre a morte, pelas quais a ideologia se exprime sem véus, pelo menos de maneira elaborada —, ele aceita minha observação e define sem vacilações o campo privilegiado de sua investigação, afirmando: "De meu ponto de vista, os grandes pólos de atração das mentalidades — atitudes diante da vida e da morte — dependem de motivações mais secretas, mais imbricadas no limite entre o biológico e o cultural, isto é, do inconsciente coletivo. O inconsciente coletivo anima forças psicológicas elementares, que são a consciência de si mesmo, o desejo de superar-se ou, ao contrário, o sentido do destino coletivo, da sociabilidade, etc.".

Com essa definição, ao mesmo tempo vaga — o que é preciso —, e também clara em certo sentido, Ph. Ariès define uma concepção original e um processo de abordagem ao qual voltaremos mais aprofundadamente. Se inicio por esse comentário e esse diálogo, é porque eles não dizem respeito somente a nós dois, com nossas curiosidades tanatológicas, mas porque esse é um ponto central atualmente para se abordar o dilema, o significado e o devenir da história das mentalidades.

Constatações

A história das mentalidades é hoje uma causa ganha. Passaram-se quinze anos já, desde o tempo em que um de meus professores ainda me dizia: "Faça a gentileza de não empregar mais esse termo em minha presença...". Aceita, pelo menos na França, e parcialmente em outros lugares, a história das mentalidades se tornou uma noção operatória — eu ia dizer um campo! — cujo sucesso e mesmo proliferação na lista das grandes defesas de teses, nas obras novas e artigos científicos é incontestável. Sem querer insistir além do necessário sobre essa reflexão preliminar, me parece evidente que, atualmente, pelo menos na França, as mentalidades, enquanto locomotiva da História, destronaram a história econômica e até a história social. Será um modismo, uma onda superficial que passará como o café — como dizia uma senhora —, ou trata-se autenticamente de um novo campo que se descortina, e do qual começamos apenas a medir as possibilidades? A resposta a essa questão tão essencial passa, talvez, pela que será dada ao tema mais específico que nos interessa, porque ela torna a se perguntar o que será, em que se transformará a história das mentalidades no futuro próximo: Deus, mesa ou bacia?

O mínimo que se poderia dizer é que, em menos de vinte anos de existência efetiva ou produtiva, sem mencionar as antecipações manifestas dessa nova História, não somente suas ambições e seu campo de estudos, como também, e por conseqüência direta, sua própria definição mudaram muito profundamente: eu diria até, se me permitem, com a inevitável simplificação e até mesmo caricatura e injustiça que isso comporta, que a transformação na história das mentalidades se caracterizou pela passagem de uma abordagem que representava, de certo modo, uma história das culturas ou do pensamento manifesto, ao domínio mais secreto das atitudes coletivas, como diria Ph. Ariès, que se exprimem por atos, gestos ou simplesmente sonhos, reflexos inconscientes de representações enraizadas. Sem querer desenvolver essa afirmação além do conveniente — o que, provavelmente, nos levaria longe demais —, é evidente que foi a partir da cultura que R. Mandrou, em suas obras essenciais, se tornou um dos primeiros a mostrar os temas e áreas dessa História nova, tanto ao tratar da cultura popular da biblioteca azul de Tróia, como da "revolução cultural" que se operou, cerca de 1660, nas atitudes dos magistrados das cortes de justiça em relação aos feiticeiros, decidindo não mais condená-los à fogueira. Os temas atualmente em destaque — a vida, o amor, a morte, a família, a sociabilidade ou, ao contrário, a rejeição — clamam visivelmente por uma outra abordagem.

O universo mental da feitiçaria interessa, atualmente, mais que o do magistrado — tornado, talvez, excessivamente transparente? Dir-se-ia é ainda de cultura que se trata, mas da outra cultura, com muitas áreas novas, ao nível das atitudes existenciais como a vida e a morte, que não oferecem explicações simples para o que emerge como feixes de atitudes inconscientes.

Essa mudança na noção mesma de história das mentalidades já começa a ser trilhada: sem multiplicar os exemplos, basta citar um caso escolhido. Vejamos Rabelais e o que traz ou representa especificamente. Em *Rabelais*, Lucien Febvre parecia ter apresentado uma demonstração exemplar dos procedimentos e métodos da "nova história" das mentalidades, demonstrando aos velhos eruditos positivistas como Abel Lefranc, que derrubava, com segurança, a impossibilidade objetiva da descrença no tempo de Rabelais, numa época em que a religião impregnava todo o tecido da vida coletiva. E depois... e depois, lemos Bakhtine acerca de Rabelais e a cultura popular — inclusive todos aqueles que, de perto ou de longe, trabalharam sob inspiração de Bakhtine, desde Carlo Ginzburg a Nathalie Davis — e, então, percebemos claramente o quanto a leitura de Lucien Febvre, límpida demais, incapaz de compreender uma cultura popular cujos mecanismos e coerência lhe escapavam, está hoje historicamente datada. Lucien Febvre não viu senão trabalhos escolares malfeitos ou farsas de mau gosto, exatamente onde hoje se identificam as fontes encobertas da subversão.

A história das mentalidades mudou: ela incorporou novos territórios, que se definem empiricamente dentro de um processo, que por seu próprio avanço demonstra a sua confiabilidade. Porém, essa expansão, ou essa modificação, expõe, senão mais uma crise de identidade, pelo menos a necessidade imperiosa de uma definição e de uma reflexão, tanto sobre os fins dessa História, como principalmente sobre os objetos dos quais ela trata e dos mecanismos que a regem. A discussão sobre o inconsciente coletivo é um exemplo disso.

Colocação da questão

No momento em que muitos descobrem a necessidade de uma história "conceitualizada", o mínimo que se pode dizer é que a história das mentalidades, pelo menos na perspectiva francesa, se apresenta como muito empírica — o que, no meu entender, não é um defeito — nesse período exploratório ou de descoberta. Compreendo, porém, por que

MICHEL VOVELLE

F. Furet, a quem acabo de fazer uma alusão indireta, não esconde seu desdém por essa abordagem "descritiva". Há, provavelmente, razões objetivas para a onda de restrições atuais. Há longo tempo, a insuficiência de contatos interdisciplinares fazia com que os historiadores desconfiassem e até mesmo ignorassem redondamente o discurso de etnólogos, antropólogos, folcloristas e psicólogos, forjando empirica e laboriosamente seus conceitos por si mesmos. Essa responsabilidade foi mútua na época do triunfo do estruturalismo que, de seu lado, se pretendia impermeável à História. Hoje, quando ruem as comportas e se restabelecem os contatos, eu diria que, em relação a um certo período pelo menos, o quadro é ainda pior: vê-se uma História que se abandona ou se perde com deslumbramento na etnografia histórica, se deixa correr o risco de ficar presa nas geleiras de uma História imóvel, ou toma de empréstimo, às vezes, sem discernimento.

Seria instrutivo, e no limite ridículo, levantar o repertório de palavras-álibis ou de comodismos verbais aos quais tem recorrido há vinte anos a história das mentalidades, a começar por esse próprio termo para o qual não dispomos, ainda, senão da definição proposta por Robert Mandrou — uma história das "visões de mundo" —, expressão ao mesmo tempo bela, afinal de contas incontestável e operatória... mas de tamanha indefinição que não escapa à pessoa alguma. Tudo, porém, é proporcional: observe-se a quantidade de noções das quais o epíteto "coletivo" é o denominador comum: mentalidades coletivas, representações coletivas, atitudes coletivas, imaginário coletivo, inconsciente coletivo... e, por que não, "intelectual coletivo", um termo que de fato se encontra em Gramsci, mas nem por isso dispensam uma interrogação aprofundada para saber o que ele recobre. Pois não se trata de recusar noções, às vezes operatórias e sem as quais ainda teríamos mais difi-

DA HISTÓRIA DAS CULTURAS A HISTÓRIA DAS ATITUDES

culdades, mas de refletir sobre elas sem complacência, do contrário, nos arriscaríamos a nos satisfazer meramente com explicações verbais. O que significa, por exemplo, a "inércia das estruturas mentais", tão cômoda para explicar as resistências, e — é provável — freqüentemente real, mas que não nos diz por que o mental tem horror à mudança como a natureza tem horror ao vácuo. O que são, em outro domínio, as "áreas" ou "regiões culturais", as quais certas pesquisas — como as obras de Chanoine Boulard sobre sociologia religiosa reificam sem dizer o porquê?

Não sejamos cruéis demais em relação ao aspecto vago e frágil dessas expressões de uma História em busca de si mesma: elas têm sua utilidade, refletem uma formulação ainda incerta de questões essenciais, uma reflexão que não é nova, mas cuja urgência só recentemente foi sentida. Dado que os homens fazem sua História, segundo a fórmula de Marx, porém sem o saber, o problema que está colocado é justamente o da forma como se opera essa passagem. Olhando atrás do espelho, diz um autor, enquanto Saül Friedlander, em *Histoire et psychanalyse* (*História e psicanálise*), nos faz notar que, dentro dessa alquimia que nos preocupa, podemos ver, em uma extremidade, o insumo sociológico e, na outra, o produto conforme se expressa nas atitudes e comportamentos; mas que, no essencial, nos escapa a série de etapas e mediações pelas quais se passa de uma ponta a outra.

Essa evolução é positiva

Nesse nível, talvez por efeito do otimismo das luzes que me caracteriza, eu diria que esse é um tipo de crise de crescimento, expressão de uma evolução positiva e de um enriquecimento no campo da pesquisa histórica.

O que se sobressai, com efeito, é primeiramente a preocupação para um mergulho na história das massas anônimas, daqueles que não puderam se dar ao luxo de uma expressão literária, por menor que fosse. Quer se trate de cultura popular ou de religião popular, ou ainda das atitudes em escala macrossocial concernentes à vida ou à morte, nos deparamos perpetuamente com a necessidade de lidar com os silêncios, e de surpreender por meio da confissão indireta o que não foi formulado, nem sequer sentido claramente. Daí o recurso necessário a outras fontes não-conformistas, em um processo de investigação onde a fonte escrita perde sua supremacia: a iconografia, a pesquisa oral sobre a memória coletiva, o gestual dos ritos e das práticas. Uma História que foge ao quadro das elites tradicionalmente levadas em conta na história das idéias, da arte ou do sentimento religioso, no sentido como o entendia Brémond, não pode deixar de enfrentar o problema das atitudes coletivas, e ao mesmo tempo se manter bem atenta quanto ao que o epíteto "coletivo" possa conter de mistificador na ótica de certos escritos.

Avancemos mais ainda: essas interrogações decorrem de uma dupla recusa, em si mesma muito positiva, ao que denominarei, de um lado, um neopositivismo vulgar e, de outro, uma leitura idealista. Expliquemo-nos...

O neopositivismo, tal como eu o entendo aqui e como também outros autores que não lhe são deliberadamente hostis, assemelha-se ao marxismo vulgar, do qual é de bomtom sorrir, de ambos os lados do Atlântico.

Escrevendo sobre "mentalidades, História ambígua" em seu ensaio no *Faire de l'Histoire (Fazendo História)*, Jacques Le Goff faz alusão ao marxismo vulgar, isto é, um marxismo caricatural no qual as superestruturas ideológicas obedeceriam mecanicamente, em um passe de mágica, às solicitações da infra-estrutura econômica e das estruturas sociais que a refletem. O que facilitou até recentemente essa leitura foi, provavelmente, a discrição, a modéstia e,

DA HISTÓRIA DAS CULTURAS A HISTÓRIA DAS ATITUDES

digamos, a docilidade com que os historiadores marxistas haviam aceitado a partilha implícita, com a historiografia dominante, sob forma do acordo de cavalheiros, que os confinava na história econômica e social ou do movimento operário, deixando para outros mais qualificados a preocupação de se ocupar das atitudes e das opções coletivas. Essas coisas estão mudando e, na medida de minhas possibilidades, me esforcei para trabalhar para essa mudança em minha área.

Também estou mais à vontade para desalojar esse neopositivismo de onde quer que se encontre, como na obra muito prestigiada de M. Fourastié. Quando, em meu ensaio *Mourir autrefois* (*Morrer outrora*), esforcei-me por desmontar os mecanismos pelos quais se passou do golpe da morte "ocorrida" — isto é, a dos demógrafos, das pestes, das fomes e da vida curta — para as representações da morte "vivida" (sem humor negro!), e depois, ultrapassando mais um degrau, para os discursos sobre a morte — quer fossem eles da religião, da filosofia ou da arte — o acadêmico erudito se irritou com as sutilezas, em sua opinião, excessivas, recordando o que ele havia escrito sobre a mortalidade do antigo estilo, ou seja, aquela na qual, tomando-se a vida de um casal, a morte ceifeira deixa, ao final do ciclo, duas crianças a partir das quais, em resumo, numericamente reconstitui uma família. Para que serve argumentar? É a morte trágica dos períodos difíceis, hoje parcialmente exorcizada pelo progresso da humanidade. Arrisco-me a parecer paradoxal, associando a essa leitura mecanicista, sobre a mesma tese que me é cara, a fórmula sugestiva como Pierre Chaunu declarou que, em sua opinião, o volume de investimento coletivo sobre a morte é uma "derivada da esperança de vida": leitura bastante pobre de um fenômeno que não se pode reduzir às suas coordenadas estritamente demográficas. A crispação sobre a morte e as proliferações que a acompanham são para mim antes uma derivada da esperança de felicidade: o que é bem mais complexo.

Mas, se recusarmos essa forma de curto-circuito, que reduz a história das atitudes à reação mecanicamente formulada diante dos influxos materiais, a reflexão atual me parece igualmente colocar-se nos antípodas de um outro procedimento que eu denominaria, ainda simplificando ao extremo nesse caso, "idealista". É a fórmula de uma evolução vertical, que se reduziria, afinal, a uma difusão das idéias-força: na passagem do pensamento mágico, inteiramente povoado de monstros que o sono da razão deixa aparecer, para um pensamento racional tornado límpido. Esse ideal ou essa leitura se deu no século das Luzes; contudo, não vamos acreditar, apesar de Freud e das conquistas de quase um século, que pertençam totalmente ao passado. Não seria preciso escavar muito longe para reencontrá-la, ainda como parte integrante do discurso oficial de nossas sociedades liberais atuais sobre a morte, mesmo que tome o aspecto ambíguo do tabu ou do exorcismo.

Entre essas duas recusas, a História atual das atitudes e representações coletivas parte da conquista de um território novo e essencial: o do jogo relativo que existe entre as condições de existência dos homens e a maneira pela qual eles reagem a elas.

O que são essas representações coletivas que, sem se inscrever claramente ao nível das mensagens ideológicas explícitas, nem por isso ocupam um lugar menos importante na vida dos homens?

Menosprezar toda uma parcela dessa herança, a menos límpida, seria retornar à leitura precedente, lançando-a, por assim dizer, ao lixo da História: gestos desarmônicos, heranças fúteis, tradições incompreendidas e de sentido to-

DA HISTÓRIA DAS CULTURAS A HISTÓRIA DAS ATITUDES 117

talmente oculto. Os folcloristas, para dar um exemplo intencionalmente extremo, nos explicam como, em certos cantões bretões, o cortejo dos funerais obedece a ritos precisos, tal como a batida ritual pelo caixão do defunto de ambos os lados do pórtico da igreja. Que importância, pergunta-se, e que significação... pode existir nessa herança de traços gratuitos ou insignificantes?

Lançar ao lixo da História não é uma tarefa do historiador, tanto mais que tudo aqui está longe de ser insignificante e que toda uma parte dos comportamentos, em vias de exploração, remete a uma herança inconsciente, não objetivada claramente nos espíritos. Como se explica assim, para dar um outro exemplo concreto, que, em determinada região da Provença ocidental, o grupo de comunidades no Norte dos Alpes, que engloba Maillane, Graveson, Eyragues, conhecido pelo nome de Vendéia provençal, tenha ainda em 1965, por ocasião da eleição presidencial, dado — caso único na França — a maioria à Tixier-Vignancour, exatamente quando essas comunidades contavam com pouquíssimos *pieds-noirs* (franceses da Argélia) prontos a votar em Mitterrand contra de Gaulle no segundo turno? Os habitantes das vilas de Maussane ou Graveson teriam ficado bastante surpresos se lhes explicassem em que contexto, sob a Revolução Francesa, no quadro de uma frente de classe bem amarga, as opções coletivas da aldeia haviam sido tomadas... duravelmente. Vendéia provençal: um exemplo perfeito, dentre uma quantidade de outros possíveis — do conservadorismo das áreas do Oeste às fidelidades do Sul vermelho —, do peso que recai sobre uma História cujo segredo é ignorado pelos que nela estão envolvidos.

Compreende-se, nesse contexto, como a história das mentalidades pôde ser definida mais de uma vez como uma história das "resistências", segundo a expressão de Labrous-

MICHEL VOVELLE

se, ou "prisões a longo prazo", segundo Braudel. Um tema sobre o qual se delineia toda uma série de estudos convergentes, desde isolados geográficos e grupos sociais murados em seu conservantismo até os próprios mecanismos que freiam o processo.

Não deve se restringir a isso, porém, a apreensão de um imaginário coletivo que não passa seu tempo a brincar com velhos brinquedos quebrados. Ao contrário, deve-se falar da real criatividade desse imaginário, que inventa novos objetos, novos suportes e novas imagens. Quando, de maneira um tanto provocativa, tratei em um artigo das novas mitologias da morte e do outro mundo na atualidade, a partir das imagens dadas pela história em quadrinhos contemporânea, era nessa forma de criatividade que eu estava pensando.

No entanto, se todo um amplo setor da vida dos homens, e que nada tem de fútil, se insere no quadro dessas representações ou dessas heranças inconscientes; e, se desde o domínio das atitudes essenciais — como a vida, o amor, a morte — até o das opções coletivas, elas parecem reger toda uma parte de nossos comportamentos, é preciso, portanto, render armas a Philippe Ariès: o inconsciente coletivo existe e nós o encontramos. Retardatários do século das Luzes, devemos reconhecer que não havíamos visto nada? Talvez... porque é o mesmo que nada dizer ainda se nos limitarmos a essa constatação.

Algumas estratégias de abordagem

Como deveremos abordar esta nova História, se quisermos ultrapassar o empirismo ou as aproximações a que fiz referência mais acima, ou melhor, a hipertrofia de expressões verbais tão cômodas quanto imprecisas?

Na estratégia das aproximações possíveis, podemos nos apaixonar pelo estágio de descrição da morfologia, sem,

DA HISTÓRIA DAS CULTURAS A HISTÓRIA DAS ATITUDES 119

afinal, envergonhar-nos disso. E. Le Roy Ladurie, discutindo minha obra *Piété baroque et déchristianisation* (*Piedade barroca e descristianização*) surpreendia-se com um historiador de formação marxista, ao mesmo tempo hábil em explicar o como das coisas — a fase da descristianização das Luzes — e recusando-se, aparentemente, a dizer o porquê... Da mesma forma, Saül Friedlander, em sua *Histoire et psychanalyse* (*História e psicanálise*), me classifica em continuidade a Huizinga — o que muito me honrou —, ou seja, no rol dos que descrevem sem explicar o elo intermediário entre o *output* das atitudes coletivas, que apresento em sua mudança, e o *input* sociológico que não ignoro.

Isso é porque, embora não me faltem os caminhos explicativos atualmente, eles são de molde freqüentemente a suscitar mais reticências do que adesões.

Primeiro caminho: a tentação, sem dúvida, da psicanálise e da psico-história. Eu não surpreenderia ninguém relatando como nos Estados Unidos, em minha visita ritual às universidades em recente ano universitário, minha conferência sobre as frentes atuais da história das mentalidades provocava constantemente a questão: "O que faz você com a psico-História?", de tão evidente parecia o recurso a partir do momento em que alguém se engaja na História dos homens e nos caminhos do inconsciente. Preocupado em me informar, li, como outros historiadores, tratados — alguns mais sugestivos, outros menos — que se contentavam em glosar o que fazia Martinho Lutero encerrado em sua torre, assumindo, de um lado, sua fase anal, se assim se pode dizer, enquanto de outro, seu espírito se elevava... Não creio estar sendo complacente ao partilhar a constatação com a qual inicia S. Friedlander seu ensaio *Histoire et psychanalyse*, apontando o fracasso até aqui de todas as tentativas para passar da aplicação da psicanálise individual à psicanálise na história, extrapolando em termos de leitura coletiva. Permanece profunda a insatisfação que deixam as mais ambiciosas dessas construções — como "Le tsarevitch immolé" (O czarevitch imolado) — suscitando de saída uma quantidade de objeções, apesar da prudência de A. Besançon para não misturar os gêneros, quando ele escreve: "Acreditei ter sido prudente separando cuidadosamente os níveis da história econômica, política e social, obedecendo à sua dinâmica própria, duplicando-a e confrontando-a, por outro lado, com essa outra História, movida por uma outra mola". Essa aparente prudência, porém, não é ela já uma escolha? Não implicam essa dupla causalidade ou esse duplo motor uma arbitragem implícita? Podemos concordar com S. Friedlander quando ele afirma: "Questões e respostas não se colocam somente ao nível da consciência clara. Toda resposta fundamental se exprime em termos simbólicos, e estes ressoam de maneira específica no inconsciente". Devemos também estar atentos aos exemplos mais sugestivos que ele propõe, como a crise da juventude alemã, o estudo das estruturas hierárquicas na família alemã ou na família russa desde o século XVIII até o século XX, os quais são temas da história das mentalidades, suscetíveis de serem aclarados através dos modelos psicanalíticos. Mas "estacamos", quando se opera uma extrapolação — do tipo que A. Besançon propõe em seu comentário sobre o episódio da prostituta em *Que faire?* (*Que fazer?*) e em *Le sous-sol* (*O subsolo*); e não simplesmente, como sugere com algum humor Friedlander na conclusão de seu ensaio, devido a dificuldade do entulho entre a posição do historiador e a do analista, ou do analisado.

O segundo caminho, ou outro atalho, tal como se apresenta atualmente, sem que eu queira me demorar neste mais do que no anterior, é um tema que exigiria ser tratado por si mesmo, ou seja, a análise dos mitos históricos conforme introduzida pela etnografia estruturalista. Todavia,

DA HISTÓRIA DAS CULTURAS À HISTÓRIA DAS ATITUDES

não me deterei nesse ponto, não por falta de atenção a um problema essencial, mas porque tenho a impressão de que a História, após ter experimentado durante um certo tempo o fascínio de se perder por esse caminho, tomou progressivamente consciência tanto do que poderia extrair desse encontro, como também do que constitui a sua especificidade. No número especial dos *Annales ESC* de 1971, consagrado a "Histoire et structure" ("História e estrutura"), Godelier expõe, assim como mais timidamente também Burguières, a argumentação do historiador. Creio que uma resposta convincente acaba de ser dada pela última obra de Georges Duby, *Les trois ordres ou l'imaginaire de féodalisme* (*As três ordens, ou o imaginário do feudalismo*), que penetra no jogo dessas estruturas ou desses invariantes — nesse caso, a tripartição do mundo social — mas para reabilitar a História, caminhando sobre seus próprios pés, como resultado de uma pesquisa histórica exemplar.

Meios curtos de resolver a questão

Retornando ao nosso ponto de partida para melhor o desbravar, talvez possamos avaliar melhor, frente a essa dupla referência, psico-história ou estruturalismo, o que representa a leitura de Philippe Ariès, como também o que constitui a sua originalidade e a razão de seu incontestável sucesso, tanto nos Estados Unidos como na França e outros lugares. Philippe Ariès é o meio curto de resolver o problema. Com ecletismo, ele historia e desbasta noções que até então não haviam sido recebidas nesse campo. O seu "inconsciente coletivo" não é nem o de Jung nem o de Lévi-Strauss, mas uma noção suficientemente plástica "no limite entre o biológico e o cultural" e intencionalmente vaga, para poder cobrir todo o campo intermediário das atitudes e comportamentos coletivos. Nesse nível, a História,

MICHEL VOVELLE

tal como ele a faz, é incontestavelmente sugestiva e provocadora no bom sentido, pois se situa no ponto exato onde se inserem os problemas que nos interessam. Contudo, esse inconsciente coletivo, através da análise, se revela igualmente uma noção profundamente mistificadora, em muitos níveis.

Ela é mistificadora, inicialmente, pela própria definição do coletivo com base em uma documentação rica, porém ao mesmo tempo impressionista, que privilegia de fato o discurso das elites, extrapola constantemente a partir das atitudes dos grupos dominantes, o que se poderia justificar desde que se inquirisse como se opera a hegemonia do modelo prevalecente e também quais são as forças de resistência, contestação e rejeição em um dado momento. Em um sistema que admite estratificações e superfícies de superposição, mas recusa todo confronto dialético, Ph. Ariès elide a cultura e a religião popular em torno da morte e do outro mundo, como ainda pretende ignorar, dessa ótica, a morte folclórica nas sociedades rurais. O inconsciente coletivo é reducionista quando não visto somente pelo ângulo dos poderosos, o que minimiza, e até suprime completamente, as tensões e confrontos como, por exemplo, o surto do macabro no declínio da Idade Média.

É reducionista também na medida que nos apresenta uma História amputada pelas duas extremidades: na base e no cume. Essa História ignora a ideologia, em seu discurso estruturado e assumido: não há para Ariès a morte católica "barroca", do mesmo modo que não há um estilo de morrer da Reforma; também libertinos, livres-pensadores e cientistas desaparecem nesse nivelamento de modelos totalizantes. O problema essencial, em meu juízo, da relação entre ideologias e mentalidades se encontra como que escamoteado: o problema da difusão das idéias-forças, da transmissão vertical dos modelos culturais dominantes e das re-

DA HISTÓRIA DAS CULTURAS À HISTÓRIA DAS ATITUDES

sistências de outras culturas desaparece. Na outra extremidade, está uma História sem raízes: os condicionamentos do modo de produção, da estrutura e das hierarquias sociais, da demografia ou da epidemiologia não aparecem. Mas, existem somente esses? Parece que, para o autor, o conjunto de representações e atitudes que ele reagrupa sob a égide do inconsciente coletivo seja dotado de uma real autonomia, evoluindo em função de sua dinâmica própria. Uma humanidade definida por pulsões intemporais em sua base — como o diz Ariès: "consciência de si, desejo de ser mais, ou, ao contrário, sentido do destino coletivo, sociabilidade..." — se vê definida a partir de uma tendência geral ligada às suas atitudes diante da morte, dentro de uma individualização crescente e valorização da experiência individual que são tão gerais que não se poderia mais saber de que forma discuti-las. Esse inconsciente coletivo em repouso "sobre camadas de ar" se presta ao jogo das pulsões intemporais e antagônicas, às extrapolações fáceis: seguimos, assim, de Baldung Grien ou Manuel Deutsch até o marquês de Sade, o jogo de Eros ou Tanatos, a partir de indícios no mínimo descontínuos.

Essa nova leitura da história das mentalidades, quaisquer que sejam os méritos das aberturas e das sugestões que possa propor, não é absolutamente isolada. Pode-se dizer, de certo modo, que ela responde a uma etapa ou a uma tentação autal. Seria, provavelmente, uma atitude estreita demais observar que o sucesso dessa leitura ocorre no momento em que uma primeira geração de historiadores das mentalidades, atraídos para essa abordagem pela tendência a uma história social que eles não repudiaram jamais — e isso compreende desde Mandrou até Agulhon e eu mesmo — se vê substituída, tanto na América como na França, por historiadores das mentalidades sem formação nem enraizamento na história social. Mais profundamente, essa tenta-

124 MICHEL VOVELLE

ção responde, consciente ou inconscientemente, ao desejo de destronar um código, que se considera datado, sacudindo a hegemonia de uma leitura social da História total próxima ou afastada da luz do marxismo.

Esse é um reflexo fiel da atmosfera atual: essa historiografia não teria tamanho impulso se não correspondesse a uma cumplicidade ou a uma simpatia real, tanto ao nível do público como das tendências nas pesquisas contemporâneas, conforme as que lembramos. Ela se enraíza em uma necessidade profunda, que é a de passar para o nível de explicação das atitudes coletivas, das necessidades, dos sonhos e dos comportamentos humanos, porém oculta as raízes e os curto-circuitos da explicação. Deve-se, a propósito, estar atento a essas leituras, no quadro de um debate de idéias mais amplas: pois o que Ph. Ariès exprime claramente, a propósito da História da morte, se reencontra, em termos menos explícitos, mas enfim perfeitamente equivalentes, em outras fontes atuais da história das mentalidades. Penso particularmente na história da família — porém os dois termos são conexos — e na extraordinária importância que ela vem adquirindo desde alguns anos. Não me forcem a dizer o que não desejo: o tema é importante e foi negligenciado demais pela historiografia marxista. Nos sucessivos ataques que há quarenta anos vêm sendo lançados contra a leitura marxista das relações sociais, desde a sociedade da ordem à teoria das elites, o que distingue a família, é que ela existe verdadeiramente. Mas é preciso inquirir sobre o porquê do interesse pela família por parte de um segmento da história social atual.

Uma resposta em termos de programa

Em vista de uma avaliação tão crítica em certos aspectos, gera-se o direito de me pedir, senão as contas, pelo menos, contrapropostas. Como historiador de campo, eu as forneço em termos de um programa.

Creio, de minha parte, que além de moda desde os anos sessenta aos anos oitenta, a história das mentalidades responde não apenas a uma curiosidade passageira, como também a uma necessidade real: isso porque ela abre um campo novo de pesquisas extremamente fecundas sobre o que mobiliza os homens em suas motivações conscientes ou não e nas atitudes que as prolongam. Essa história é muito difícil e muito perigosa ao mesmo tempo. Muito difícil porque ela não admite a mediocridade nem as reduções mecanicistas... e também muito perigosa porque ela autoriza, trabalhando sobre bases tênues e complexas, a criação de modelos, pelos quais se sente tanta avidez, atualmente, nos Estados Unidos, e também na França.

Essa história, tal como a aplico às atitudes diante da morte e também em outras áreas a que me dediquei — da descristianização até a festa — organiza-se em função de duas hipóteses de trabalho: uma história vertical e uma história na longa duração.

Por História vertical, como procurei fazer em *Mourir autrefois* (*Morrer outrora*) e atualmente em *La mort et l'Occident de 1300 à nos jours,* entendo a que se esforça em levar em conta, "desde o subsolo até o sótão", os diferentes níveis da experiência humana, isto é, dos condicionamentos sócio-demográficos até as formas mais sofisticadas de expressão artística, passando pelas atitudes e reações em grande escala. Um conjunto complexo, portanto, que impõe uma pesquisa na longa duração, aliás, muito longa, porque somente desse modo será possível perceber esse "entrelaçamento de tempos" — segundo a expressão de Althusser — pelo qual se exprime a dialética entre os diferentes níveis. O que não quer dizer por isso, absolutamente, que a História na longa duração seja, para mim, uma História imóvel, pois, como reflexo de uma aventura coletiva, ela atravessa suas mutações em termos de crise da sensibilidade coletiva — o surto do macabro, a mudança da Idade Barroca, a do crepúsculo das Luzes, entre 1760 e 1800 e, posteriormente, também a que marca o fim do século XIX, denominada *Belle Époque.*

Dentro dessas crises, se insere o caráter conflitual de uma aventura cultural que reflete, em cada época e sob a pressão de um modelo hegemônico — a morte barroca da Idade Clássica ou a morte burguesa do século XIX — a dialética da relação entre dominados e dominantes. Assim, é sobre a erradicação da antiga religião dos mortos que o modelo terrorista da idade barroca levanta as suas certezas e o seu sistema. O problema da cultura popular, tão aviltado hoje, mas tão crucial, ocupa o centro dessa abordagem, onde se coloca a questão que me parece essencial atualmente, não nos termos pobres de difusão vertical de uma cultura de elite, mas de uma história das resistências, como também uma história da inovação e da criatividade do imaginário coletivo.

A obra é imensa: para retornar à formula agradável de Friedlander, basta "simplesmente" estabelecer a relação entre o *input* sociológico e o *output* em termos de mentalidades. Aqueles que o tentaram — desde Goldmann de *Dieu caché* (*Deus oculto*) a alguns historiadores gramscianos mais recentemente — fixaram marcos, abriram pistas e apresentaram experimentos. Talvez seja preciso ao historiador marxista a audácia de se dizer agora que esse também é seu domínio?

Sobre a morte*

Há dez anos, vem-se lançando sobre a morte uma série de olhares intercruzados, que são testemunhos de um investimento novo sobre as atitudes e sensibilidades coletivas. Cada qual, porém, vê a morte à sua maneira, se assim se pode dizer. Esse texto, inédito nessa versão, apresenta os temas introdutórios a uma obra a ser brevemente publicada,[1] propondo-se assim como uma declaração de intenções ou um programa de pesquisas. Dentro de um tema que me atraiu longamente, e que creio ser essencial, esse texto ilustra minha perspectiva da história das mentalidades, e a recusa em subentendê-la autônoma do "mental coletivo". Para mim, sem nenhum reducionismo, a história das mentalidades, com toda a complexidade dos mecanismos que ela permite anali-

---

* A comunicação aqui adaptada foi objeto de seminários em San Diego (outubro de 1978, Congresso Anual de Historiadores do Oeste dos Estados Unidos), em Louvain (1979, colóquio sobre a morte na Idade Média) e em Montpellier (Centre Lacordaire, janeiro de 1979).

[1] *La mort et l'Occident de 1300 à nos jours*, a ser publicado por Gallimard. A introdução, sob o título "L'histoire des hommes au miroir de la mort" ("A história dos homens no espelho da morte") retoma esses temas, ampliando-os.

sar, se constitui propriamente como a ponta fina da história social.

Teme-se o efeito fácil, um tanto gasto e desprovido atualmente do impacto terrorista de outrora: olhando-se em um espelho, os homens descobrem a morte. É um tema que a pintura ilustrou do século XVI à idade barroca, da Alemanha à Espanha e outros lugares. Os pintores souberam criar esse efeito de surpresa: uma jovem em sua toalete, ou os dois velhos esposos Burgkmayr contemplando-se em um espelho que lhes devolve a imagem com a figura de mortos...

É isso, talvez, que torne a história da morte tão fascinante. Trata-se, para o historiador, de voltar aos dados do problema, de observar pelo avesso essa troca de olhares. Partindo da morte e das atitudes coletivas como essa é acolhida, a História pretende reencontrar os homens e compreender suas reações diante de uma passagem que não admite fraudes.

Assim definida, a história da morte assume na nova história das mentalidades um lugar importante. Ela se situa na linha direta da evolução que levou, em uma primeira etapa, os pesquisadores interessados na evolução das culturas a se engajarem cada vez mais nesse caminho, sem abandonar seu campo inicial, no domínio onde o pensamento manifesto cede o lugar às atitudes inconscientes, e onde os traços de mentalidade se projetam em atos tanto ou mais do que em discursos. O estudo das atitudes coletivas está atualmente em pleno desenvolvimento. Ele tem suas áreas: história das atitudes diante da vida, história das estruturas da família, da morte, que são de algum modo terrenos diversos de uma mesma investigação. A história da morte, porém, guarda, dentro dessa rede complexa, um valor exemplar e específico, pois a morte representa um "invariante" ideal e essencial na experiência humana. É um invariante

DA HISTÓRIA DAS CULTURAS A HISTÓRIA DAS ATITUDES

relativo, todavia, visto que as relações dos homens com a morte se alteraram, como também a maneira como ela os atinge, embora a conclusão permaneça a mesma: é a morte... Eis por que, ao fim de toda aventura humana, a morte continua um revelador particularmente sensível. Pierre Chaunu pode dizer que toda sociedade se mede ou se avalia de uma maneira variável segundo o seu sistema da morte.

O complemento dialético dessa valorização é que, mais do que qualquer outro, o momento privilegiado da existência está cercado de toda uma rede de mascaramentos, evitações, tabus e, inversamente, de criações fantásticas e comportamentos mágicos. O reflexo que captamos dos homens a partir da história da morte é um reflexo singularmente deformado, cujo sentido é preciso decifrar. É isso que torna o empreendimento apaixonante e impõe uma abordagem ao mesmo tempo prudente e ambiciosa. Prudente, porque é preciso evitar conclusões muito apressadas, propondo — à moda americana, como se diria — um "modelo" da história da morte, meio fácil demais para fugir ao aspecto multiforme de que ela se reveste. Ambiciosa, porque é preciso, parece-me, considerar a morte como um todo: isto é, passar da morte biológica ou demográfica (do fato material ou bruto da morte) até as produções mais elaboradas, literárias ou estéticas, do sentimento da morte. Também essa é uma pesquisa que não se poderia realizar senão levando em conta a duração muito longa. Daí, os dois tipos de métodos que adotei, e que passo a explicar.

Uma abordagem em três níveis

Primeiramente, para abordar a história da morte, é preciso vê-la e concebê-la como vertical. Com isso, entendo uma história que deve ser encadeada, sem supor de imediato um laço de causalidade mecânica, em três níveis que denominarei: morte consumada, morte vivida e discurso sobre a morte. Três comodidades de exposição às quais recorri há pouco e que retomo para defini-las.

O primeiro nível — a "morte consumada" — se impõe por si mesmo: é o fato bruto da mortalidade. Ele aparece nas curvas demográficas desde quando essas existem. Esse fato bruto demonstra o peso de uma mortalidade de antigo estilo, que durou desde as origens até a pouco. Compreendemos com isso uma taxa anual de mortalidade de 30% a 40% por ano, em média, resultado de uma esperança de vida breve (vinte a trinta anos) na maioria dos casos. Ela é fruto de uma punção elevada nas camadas jovens, da qual sobrevive, aos vinte anos, apenas a metade e, às vezes, menos dos nascidos em uma geração. Esse é o modelo antigo, incessantemente reanimado pelos surtos convulsivos e lastimáveis de epidemias e pestes.

Nas sociedades ocidentais modernas, onde a taxa de mortalidade oscila em torno de 10%, e a mortalidade infantil se tornou muito baixa, e onde também a esperança de vida ao nascer é superior a 70 anos (nos Estados Unidos, ultrapassa os 80 para a população feminina), essas referências a um passado que não está assim tão distante podem parecer surpreendentes. Basta, porém, olhar para o lado do Terceiro Mundo para ver que essas realidades do antigo estilo estão ainda muito próximas, sendo mesmo freqüentemente contemporâneas.

Avaliar o peso da "morte consumada" nesse primeiro nível, é estimar os parâmetros, os componentes sociais dessa punção, a começar pela desigualdade entre sexos e idades (morte da mulher, morte do homem, morte da criança), que são desiguais e, sobretudo, sentidos desigualmente. É preciso contrastar o eixo campo-cidade, permitindo esse contraste e explicar como as áreas rurais puderam, nas sociedades tradicionais, se transformar nos conservadores dos

DA HISTÓRIA DAS CULTURAS À HISTÓRIA DAS ATITUDES

antigos sistemas da morte folclórica ou folclorizada. A clivagem maior, certamente, é aquela que opõe dominantes e dominados, ricos e pobres. Mas a dimensão da morte consumada não é senão um primeiro nível conduzindo a medir a morte vivida.

A "morte vivida" — dito da maneira mais simples — é, primeiramente, toda a rede de gestos e ritos que acompanham o percurso da última enfermidade até a agonia, ao túmulo e ao outro mundo. Poderíamos, certamente, contextualizar, com facilidade, a morte consumada no quadro cômodo e seguro das práticas funerárias, mágicas, religiosas e cívicas que, em todos os tempos, tentaram apreender a morte, dando aos ritos da última passagem — funerais, sepultamento e luto — uma estrutura onde se revela tanto um sistema, como mais freqüentemente uma estratificação de sistemas articulados. Reduzir a experiência da morte a esses elementos significaria apenas ver seu envoltório formal. No interior desse invólucro, se exprime uma sensibilidade à morte que está longe de ser monolítica ou imutável. Não creio que tenha havido, jamais, tempo algum em que a morte humana pudesse ter sido "natural", como se escreveu, isto é, aceita serenamente, sem temor nem apreensão. Voltaire, como se sabe, dizia que a morte sem temor nem apreensão era a morte dos animais.

Aos olhos dos homens, como espectadores ou atores, a morte sempre ocupou um lugar maior ou menor. Essa sensibilidade à morte sofreu avanços e recuos: a partir de que momento a morte da criança passou a ser sentida como perda verdadeira, antes de se tornar, ao longo do século XIX, a mágoa essencial, extremamente dolorosa? A partir de que momento se efetua a igualdade entre a mulher e o homem no peso afetivo das perdas sofridas? São questões simples para as quais não há uma resposta simples. Ou melhor, sim... Há momentos históricos durante os quais

se dilata o sentimento ou simplesmente o medo da morte.
Compulsão ao pânico na época das grandes epidemias, mas
também de forma mais difusa nos períodos em que a sensibilidade coletiva se crispa diante da morte. Creio que estamos, atualmente, em um desses períodos; no momento em
que admitimos o conceito de tabu da morte, implicando a
idéia de que rejeitamos e expulsamos a morte, atualmente
invasora e dominadora, expõe-se paradoxalmente até que
ponto ela retorna para nos afetar de maneira tão presente.
A história da experiência da morte é, em grande parte,
a história dessa respiração. Ela desemboca diretamente na
história do discurso coletivo sobre· a morte.

É sutil a transição entre a "morte vivida" e o "discurso
sobre a morte". No limite, ela poderia parecer artificial:
nos ritos funerários, nos momentos da sensibilidade à morte, existe já um discurso coletivo que se exprime, mas é
um discurso em grande parte inconsciente. A repetição dos
gestos, a expressão da angústia são testemunhos tanto mais
essenciais quanto involuntariamente demonstrados. Mas,
além desses testemunhos inconscientes, se estruturam os
discursos organizados sobre a morte, que vêm evoluindo
através dos tempos. À maneira dos positivistas do século
passado, poderíamos, um tanto caricaturalmente, esquematizar as etapas de um discurso mágico para um discurso
religioso durante longo tempo hegemônico e até mesmo
único. Progressivamente, emerge um discurso leigo sobre a
morte sob diversas formas: filosófico, científico, cívico.
Enfim, se poderia dizer que a época contemporânea, a partir de fins do século XVIII, foi marcada pela proliferação
do discurso literário livre sobre a morte. Sob múltiplas formas, até os mídia atuais, (a televisão, a história em quadrinhos, etc.) fazem explodir o quadro tradicional dentro do
qual se havia até então manifestado o imaginário coletivo.
É no fio histórico desse discurso sobre a morte, tanto

DA HISTÓRIA DAS CULTURAS À HISTÓRIA DAS ATITUDES 133

quanto na análise menos direta dos rituais e dos gestos, que se pode acompanhar a evolução das representações do outro mundo, que prolongam e condicionam, para a maioria dos homens, o sistema global da morte e do após-morte.

Certamente, essa história em três níveis (morte consumada, morte vivida e discurso sobre a morte) desvenda imediatamente suas dificuldades. Uma dialética extremamente sutil e complexa, com inércias e tempos fortes, impõe uma História que se desenvolve necessariamente na longa duração. Philippe Ariès foi um dos primeiros a tentar organizar essa História ampla, tomando-a desde o início da morte cristã para descrevê-la até nossos dias.

A morte na História

Se é repetir uma evidência dizer atualmente que é preciso apreender a morte na História e na longa duração, esta é uma evidência bem recente. Há uns vinte anos, um grupo de pesquisadores, na maioria teólogos, se interrogavam sobre *Le mystère de la mort et sa célébration* (*O mistério da morte e sua celebração*) e constatavam, com certo espanto, que as formas de devoção aos mortos eram muito melhor conhecidas para a época paleocristã e para a Idade Média, do que para a época moderna e contemporânea. Provavelmente, as coisas mudaram muito desde que o método de trabalhar sobre a longa duração se impôs a todos os pesquisadores.

Mas o que é a história da morte na longa duração? Tratar-se-ia de reencontrar a montante das grandes mutações da idade moderna, uma morte que se definiria como "natural" ou "anacrônica"? Nesse caso, a longa duração tenderia a se congelar na intemporalidade ou na imobilidade. A historiografia atual não escapa dessa tentação.

Vários antropólogos, herdeiros de folcloristas, mostram tendência a crer na estabilidade de um sistema de morte antiga, que teria começado a se alterar mais recentemente (em 1870 ou em 1914, por que não?). Em contraste com a imobilidade de uma morte assim cristalizada, alguns autores tentaram distinguir as grandes etapas da evolução da morte, ainda que Philippe Ariès ocupe nesse concerto um lugar ambíguo, subdividindo as grandes etapas da evolução de longa duração da morte a partir da morte acrônica, que é tanto a morte do bravo cavaleiro medieval (como Roland), como a do camponês russo no *Ivan Ilitch* de Tolstoi, que se volta para o muro ao compreender ter chegado o momento de aceitar a morte, a morte assumida de todos os tempos, dos mais remotos aos mais recentes.

A idéia de uma morte acrônica me deixa bastante pensativo, porque creio que a morte é sempre histórica. Em *La Chanson de Roland* encontra-se o equivalente perfeito do gesto do camponês de Tolstoi, mas quem a ele se entrega é Marsílio — o rei sarraceno —, quando sabe da derrota do gigantesco herói que ele havia enviado para combater os exércitos de Carlos Magno. Há, na literatura medieval, um outro herói em quem se pensa imediatamente e que também se volta para o muro para morrer: é Tristão, quando lhe anunciam a vela negra, que significa que Isolda não viera em seu socorro. O que tem em comum Marsílio e Tristão, dentro dessa sensibilidade da Idade Média? É o desespero, eles duvidam de Deus. É a morte má. A imagem da morte má de ontem se tornou a imagem da morte boa de hoje, no século XX. Todas as representações da morte estão imersas em um contexto ou em um banho cultural que é propriamente o tecido da História.

A morte que se apreende na longa duração não é uma morte acrônica, mas está inserida nas fases longas das grandes evoluções seculares ou pluri-seculares. O que acentua, provavelmente a impressão de estabilidade é a inércia relativa de certos condicionamentos essenciais na História da morte. Observe-se o modelo demográfico da morte de antigo estilo, com índices superiores a 30%, e ondas de mortalidade freqüentes e convulsivas... O que não quer dizer que esse modelo seja monolítico, visto que até o século passado ele foi marcado por bases que, sem pôr em causa o sistema da morte, o inserem na longa duração secular. Isso significa que o indicador demográfico não explica tudo. Ao nível dos comportamentos, sublinha-se a espantosa persistência dos ritos, toda uma rede de gestos enraizados, reproduzidos mesmo quando não são mais compreendidos, gestos supersticiosos ou mágicos, tais como se encontram na morte rural. Ao invés da imobilidade nesse domínio, falarei dos deslizamentos progressivos e das estratificações que fazem com que, em um mesmo momento, variando segundo os meios e os lugares, coexistam atitudes tradicionais e atitudes novas. Experimentamos todos, em nossas próprias atitudes em face da morte, um conjunto de representações e de comportamentos que remetem a estratificações diferentes.

Por exemplo, na segunda metade do século XVIII, o relato sobre a morte de um de seus amigos, um aristocrata, M. de Puisieu, que se acha nas *Mémoires de Mme. de Genlis* (*Memórias de Madame de Genlis*). Mme. de Genlis, que é uma testemunha de vista bastante curta e não tem muita imaginação, nos introduz no quarto da agonia através de três leituras diferentes da última passagem, para o mesmo homem. A primeira: "M. de Puisieu morreu com a maior devoção". Morte cristã! Sobre o corpo do defunto se encontra o cinto de suas macerações e, entre seus papéis, os traços de sua caridade... A segunda? Eis que, atravessando o salão ao sair do quarto, Mme. de Genlis vê o relógio de pêndulo que o rei Luís XIV havia presenteado a M. de Puisieu, ornado com o grupo das três Parcas, e espanta-se: "O fio das Parcas está quebrado!". Em meio ao período das Luzes, ressurge a morte mágica de sinais e prenúncios sob sua versão aristocrática. Simultaneamente, Mme. de Genlis relata uma das últimas cenas da agonia de M. de Puisieu. Um médico muito célebre dos salões na época das Luzes, Tronchin, assiste o agonizante. Mme. de Genlis entreabre a porta e vê Tronchin à cabeceira de M. de Puisieu com a face deformada pelo rito agônico. Mme. de Genlis se espanta e lança esse comentário glacial: "Eu não havia jamais visto o riso sardônico e estou bem à vontade para observá-lo". A impassibilidade das luzes reduzindo a última passagem a seus sintomas físicos. Eis, portanto, uma só morte em três instantâneos tão simultâneos quanto contraditórios.

Nem todos os exemplos são tão ilustrativos, mas os procuremos na sucessão de nossos encontros com a morte; somos herdeiros de todo um conjunto de estratificações desse gênero. Compreendemos porque Ph. Ariès, de cuja leitura compartilho, nos apresenta os sistemas da morte, não como sucessivos, mas como imbricados em uma estrutura onde diferentes leituras coexistem.

Uma história convulsiva

Em contraste com a inércia das representações coletivas, a História da morte continua uma história convulsiva, sacudida por golpes brutais. Observa-se esse fenômeno no domínio da demografia; também no sentimento da morte que, de tempos em tempos, se hipertrofia. É o surto do macabro no declínio da Idade Média (no século XV) depois da peste negra; a crispação da idade barroca entre 1580 e 1660; e também o retorno às idéias negras ao fim do século XVIII no quadro do pré-romantismo, no momento em que se expõe no teatro a crueldade do marquês

DA HISTÓRIA DAS CULTURAS À HISTÓRIA DAS ATITUDES

de Sade, o romance negro, o investimento nostálgico nos cemitérios. É, enfim, essa complacência com a morte, que se situa na passagem do século XIX ao século XX, ao tempo dos simbolistas e decadentes.

Assim, se delineia uma curva com suas fases de ascensão e declínio, com seus momentos às vezes explicáveis pelas demandas da demografia, outras vezes menos. Em conclusão ao tema da morte, talvez se perceba melhor seu alcance na interrogação crucial à qual ele conduz (inteiramente ingênua na aparência): a história da morte tem um sentido? Evolui em algum sentido determinado? Ou melhor, trata-se justamente de saber se, atrás dos acidentes de percurso espetaculares (o surto do macabro no século XV, a crispação do barroco...) haverá toda uma evolução contínua projetando-se nas representações coletivas dos homens.

Arriscando alguns elementos da resposta, não podemos nos dispensar de abrir, ao menos por alguns instantes, ou mesmo de entreabrir, a porta do laboratório, segundo a célebre fórmula de Marc Bloch, perguntando de que maneira pode essa história ser escrita.

Os silêncios

A história da morte, como desejamos escrevê-la, revela suas dificuldades como uma história de silêncios. O peso do silêncio se verifica em dois níveis. Primeiro, no campo comum a todos os que se esforçam, no campo da História social e da história das mentalidades, tanto para dirigir seu olhar às massas anônimas quanto aos poderosos do mundo. Apesar do que repetiram as velhas artes de morrer ou as danças macabras sobre a morte niveladora e equalizadora, que reduz todos os homens ao mesmo destino, nada há de mais desigual ou desigualitário do que a última passagem. Os vestígios que ela deixa são testemunhos para os ricos, porém muito menos para a massa anônima dos pobres. Eis o que nos impõe recorrer a fontes não conformistas, diferentes. Ao lado da fonte escrita, as fontes iconográfica, arqueológica (a arqueologia dos cemitérios, a iconografia dos afrescos ou a decoração dos túmulos) adquirem uma importância freqüentemente tão grande quanto o discurso formal.

Tratando-se, porém, da História da morte, há, para complicar a tarefa, um outro gênero do silêncio, além deste: é o que denominarei silêncio voluntário. Quando os homens se calam sobre sua morte, o indício é tão essencial como quando eles produzem, para aprisioná-la, um discurso construído. Nossa época tomou consciência, a partir dos Estados Unidos e depois da Europa Atlântica, do tabu que faz da morte a nova categoria do obsceno. Pensamos, entre outras coisas, na morte oculta do falecimento hospitalar ou do luto proscrito. Esses fenômenos de rejeição ou de ocultação, sob formas evidentemente muito diversas, já estavam implícitas outrora na evolução das atitudes diante da morte. A leitura do século XVIII, o século das Luzes, tal como se encontra radicalizada em certos discursos dos porta-vozes da Revolução Francesa, teve o cuidado de extirpar a morte, de anulá-la. Não nos termos um tanto hipócritas da civilização americana ou americanizada de hoje, absolutamente, mas sob uma forma toda heróica ou à moda de Prometeu. Trata-se de banir a morte da vida dos homens.

Sente-se que o primeiro problema com que nos defrontamos ao pretender escrever uma história da morte é o choque com o silêncio de nossas fontes. Esse silêncio é pesado e pode ser tão significativo quanto o próprio discurso. Darei a esse respeito um ou dois exemplos do domínio da história da arte. Por que a pintura de Delacroix se mostra como uma orgia sangrenta e mortífera? E, inversamente, por que Ingres se recusou tão obstinadamente a re-

DA HISTÓRIA DAS CULTURAS À HISTÓRIA DAS ATITUDES 139

presentar a morte? Por que os impressionistas — salvo *La mort de Maximilien* (*A morte de Maximiliano*) por Manet, que é uma obra da juventude — não representaram a morte? Será porque, como disse Odilon Redon, eles eram "pouco sensíveis"? A explicação seria elementar.

Poucos nos fizeram confidências sobre seu silêncio. Estamos pensando na exceção extraordinária que foi Paul Klee quando, transtornado pela morte de um de seus amigos durante a Primeira Guerra Mundial, justificou em seu diário sua recusa à expressão figurativa para, dali em diante, representar ou transcrever seu universo interior.

Sente-se que a história da morte é tecida de silêncios involuntários e de silêncios voluntários. O caderno de encargos sobre isso se acha inevitavelmente agravado.

Indicadores e vestígios

Muito felizmente, ao lado dos silêncios, há fontes e em abundância; porém, elas próprias colocam problemas específicos. Primeiramente, se oferece para a reconstituição das atitudes das massas anônimas, a tentação da antropologia histórica, a partir do tesouro de observações que os folcloristas acumularam desde o século passado. Captando, às vésperas de seu desaparecimento, os traços da civilização tradicional, eles deram à morte e aos gestos que a cercam o lugar que lhes cabe como passagem obrigatória em toda aventura humana, desde o nascimento. O historiador, porém, quando lê os folcloristas, se sente ao mesmo tempo atulhado e perturbado. Atulhado, porque ele descobre, então, uma enorme e profusa informação, que o faz aceder a um tesouro de conhecimentos reunidos por via da pesquisa oral e aos quais nenhuma fonte escrita nos fará chegar. Toda uma prática popular, e sobretudo rural, da morte se inscreve em gestos, toda uma antiga herança se acha daí exumada. Em contraste com o sistema oficial da morte, adquire forma um outro sistema.

Porém, essa riqueza que nos entregam os folcloristas tem sua contrapartida. O folclorista deixa sistematicamente de lado tudo que é norma oficial. Por exemplo, o mestre Van Gennep, quando descreve um cortejo fúnebre, o segue cuidadosamente, desde a casa até à porta da igreja; logo que aí se encontra, porém, o abandona. A menos que haja alguma curiosidade, que o pórtico da igreja seja tocado à direita ou à esquerda em qualquer comunidade bretã, nada mais lhe interessa. Uma vez que o caixão tenha entrado, ele considera interromper-se ali o domínio de suas atribuições. Nesses limites, a insubstituível contribuição dos folcloristas nos deixa insatisfeitos com um conhecimento "a-histórico", continuando o historiador com sua fome.

Para reencontrar o movimento, resta a possibilidade de se confiar nos indicadores de uma outra pesquisa "sobre os vestígios": os testemunhos dos gestos ou das atitudes, pobres possivelmente, em geral anônimos, mas essenciais. São dessa natureza, se me permitem recordar minhas pesquisas, os testamentos provençais do século XVIII, que examinei às dezenas de milhares. Eles nos oferecem, em um momento em que não se escamoteia a morte, o balanço das atitudes coletivas enquanto o testamento espiritual ainda se mantém como elemento maior do ritual da morte.

Ainda dentro da área que investiguei, vejamos as representações do outro mundo. Eu as descobri em Provença, junto com Gaby Vovelle — a partir dos altares das almas do purgatório, percorrendo várias igrejas rurais para recensear os retábulos, altares, e quadros do século XV ao século XX. Até chegar o momento de os soldados combatentes da guerra de 1914-1918 alijarem das igrejas rurais as pobres almas do purgatório, se passaram cinco séculos de evolução das representações coletivas do outro mundo, tal como se inscrevem na iconografia do purgatório.

DA HISTÓRIA DAS CULTURAS À HISTÓRIA DAS ATITUDES

Pesquisas sobre vestígios conservam ainda hoje um caráter um tanto desconcertante, pois se tem a impressão de procurar a História onde não se esperava por ela. Ao mesmo tempo, porém, elas se beneficiam do privilégio da continuidade no tempo, ou seja, da duração muito longa a que nos referimos. De modo geral, pode-se levantar a estas investigações uma objeção essencial, embora seja a mesma que se apresente a toda uma parte da pesquisa histórica: o que nos revelam esses vestígios? Não nos mostram eles apenas prática, as formas exteriores, ou melhor, a convenção social, sem desvendar em nada as formas da angústia do homem diante da morte?

Essa objeção é forte, mas tem uma resposta. O tratamento maciço dos traços anônimos não altera o valor do documento único e altamente significativo. Não será porque não se encontrem outros testamentos abrindo-se com "Alegria! Alegria! Prantos de alegria!", que a iluminação de Blaise Pascal perderá seu valor revolucionário como testamento espiritual, mas, ao contrário, os vestígios nos permitem ir mais profundamente ao âmago das atitudes inconscientes dos grupos e das massas, que eles surpreendem furtivamente, mas com toda a indiscrição de uma confissão extorquida.

As fontes prolixas

Passando dos gestos diante da morte para as formas do discurso que ela suscita, se tem a impressão de que o silêncio ou a raridade das fontes cedem lugar à prolixidade e a uma riqueza real. Isso dito muito rapidamente na medida que o discurso sobre a morte foi durante longo tempo um discurso estável, monolítico e imutável. O discurso da Igreja, na forma como se consolidou no momento da Contra-Reforma católica, não se alterou, ou quase, até o final do século XVIII, inclusive meados do século XIX. O discurso pode ser um reflexo não da mobilidade mas da inércia dos sistemas em jogo. Mas ao contrário, ainda que o discurso seja muito inerte, algumas formas são particularmente cambiantes ou móveis, como o discurso da literatura e da arte, onde a morte, constante em toda experiência humana, ocupa um espaço às vezes desmesurado. Poderia se dizer, simplificando ao extremo, que na idade comtemporânea, o imaginário coletivo, liberado dos quadros tradicionais em que estava encerrado, conduz à proliferação de mensagens pelas quais, direta ou indiretamente, a morte se inscreve nas representações coletivas. Atualmente, o discurso livre sobre a morte deve ser procurado nas fontes mais diversas veiculadas pelos mídia: na canção, rádio, televisão, filme, romance de folhetim, fotonovela, publicidade e história em quadrinhos.

O historiador das mentalidades extrai, desses testemunhos de todos os gêneros, uma reflexão sem fronteiras. Pode-se perguntar o que representam os depoimentos da literatura e da arte. Testemunham eles as atitudes coletivas, as suas, as minhas; ou, ao invés, testemunham a personalidade irredutível do autor, expressões atípicas ou inclassificáveis? Que exprimem, por exemplo, os simbolistas ou os decadentes de fins do século XIX? Um mal-estar epidérmico, a escuma dos dias, a expressão do mal de viver de alguns, ou, mais profundamente, uma questão que ultrapassa muito extensamente a sua dificuldade de viver?

Fontes pobres e fontes prolixas, cada qual portadora de problemas específicos de leitura e de interpretação, fazendo o historiador se mover com precaução justificada em uma floresta de sinais entrecortados de silêncios. É muito arriscado propor conclusões. Assim mesmo, me arriscarei. É preciso ter essa imprudência.

A demografia?

O que mudou na morte? Como seria fácil desbastar rusticamente a parte bruta fazendo da história da morte uma história afinal inteiramente simples! Uma autoridade sobre a matéria, Jean Fourastié, discutindo minha obra *Mourir autrefois* (*Morrer outrora*), confessa sua irritação diante da curiosidade que me leva a analisar as sucessivas representações da última passagem. Para ele, tudo se resume a uma constatação bruta: o peso incontestável que representa o fator demográfico. Outrora, a família ocidental produzia, em seu ciclo doméstico, quatro crianças aproximadamente, das quais sobreviviam apenas duas, a partir das quais se reconstituíam, vinte anos mais tarde, numericamente os efetivos iniciais. Morte pesada de uma época trágica! Para que serve trapacear? ... Para Jean Fourastié, a verdadeira revolução da morte na época moderna é o rompimento desse implacável torno; tudo mais sendo literatura.

De modo geral, pode-se admitir uma correlação entre as grandes crispações sobre a morte e as fases em que esta estreita tragicamente o seu cerco. O fim da Idade Média e o "trágico século XVII" demográfico coincidem, até certo ponto e dentro de certos limites, com o surto do macabro. Da mesma forma, e mais grosseiramente ainda, no grande mundo rural da sociedade tradicional no Ocidente, a rede de ritos e gestos folclorizados em torno da morte viveu o mesmo que o antigo regime demográfico. Mas é evidente que o campo das representações coletivas a respeito da morte não se pode reduzir a esse aspecto, e que a partir de um certo momento (situado no século XVIII) essa correlação excessivamente mecânica se distende ainda mais. O início do século XX se abre com o modelo pós-romântico e realista, ao mesmo tempo, o da morte em Thomas

MICHEL VOVELLE

Mann, Roger Martin du Gard e outros mais, nos quais ela conserva um lugar essencial, aliás, desmesurado. A morte contemporânea, pós-romântica ainda, cede lugar ao tabu instaurado a partir dos anos trinta na América e dos anos cinqüenta na Europa, enquanto assistimos a uma incontestável redescoberta da morte a partir dos anos sessenta. Tudo isso se inscreve no interior de um modelo demográfico idêntico, caracterizado desde fins do século XIX pelo recuo decisivo da mortalidade: no entanto, é preciso convir que mediações mais complexas se encontram em operação.

A ideologia

Há uma outra tentação: mudar de lado! Fazer da história do jogo entre os homens e a morte um empreendimento todo ideológico. Essa leitura tem seus pontos de nobreza. Sem querer remontar muito longe, ela nos remeteria aos filósofos do século XVIII, os teóricos do século das Luzes, quando fazem do sistema de exploração da morte, sistema econômico (o comércio das missas e das indulgências), sistema político (as recompensas e castigos no outro mundo como garantias da ordem na Terra), o fruto da "impostura dos padres", a herança da "superstição" e do "fanatismo".

Para eles, os tempos do medo, fanatismo e superstição estão extintos. O sonho da razão, como diz a célebre gravura de Goya, *Caprices*, gera os monstros. Basta despertar a razão adormecida que os monstros nascidos do medo se dissiparão. Não devemos sorrir desse otimismo voluntarista que via, em uma pedagogia adaptada e na emancipação dos homens de seus entraves materiais e espirituais, a arma de combate contra a morte. Essa leitura é a nossa. O século XIX difundiu a crença no progresso, escorando-a

DA HISTÓRIA DAS CULTURAS A HISTÓRIA DAS ATITUDES

nas conquistas da ciência. Toda uma ideologia cientifista junto com uma filosofia biológica apóiam esse sistema, que associa a explicação idealista (do progresso da razão) à explicação materialista e mecanicista (os triunfos da vida sobre a morte). Se eu quisesse ser perverso, diria que os últimos ecos do otimismo das Luzes soavam há muito pouco tempo ou soam ainda hoje. É sempre com enternecimento que leio as últimas páginas com as quais Edgar Morin, há mais de vinte anos, concluía seu ensaio sobre o homem e a morte. Para ele, graças ao progresso da ciência, chegaremos não à imortalidade, mas à amortalidade de uma longa vida que se conclui sem dor e voluntariamente. Que se aperfeiçoe o soro de Bogometz e eis de fato a morte! Seria tão injusto menosprezar essa leitura da morte como a precedente. Ela dá conta de uma aventura gigantesca do espírito: a dessacralização da morte na época moderna.

A História inconsciente dos homens

Então, nem um nem outro? Um compromisso burguês? A moda (há modas boas) leva atualmente a valorizar, não o nível material, isto é, as recaídas no fator demográfico, nem o nível ideológico da evolução das idéias, mas essa faixa entre ambos, onde se insere a História inconsciente que os homens escrevem sem saber que o fazem. Isso leva os historiadores atuais a se tornarem antropólogos do passado, a tentar reconstituir, além das expressões do pensamento claro e formalizado, também a História dos mitos e as criações do imaginário coletivo. Os testemunhos involuntários são de uma certa maneira mais confiáveis que o discurso organizado dos clérigos ou dos filósofos. De Edgar Morin a Pierre Chaunu, recordam-se as linhas de força das grandes representações sobre a morte e o além-túmulo do modo como se inserem na História e na Geografia. De um lado, a morte-dupla, na qual o contingente dos mortos erra nas proximidades dos vivos, às vezes velando sobre eles mas freqüentemente hostis, e que é preciso pacificar para livrar-se de sua presença: é exatamente o tipo de morte que se encontra em Montaillou. Os germes das religiões mediterrâneas antigas, que se tornaram os fantasmas das devoções rurais da Idade Média, duplamente mortos, tiveram vida difícil antes de ressurgirem na época contemporânea, sob novas aparências, mesmo que sejam brincadeiras aparentemente gratuitas de um fantástico de contrabando.

Mais tarde, coexistindo paralelamente, transitaram do Oriente para o Mediterrâneo, as teologias e escatologias da Ressurreição, tanto as que se difundiram nas religiões ocultistas como as que o cristianismo conferiu uma expansão considerável. Entre as duas concepções antagônicas (a imagem do morto-duplo e as escatologias da Ressurreição) se insere toda uma dialética de rivalidades, contaminações e compromissos na História. A religião popular folclorizada perpetuou o modelo antigo, enquanto a leitura cristã se consolidava do século XIII ao século XVII.

Em cima desse primeiro modelo global, podem-se inscrever e integrar, sem contradição, as fases e as etapas propostas por Philippe Ariès: a morte medieval; a morte egoísta; a "morte de mim", surgida da morte coletiva dos antigos tempos; até a "morte de ti", insubstituível objeto amado (a morte do romantismo); e depois a morte-tabu, característica do século XX. Esses vetores são, ao mesmo tempo, satisfatórios e insatisfatórios: reduzida a seu argumento essencial, a leitura de Philippe Ariès se religa à individualização progressiva das atitudes diante da morte, o que é dificilmente contestável, mas deixa sem esclarecimento vários problemas, em particular o das causas e modalidades de atuação, no quadro do que ele definiu como inconsciente coletivo.

Ariès certamente não toma o termo no sentido psica-

DA HISTÓRIA DAS CULTURAS A HISTÓRIA DAS ATITUDES

nalítico de Jung, nem no que lhe dá Lévi-Strauss. Ele postula uma aventura autônoma, não do espírito, mas do nível da consciência onde se encontram os sonhos, o imaginário, as representações que os prolongam, as atitudes e os gestos que os exprimem e os ritos que os cristalizam. Isso corresponde, seguramente, a situar-se ao nível onde a história das mentalidades se torna apaixonante. Mas podem-se levantar reservas em relação ao ponto de que a autonomia do inconsciente coletivo fará evoluir as representações coletivas sem referência aos condicionamentos, diretos ou não, que contribuem para moldá-lo.

De minha parte, sou sensível aos limites do fator de determinação demográfica. Ele era arrasador no tempo das pestes, das epidemias e do antigo modelo demográfico da morte. Mas ele se torna mais indireto em seguida. Todavia, não creio, conforme expliquei em outro lugar, em uma aventura autônoma do imaginário coletivo.

Para mim, a imagem da morte parece situar-se melhor na "luz geral, neste éter particular que determina o peso específico de todas as formas de existência", como escreveu Marx. Uma fórmula voluntariamente vaga, que reúne todas as atividades dos homens acerca da morte em torno de um de seus reflexos, em certos aspectos, dos mais significativos de sua experiência social.

Tomemos o exemplo da morte "barroca", tal como se impôs na primeira metade do século XVII, entre 1580 e 1650. Se reduzíssemos esse modelo a um mero reflexo das dificuldades demográficas do tempo, estaríamos fazendo dele apenas uma leitura mutilada. Certamente, ocorreram as pestes, como também a guerra dos Trinta Anos, mas por outro lado, existe também a "mentalidade patética" de um momento de tensão e confronto na ordem política, social e religiosa. São os tempos que o abade Brémond denominava "a invasão mística", sobressaltada pela referência

MICHEL VOVELLE

onipresente aos fins últimos; é o tempo em que se opera a erradicação da religião popular da morte, transformada para os clérigos em imagem da superstição; é o tempo das feiticeiras nas fogueiras.

Inversamente, se organizou então o grande cerimonial fúnebre dos grandes e que, o outro mundo, mais do que nunca, erigiu-se em garantia da ordem e das hierarquias sociais, enfatizando o abismo que separa o círculo dos eleitos da multidão dos condenados, simultaneamente deixando, no mundo católico pelo menos, a porta entreaberta para a remição a prazo, através da consolidação da crença no purgatório.

Todos esse fios se entrecruzam. Eles constituem uma rede de traços coordenados onde se refletem, de maneira às vezes indireta e muito profunda, o clima social de uma época e, mais amplamente, daquilo que denominaremos, com R. Mandrou, sua "visão de mundo": a morte é o reflexo privilegiado de uma visão de mundo.

Não se poderia dizer o mesmo sobre a morte burguesa no século XIX? Tanto na fase em que está estruturada como sistema, como, melhor ainda, em sua fase constitutiva (de 1770 a 1820), enquanto seus traços estão se ordenando no lugar, ou mais tarde, na crise profunda dos valores burgueses que marca o crepúsculo do século XIX e as mudanças de 1900 a 1914, a morte aparece como reflexo de uma sociedade, porém como um reflexo ambíguo. A imagem de um outro mundo maquiavélico, invenção dos poderosos para assegurar a docilidade dos humildes, tal como os filósofos do século XVIII o interpretaram, é uma expressão pobre desse determinismo, e que assume as suas contradições. Existem, igualmente, contra-sistemas que se apóiam sobre a morte para inverter simbolicamente a hierarquia dos poderes: assim é a dança macabra medieval. A morte, entretanto, não é revolucionária. Foi através do riso e da zom-

DA HISTÓRIA DAS CULTURAS À HISTÓRIA DAS ATITUDES

baria da morte que a cultura popular do tempo de Rabelais travou seus últimos combates em retirada. Foi pela sublimação do heroísmo ou da morte vencida que a Revolução Francesa afirmou a nova moral de que era a portadora.

Resta indagar como mudou o sistema de representações coletivas em torno da morte, segundo que ritmos e que modalidades. Nesse domínio, eu diria: sim, às longas fases de evolução lenta; sim, à História de longa duração. Essa História não é imóvel: longe disso, o estudo das atitudes diante da morte oferece um tema ideal para reflexão sobre a noção de estrutura aplicada à história das mentalidades. Essas estruturas nada têm de rígidas: progressivamente, se concluem e se decompõem peça por peça. Isso significa dizer que as representações acerca da morte avançam imperceptivelmente, por retoques tênues? Não o creio. Essa História sugere um progresso por saltos entre crises de sensibilidade coletiva, considerando o termo em sua ampla acepção, ou melhor, de momentos de mobilidade onde tudo se embaraça e se cristaliza em meio a um questionamento global. São episódios desse tipo que se encontram no declínio da Idade Média, nas origens do barroco, no crepúsculo do Iluminismo e nos horizontes dos anos 1900. Talvez atualmente também, desde 1960-1965.

Essas grandes reviravoltas da sensibilidade coletiva não afetam unicamente a representação da morte, mas desde a família aos sistemas de valores, tudo é afetado. Inclui-se, nesse caso, por exemplo, a mudança que ocorreu nas mentalidades ocidentais em fins do século XVIII, aproximadamente em 1760, em uma fase em que tudo se alterou: atitudes diante da vida, do casamento, da família e do sagrado. Essas são crises nas estruturas profundas e aparentemente melhor enraizadas da sociedade. Mais do que a peste negra no declínio da Idade Média, foi a crise da sociedade feudal ou cavaleiresca que determinou a instabilidade geral da qual a dança macabra não foi senão uma das expressões.

Em resumo, a morte, por tudo que suscita, é a metáfora reveladora perfeita do mal de viver. Pierre Chaunu afirmou que o investimento coletivo e espiritual na morte era uma "derivada da esperança de vida". Eu diria que a morte é uma derivada da esperança de felicidade. Eis a razão pela qual não podemos deixar de nos perguntar nem o porquê nem o como da redescoberta da morte que atravessamos atualmente.

No momento mesmo em que digerimos a imagem da morte-tabu que nos vem dos Estados Unidos, o volume de publicações que tratam desse tema e, mais amplamente ainda, o retorno de sensibilidade coletiva, são como que sua negação dialética. É na medida que dominarmos e reinterpretarmos em termos de crise de sociedade esse tabu e, ao mesmo tempo, esse reinvestimento, que nós, historiadores, poderemos talvez nos tornar úteis à humanidade presente.

Terceira Parte

O popular em questão

O popular está em moda, falando sem nenhuma intenção pejorativa, pois há modas boas. Nos últimos anos, desde a obra pioneira de Robert Mandrou De la culture populaire au XVIIIe siècle (Da cultura popular no século XVIII), *multiplicaram-se os ensaios sobre esse tema e mais ainda, provavelmente, sobre a religião popular, sua prima-irmã que lhe é muito semelhante.*

A abertura desse ou desses territórios representa uma incontestável conquista: a cultura, privilégio da elite, por longo tempo intimamente ligada à história da literatura, da arte, das idéias ou dos gostos conquistou uma nova província, a partir do momento em que os historiadores estenderam a pesquisa até as massas que haviam sido longamente denominadas "incultas", para descobrir os traços de uma outra cultura, a cultura de transmissão oral e dotada de expressão original.

Essa conquista não está absolutamente livre de ambigüidade no entanto: o que é o popular, no domínio da cultura como também da religião? Tem-se traçado, com excessiva facilidade, uma dicotomia simples entre a cultura de elite, de um lado, e a cultura popular, de outro; uma dinâmica e a outra não, conservadora de heranças de longa duração evoluindo segundo ritmos próprios.

Recapitulando as definições que foram dadas sobre o popular, navegamos entre a afirmação de traços estruturais apriorísticos que escapariam ao tempo (empirismo, espontaneidade, etc.), o enraizamento em uma herança folclórica de tão longa duração que suas origens dificilmente se discerneriam, e em leituras mais diretamente históricas, relativizando o "popular" dentro de um quadro de confronto dialético entre a cultura dominante e a cultura dominada.

É para esse trabalho de refinamento conceitual, baseado nas contribuições das pesquisas de campo na área, que nos voltamos aqui, primeiramente como comentário a um rico conjunto de estudos publicados, em 1976, em um número especial de Monde alpin et rhodanien (Mundo dos Alpes e do Ródano) *sobre o tema da religião popular. Sem nos limitarmos às contribuições, embora ricas, de um colóquio de muitas vozes, reunindo historiadores, etnólogos e sociólogos, procuramos ampliar a questão, apresentando uma síntese em andamento sobre um tema que continua em aberto.*

Creio ser necessário romper de uma vez por todas o diálogo estéril entre cultura popular e cultura de elite. No encontro sobre o tema "Intermediaires culturels" ("Intermediários culturais"), tentamos articular as pessoas que transitam entre as duas culturas, agentes de comunicação entre os dois mundos, sem a intenção, absolutamente, de introduzir um terceiro estrato — solução indolente e compromisso artificial — mas visando a reintroduzir uma leitura muito mais dinâmica tecida de trocas recíprocas.

A mudança, porém, só pode ser percebida na perspectiva diacrônica. Em outras palavras, é dentro de uma perspectiva histórica de incessantes reformulações que se pode visualizar a relação em questão. Não há fronteiras fixas

O POPULAR EM QUESTÃO

nem modelos invariáveis, e é isso que pretendemos ilustrar a partir de dois esboços sobre temas em exploração: a noção de "sociabilidade", reapropriada há uns quinze anos por Maurice Agulhon; e o estudo da festa, redescoberta ainda mais recente, da qual participei com Les Métamorphoses de la fête en Provence de 1750 à 1820 *(As metamorfoses da festa na Provença de 1750 a 1820). Duas bases para reflexão, exigindo ambas uma leitura fundamentalmente histórica, sem a qual a História das mentalidades tende a esvair-se na "História imóvel".*

Esta é a questão: o popular nos põe diante da tentação da etnografia, da longa duração quase monolítica da civilização tradicional, tal como a abordam certos antropólogos. Não se trata de rejeitar a etnografia em nome de uma defesa quase corporativa da História, mas exatamente de justificar a especificidade de nossa abordagem em um domínio que durante longo tempo teve dela uma visão errônea, para chegar a uma verdadeira etnografia histórica.

A religião popular*

O autor desta síntese deve-se fazer invisível atrás das contribuições de que dá conta, pois esta reflexão foi apresentada como introdução a um número especial de Monde alpin e rhodanien sobre a religião popular. Porém, a própria riqueza das contribuições analisadas, vindas de todos os horizontes (historiadores, etnólogos, sociólogos...), convida a uma extrapolação em termos do estado atual do problema. Cultura e religião populares, indissociáveis até data recente, levantam, muito diretamente, o problema mais geral da definição do "popular", a partir de pesquisas nas áreas alpina e meridional.

O tema da religião popular nas sociedades tradicionais se impôs aos historiadores há alguns anos: a ele se consagram livros e artigos; a bem da verdade, constituía já um velho conhecimento para os folcloristas e etnólogos, cabendo mesmo uma dose de surpresa diante de uma descoberta tão tardia e indiscreta. A religião exumada pelos

---

* "La religion populaire, problèmes et méthodes", *Le Monde alpin et rhodanien*, n.º 1-4, 1977.

MICHEL VOVELLE

historiadores, e que assume um lugar legítimo no repertório das abordagens atuais da cultura popular, não pode ser a mesma de seus precursores. É preciso que ambos afinem seus violões; e que os pesquisadores, sentindo ao caminhar, senão o movimento pelo menos a confiabilidade de seu tema de pesquisa, ao mesmo tempo reflitam sobre uma definição de "religião popular" aceitável para todos.

Uma definição contestada

Antigas, novas ou simplesmente renovadas, as definições propostas são hoje suficientemente numerosas para que se possa considerá-las com algum distanciamento e reagrupá-las em tipos. Não pretendemos inovar ao apresentar o estado atual dessa questão que outras sínteses recentes e úteis já abordaram — Carla Russo, *Società, chiesa e vita religiosa nell' "Ancien Régime"* (*Sociedade, Igreja e vida religiosa no "Antigo Regime"*).

Em primeiro lugar, encontram-se as teorias que postulam que a religião popular tem uma existência própria, intangível, independente da religião recebida e ensinada. Assim, Boglioni opõe a religião popular autêntica à religião "popularizada": isto é, a que penetrou nas camadas populares da mensagem cristã. Entre o que é produto da espontaneidade popular e o que é recebido pelo povo, a cisão subsiste, distinguindo o autor entre a "storia della vita religiosa popolare" (história da vida religiosa popular) e a "storia della vita religiosa del popolo christiano" (história da vida religiosa do povo cristão).

Essa distinção não está muito longe da que se observa entre folcloristas, para quem, na perspectiva tradicional, a religião popular, reduzida a um corpo de sobrevivências pagãs, de superstições e de gestos mágicos, apenas penetrada por traços de sincretismo pagão-cristão, se organiza como uma religião diferente, porém concebida como residual e imóvel. Um tesouro, de qualquer modo, ou o que resta dele, e que convém inventariar o mais rápido possível.

Seria artificial aproximar, como faz Carla Russo, essas definições estáticas da proposta por Meslin, baseada em certo número de traços estruturais intangíveis? A religião popular, sendo para ele antiintelectual, afetiva, pragmática, é definida nesses termos: "... o fenômeno religioso se torna popular quando manifesta uma hostilidade à objetivação sistemática da crença religiosa, quando é explosão de afetividades subjetivas e quando pretende religar o divino ao horizonte quotidiano do homem: em resumo, quando ele humaniza o deus para senti-lo mais próximo, e quando deseja captar seu poder através de técnicas que inventa". Podem o historiador social e o sociólogo aceitar sem discussão um modelo onde o caráter "popular" se define a partir de simples traços estruturais da prática?

Tenho minhas dúvidas: a abordagem atual de numerosos historiadores tende antes a fazê-los se interrogar sobre a realidade da religião popular. Não se poderia aplicar à religião popular a pergunta estimulante que Julia, Revel e Certeau formularam a propósito da cultura popular, da qual ela não é, afinal, mais do que uma área, indagando se esse conceito sedutor não se beneficiaria da "beleza do morto". Em outras palavras, se o surgimento do termo no século passado, nos escritos positivistas dos folcloristas, não seria o resultado do fim da civilização que abrigava as suas realidades, ao mesmo tempo destruída e transformada em objeto de estudo ou de coleção?... A religião popular não seria senão um artefato fabricado pela ciência da segunda metade do século XIX?

Sem retomar todos os argumentos à sua disposição, os historiadores atualmente se questionam. A redução a uma dialética povo-elite lhes parece empobrecedora, limi-

MICHEL VOVELLE

tando o debate a um confronto caricatural. Eles se inquietam, também, diante da imobilidade de uma religião popular acrônica, toda pronta, incapaz de se enriquecer, mas no máximo de se desagregar, pouco a pouco, ao longo dos séculos. Em termos históricos, que Robert Mandrou propõe, em 1961, um modelo de estratificação religiosa para a *idade clássica* em três níveis: piedade de elite, individualizada e aberta às aventuras místicas; religião dos grupos urbanos, fortemente enquadrada e imersa nos gestos da prática, dominada, além disso, pelo medo da morte e da vida eterna; religião do mundo rural, sincretismo de traços da cristianização e de elementos antigos, freqüentemente herdados do paganismo, onde se reencontra talvez, mas reposta em seu lugar, a religião "popular".

No caminho aberto pela abordagem proposta em *Piété baroque et déchristianisation: les attitudes devant la mort em Provence au XVIIIᵉ siècle*, descortina-se uma Sociologia das atitudes em função da participação social que tenta ir mais longe ainda, analisando desde a barraca à loja, dos assalariados urbanos operários ou domésticos ao mundo do mar e aos grupos múltiplos da sociedade camponesa, os quais revelam formas muito diferenciadas de comportamento diante de uma passagem tão essencial como a morte. Onde está, portanto, a religião popular?

Não ignoramos absolutamente, pelo contrário, somos sensíveis ao argumento que se opõe, a essa História quantitativista, se ela se fechar em uma simples sociografia sem ter definido suficientemente seu objeto. Nossa demonstração, compatibilizando os gestos da prática, nada vale se a prática social revelar apenas... a socialização das atitudes para grupos inteiros, e se ela deixa, portanto, na sombra a outra religião que é a parte submersa do *iceberg*, religião popular paralela cujos gestos e ritos passam desapercebidos. Resta perguntar, como já fizeram muitos — nós, inclusive — em que medida, no apogeu da reconquista

O POPULAR EM QUESTÃO

161

católica, a religião popular, mesmo vivida, não se confunde em boa parte com a rede de gestos da prática?

Uma etapa do debate foi vencida com a argumentação apresentada por Jean Delumeau e outros pesquisadores atuais sobre a dialética, historicamente pensada, das relações entre cristianismo e religião popular. Seremos acusados de anexionismo abusivo se, levando até a imprudência o que nos foi sugerido por C. Russo, observarmos que essa abordagem se encontra já entre as páginas muito ricas — mas forçosamente alusivas — que Gramsci consagrou à questão religiosa e ao folclore, tanto nos *Quaderni dal carcere* (*Cadernos do cárcere*) quanto em suas "Osservazioni sul folklore" ("Observações sobre o folclore") (*in Litteratura e vita nazionale*)? Para Gramsci, a religião popular e a religião oficial são duas forças culturais operando dentro de uma relação dialética: em grandes traços, o autor evoca as oscilações da Igreja entre a repressão e o compromisso, desde o Baixo-Império em uma relação de força que ecoou sobre outras realidades profundas, assim como o eixo cidade-campo.

Não é dos mesmos pressupostos metodológicos que parte J. Delumeau, mas a reconstrução que ele propõe, na longa duração, encontra, em certos aspectos, a oscilação secular. Parece-lhe que a Igreja aceitou, durante a Idade Média, o sincretismo pagão-católico, que constitui desde então o núcleo da religião "popular", à medida que ela se elabora. Para ele, antes da mudança dos séculos XIV e XV, a "folclorização" da religião camponesa (se podemos arriscar esse anacronismo) não foi percebida como um obstáculo para a graça. As coisas começaram a mudar a partir da fundação das ordens mendicantes, cuja pastoral é precisamente orientada em direção a essas camadas populares. Ao nível das elites religiosas, nascia, então, a idéia de que a cristandade ocidental ainda estava para se converter em profundidade, para se cristianizar. Essa tomada de consciência culmina na crise do Renascimento: "Tudo se passa como se a cultura escrita e urbana nascida da conjunção do cristianismo, da conquista medieval e do humanismo, se sentisse frágil então e mesmo ameaçada pela extensão de uma cultura rural e oral, cuja imensidade se avaliava então melhor do que antes.

Uma das chaves mestras da pastoral comum às "duas Reformas", segundo um conceito caro a J. Delumeau, foi a imensa campanha de aculturação dirigida aos grupos populares, sobretudo os rurais, que se procura habituar à regularidade do culto. A civilização cristã, na qual a religião durante séculos se confundiu em boa parte com o gestual da prática, consolidou-se, assim, nos séculos XVI e XVII, dominando ainda o século seguinte. Em sua fase de conquista, com uma rudeza notável, esse esforço de aculturação trai sua feição repressiva: é um modelo dominado pelo temor da danação, que é levado ao povo, e a erradicação da religião popular se transforma na caça às bruxas da primeira metade do século XVII. É evidente que a unanimidade e a homogeneidade aparente da prática escondem, de fato, uma realidade mais complexa, isto é, a de que a religião popular não desapareceu. Também a Igreja pós-tridentina teve que aceitar seus compromissos, dos quais o mais usual (e também tradicional) foi a cristianização (até que profundidade?) dos gestos e das festas tradicionais. Lutando por um lado, transigindo por outro, a pastoral ativista conseguiu arrebatar o controle da igreja paroquial, da qual ela havia feito o centro da vida religiosa coletiva, dominando ainda os altares das novas devoções (Santo Sacramento, Rosário) e afastando para o fundo da nave os santos intercessores tradicionais; e ainda mais, relegando-os aos limites das paróquias nas capelas provinciais. Esse esforço avassalador teve seus limites; e foi nesses lugares que a religião popular encontrou refúgio, ainda que ela não tenha assimilado das devoções novas senão uma versão modificada, conforme o perfil tradicional (como o Santo Sacramento ou o Rosário).

Por fim, o conjunto de antigas crenças se esterilizou. Deseja-se prolongar essa perspectiva de longa duração até o século XIX, quando os folcloristas se apropriam do tema da religião popular como parte integrante de sua coleta. O que representa, porém, o que eles descobrem e fixam no instantâneo da palavra escrita, desde o fim do século até agora? Muito mais, me parece, do que restos de um tesouro vindo das profundezas do tempo, a síntese ambígua das antigas contribuições e estratificações da idade clássica, enfim digeridas, "popularizadas" e transformadas em parte integrante da religião popular no campo, no momento mesmo em que as elites se afastam da religião ou se orientam progressivamente para um novo modelo de fé, livre de seus aspectos dolorosos e meticulosos, para retornar à autenticidade de uma "boa nova". Enquanto isso, parte importante das categorias populares novas perdeu contato ao mesmo tempo com as heranças de longa duração e com a prática religiosa; acentuou-se o aspecto residual e como que defensivo da religião popular ruralizada, ainda que esta evolução coloque o problema da gênese de uma outra religião "popular" sem raízes, procurando seus caminhos ou suas formas de expressão nos meios urbanos da sociedade industrial.

Calcar o peso da História sobre a noção de religião popular acarretará, inevitavelmente, contestar os bons fundamentos da enquete sobre as origens? O fato é que os reformadores de todos os matizes do século XVI não lutaram unicamente com uma sombra e que existia perfeitamente uma religião popular estruturada e viva, muito mais ativa do século XIII ao século XVI que no fim do século XIX, quando os folcloristas a estudaram em seu leito de morte. Como a definiremos?

Vimos o universo da "magia", dos terapeutas populares, que lêem a sorte e dos gestos que esconjuram. É com esses traços que a magia é evocada, tanto por Jean Delumeau como por Keith Thomas. Falta ainda chegarmos a um consenso sobre a palavra "magia", sob pena de incorrermos na crítica justificada de certos autores (N. Z. Davis) que nos acusam de nos alinharmos inconscientemente nas posições incompreensíveis e reducionistas do poder religioso.

E. Le Roy Ladurie autopsia em "Montaillou" o que ele denomina "carneiro de cinco patas" da religião popular rural no início do século XIV: uma parte da herança pré-cristã, uma parte de heresia albigense, uma parte de materialismo popular, para duas partes de Cristianismo (provavelmente para arredondar a conta). Ele insiste no fato de que o setor das práticas mágicas (taumatúrgicas ou outras) ocupa apenas um espaço muito reduzido, sobretudo em relação a uma escatologia complexa que conserva entre os habitantes rurais um papel aparentemente desmesurado, se organizando em um, aliás, em vários sistemas elaborados sobre o outro mundo, como as relações entre mortos e vivos. Para Montaillou, a religião popular, em suas próprias contradições e incoerências, reveste-se ainda de toda a riqueza de uma visão superabundante do mundo.

Em que medida se pode generalizar a partir de um caso limitado a uma área que continua excepcional como Montaillou?

Interrogar atualmente os historiadores sobre esse ponto, é o mesmo que se defrontar, não com um modelo de religião popular original, mas com dois.

Existe uma "outra religião" das origens, essencialmente pré-cristã, mesmo sob seus disfarces ocasionais. Ela foi detectada por C. Gaignebet na análise do fenômeno carnavalesco a partir de dados do folclore e — um pouco — a partir da História. Do Natal à Páscoa, o período carnavalesco, numa ampla definição, permite reencontrar dentro do calendário litúrgico o outro ritmo lunar da antiga religião, cujo movimento das almas — cativas e depois liberadas, para finalmente serem atraídas pela lua — forma o segredo; e que a mitologia popular celebra consciente ou inconscientemente, desde o gás intestinal da desibernação do urso até as atribulações do gigante Gargântua, como também a festa carnavalesca.

Em oposição a esse modelo da religião popular original ressuscitada (mas será totalmente oposto?), dispomos de uma leitura inteiramente diversa na obra essencial de M. Bakhtine sobre Rabelais e a cultura popular no século XVI, malgrado uma certa identidade de fontes (o folclore). A cultura popular não é para Bakhtine um conjunto de crenças mágicas ou risíveis perpetuadas (mas em que estado!) até a aurora da Idade Moderna. Bakhtine nos previne antecipadamente, de maneira tópica, contra a imperturbável seriedade da reconstrução de C. Gaignebet. Para ele, a religião popular é antes um conjunto de atitudes e comportamentos, uma dinâmica, em uma palavra, fundada na inversão dos valores e das hierarquias, na corrosão do riso e da loucura, opondo uma contraleitura espontânea e constantemente desmistificadora à religião e à ordem oficial. Tese instigante e reveladora, mesmo que suscite inevitavelmente interrogações e reticências. Não estaríamos, desse modo, nos arriscando a fazer da cultura popular, assim definida, uma nova criatura da imaginação, tão intemporal quanto a dos folcloristas do passado, definindo de imediato a sua identidade: valores positivos e contestadores = cultura popular? (O que corresponderia a negar *a priori* os fantasmas populares nascidos do sono da razão, como ainda as criaturas nascidas do medo ou do terror popular. Basta pensar na recorrência da Morte Negra sobre a sensibilidade das massas no tempo das danças macabras...)

Entre esses dois modelos — estático (a religião popular original de Gaignebet) e dinâmico (a cultura popular segundo Bakhtine) — os mais lúcidos historiadores atuais se questionam e buscam um caminho. Não conhecemos melhor exemplo na produção desses últimos anos do que as ilustrações estimulantes que C. Ginzburg expôs primeiramente em *Beneandanti* e, depois, em sua recente obra *Il formaggio e i vermi* (*O queijo e os vermes*). O universo noturno dos *beneandanti*, os feiticeiros brancos do Frioul, citados nas fontes inquisitoriais do século XVI, que se desdobram durante a noite para irem combater nas montanhas os maus feiticeiros a fim de defender a prosperidade das vilas, cumprindo antigos ritos agrários, mas também, acumulação significativa, a fim de proteger a passagem das almas: eis um universo que nos conduz ao núcleo da religião das origens; ou seja, simplificando muito, a religião de C. Gaignebet.

Recolhido pelo mesmo autor nas mesmas fontes de fins do século XVI, o personagem do moleiro Menocchio — o herói trágico de *Il formaggio e i vermi*, obstinado até a morte — é um herói, segundo Bakhtine. Esse homem do povo, mas que lia, elaborou sua própria cosmogonia, ingenuamente materialista, começando pelo caos original do "queijo" de nosso globo terrestre, no qual se puseram a fervilhar os "vermes" sob forma de anjos e o próprio Deus, verme entre os vermes, fruto de geração espontânea. Exemplo impressionante de criatividade popular, ainda que o personagem seja excepcional, até mesmo mais amplamente informado, e talvez mais representativo do grupo dos "demiurgos" intermediários do mundo social que começamos a descobrir, do que de uma cultura autenticamente oral.

Não devemos contrastar em detalhes o moleiro do Frioul e os *beneandanti*, saídos do mesmo mundo e dos mesmos autos da Inquisição. Não há, de fato, contradição entre os dois estudos. Pelo contrário, confirma-se a idéia de uma plasticidade real da religião popular; e rejeita-se a idéia de uma passividade das massas conservadoras, ou receptoras à força, à uma mensagem imposta.

Com essa reflexão preliminar, verificamos que estamos longe de nosso ponto de partida. A religião popular que se pode propor como objeto de estudo não é uma realidade imóvel e residual, cujo núcleo seria uma "outra religião" vinda do paganismo e conservada pelo mundo rural: pelo menos, não exclusivamente. Ela inclui também todas as formas de assimilação ou de contaminação e, sobretudo, a leitura popular do cristianismo pós-tridentino, como também — por que não? — as formas de criatividade especificamente populares (os cultos revolucionários de 1794?). Essa definição reformulada é a uma só vez mais flexível e aparentemente mais hábil em satisfazer o historiador. Não se deve elidir que ela impõe igualmente um caderno de tarefas mais graves. Na caça ao tesouro, se implanta a pesquisa de uma realidade muito mais fluida e dinâmica, em um domínio onde as técnicas de abordagem e utilização das fontes colocam de saída uma série de problemas.

As dificuldades de uma pesquisa

O etnólogo e o folclorista dispõem, para abordar o problema da religião popular, de uma multiplicidade de fontes e procedimentos comprovados, cujo centro é a pesquisa de campo, concedendo amplo espaço à oralidade. O historiador interessado em abordar essa área de pesquisas descobre muito rapidamente o peso dos silêncios que recaem sobre tudo que diz respeito à cultura popular. Não podendo recorrer à pesquisa oral, segundo me parece pelo menos à primeira vista, ei-lo dependente de fontes que excluem o testemunho direto dos interessados, e forçado a se colocar na perspectiva externa, e freqüentemente hostil dos que tiveram a função de controlar e punir... Primazia das fontes de repressão, com todo o peso das deformações e das omissões que essa leitura implica.

Mas é preciso ter astúcia: o historiador trabalha em princípio com uma exploração diferente ou "tendenciosa" de fontes que podem ser chamadas tradicionais: as visitas pastorais, como nos foram mostradas por R. Chanaud a partir de um amplo material do monsenhor Le Camus na diocese de Grenoble, ou melhor ainda, os documentos preparatórios da visita, produzidos pelo próprio vigário, como por exemplo o de 1733 que R. Devos teve a sorte e o mérito de encontrar em Combloux, na Savóia. Convém esclarecer se, como supõe o autor, os documentos encontrados em vários locais na Savóia representam mais do que curiosidades das dioceses regionais. Quando o relatório de visita pastoral faz alusões, às vezes desenvolvidas sobre as práticas populares, sob a rubrica de faltas e infrações, a descrição apresentada traz, então, toda uma série de dados, tanto sobre o objeto das devoções (nas capelas da Igreja paroquial ou do município distrito) como sobre os temas que as motivam (a doença, a morte, os flagelos naturais...). Provavelmente, o caráter fragmentário e parcial desse olhar projetado sobre a população rural por um cura vindo da cidade, impregnado de uma outra cultura e de uma leitura repressiva do ofício paroquial, permanece como uma visão do exterior, da qual é preciso fazer surgir, como um negativo ou filigrana, os traços de um sistema diferente de crenças e de comportamento.

O que denominamos exploração "diferente" das fontes clássicas está ligado à rubrica essencial das fontes de repressão propriamente ditas, valorizando as situações de ruptura ou de desvio, em uma palavra, da patologia social da época. Desde as repressões às faltas até a disciplina social, familiar ou sexual, e daí à caça às bruxas da primeira metade do século XVII, todo um conjunto de fontes se oferece aqui, cuja exploração já é conhecida na historiografia francesa (Mandrou, Muchembled), anglo-saxã (Trevor-Roper, Keith Thomas) e italiana (Romanello, Ginzburg). De uma abordagem que se projeta a partir das posições dos que olham e julgam (Mandrou, *Magistrats et sorciers...* (*Magistrados e feiticeiros*)) chega-se às que tentam o perigoso exercício de passar para o outro lado da barricada, para dentro do universo da "feitiçaria (que) parece trazer o testemunho de um mundo em retrocesso, combatido..." (P. Chaunu), postulando "um mundo imóvel ou quase, uma mentalidade popular à base de crenças mágicas...". Menos ainda que as precedentes, essas fontes não estão livres de perigo para quem pesquisa esse mundo em sua autenticidade: não era o olhar do inquisidor que fazia nascer, no século XVI, o feiticeiro ou a feiticeira, e que reunia fantasticamente, sob a mesma intenção diabólica, o conjunto, embora mesmo anódino, de conjurações, gestos mágicos, heranças inocentes da "superstição" do paganismo? Amálgama que, sem dúvida, não pode ser acolhida sem exame.

Nessa rede de fontes, no mínimo "policiais", uma transição se opera em termos de laicização, tornando-se muito perceptível durante a segunda metade do século XVIII, no momento em que a elite do Iluminismo — estatísticos ou viajantes — começa a observar os traços dessa religião popular com um "olhar frio", muito a Stendhal, que anuncia o antropólogo e o folclorista. Nossa periodização é exageradamente simplificadora, como convém aliás, não sendo difícil propriamente encontrar na tradição humanista do século XVII (ver Peiresc ou Gassendi) o prenúncio de um olhar não clerical e já científico voltado para as tradições e costumes populares, se incluindo nessa rubrica os eruditos de Aix, no século XVII, que se interrogam sobre a origem dos jogos da Festa de Deus. Inversamente, a perspectiva do padre se pode mostrar menos severa e mais compreensiva, encontrando-se na Provença, um maravilhoso pequeno manual sobre os hábitos e costumes marselheses, publicado em 1685, da autoria de um padre local, Marchetti, que é uma descrição preciosa, nos limites mesmo de seu pressuposto ideológico (provar o fundamento da cristianização nas heranças do paganismo, ou seja, uma apologia do método laxista contra o método terrorista). A religião popular urbana sai, porém, aclarada desse registro, com o cortejo das "mulheres boas" marselhesas, suas conjurações, velas verdes, e as festas e procissões onde se confundem todas as heranças culturais que incidem sobre a cidade.

Estão lá, todavia, estatisticamente, os documentos que anunciam e precedem a mutação do Iluminismo. É então que aparecem os médicos (Achard, autor do *Dictionnaire de la Provence*, em 1787), ensaístas (Bérenger, autor de *Soirées provençales*) ou os sábios eruditos oficiais, que começam a percorrer a França em busca de tesouros arqueológicos e artísticos. Millin, autor do *Voyage dans les départements du midi de la France* (*Viagem aos departamentos do Sul da França*) realizado durante o Império, entre 1800 e 1810, seria para a região alpina e provençal o representante típico dessa curiosidade que descreve os costumes e tradições profanas e religiosas, exatamente quando elas se tornam para ele a expressão do exotismo de uma outra época, sem ornamentar-se ainda (não estamos longe

O POPULAR EM QUESTÃO

porém) com a beleza da morte. Exemplo típico, porém não
único: modelados na mesma forma, os prefeitos consulares
das estatísticas do tempo de Chaptal, depois os prefeitos
imperiais, seguidos pelos da monarquia censitária, também
consagraram um lugar para a descrição dos costumes de
seus administrados (ver Delacroix no Drôme, ou Ladoucette
nos Altos Alpes). Eles não são simplesmente continuadores
dos agentes da pastoral pós-tridentina. Os curas e visitantes
combatiam diretamente o diabo, enquanto uma indiferença, matizada de desprezo em relação às coisas mortas, tem-
pera um interesse que irá se desenvolver ao longo do século XIX, chegando até os folcloristas eruditos dos anos
1860 a 1880 ou 1900. Esses por sua vez são colecionado-
res: eles recolhem vestígios do que ainda está vivo no mundo rural de seu tempo. Para ficar na área meridional, citamos *Réminiscences populaire de la Provence (Reminiscên-
cias populares da Provença)* de Bérenger-Féraud: mas não
teríamos dificuldade em encontrar similares em quase todos os departamentos. É com essa geração — que anuncia
os folcloristas contemporâneos e prepara os relatórios que
serão depois citados de um estudo a outro, como eco das
últimas recordações recolhidas de uma civilização moribun-
da — que começa a nascer esse "tesouro" do qual havíamos falado inicialmente: reunião insubstituível de dados,
mas ao mesmo tempo um acervo sem profundidade histórica, para desespero do historiador.

Do anátema dos atores da Contra-Reforma ao olhar
fixo e um tanto irônico do Iluminismo, prolongados na
primeira metade do século XIX pelo enlevo, freqüentemente, nostálgico dos folcloristas de fim do século, se acumu-
lam, preciosos e suspeitos, os testemunhos sobre a religião
popular dados de fora pelos representantes das elites: são
feixes de informações que se conservam ainda hoje como
essenciais. Mas não podemos procurar em outras fontes testemunhos mais diretos e, portanto, mais autênticos? Não

é por não terem produzido por si mesmos um discurso escrito sobre sua religião — e por isso mesmo — que as pessoas do povo — camponeses ou citadinos — estarão reduzidas ao silêncio. Convém, porém, para fazê-los se exprimirem, valorizar outras fontes além da escrita, pesquisando: o que se faz (a crença expressa em gestos), o que se vê (iconografia e arqueologia) e o que se diz (pesquisa sobre a tradição oral).

Em resumo, tomar a religião popular em ato? Esse programa deixa intacto o problema das fontes, pois ele impõe ou a observação direta das sobrevivências atuais ou a descoberta de vestígios escritos de práticas passadas. Ambos os caminhos têm sido atualmente postos em prática. Tomaremos como exemplo do primeiro, a pesquisa feita sobre as peregrinações na Europa contemporânea, sob a direção do professor Dupront. É uma ilustração exemplar do método regressivo, que utiliza a observação das sobrevivências atuais da religiosidade popular pânica para remontar à cadeia dos tempos e melhor compreender as formas passadas. Esse método pode ser aplicado a outros estudos, tais como peregrinações particularmente maciças e significativas, e também festas (a festa votiva ou de padroeiro, atualmente). Ela supõe, em todos os casos, uma convergência pluridisciplinar (com a colaboração de etnólogos, historiadores, arqueólogos...) e enfoque freqüentemente comparativo. Pode-se encontrar nas sociedades frias, conservadoras das tradições (como o Sul da Itália), a explicação retrospectiva dos tipos de festas e peregrinações recorrentes nas sociedades rurais, já existentes desde uma etapa anterior. Pode-se afirmar, tendo em vista uma monografia determinada, que a pesquisa de Régis Bertrand sobre a peregrinação de *Notre-Dame des Œufs* (Nossa Senhora dos Ovos) em Gréoux, na Provença, é uma demonstração desse procedimento, remontando à descoberta atual da peregrinação.

O POPULAR EM QUESTÃO 173

para completar uma pesquisa regressiva, combinando dados de arqueologia, pesquisa oral e documentos escritos, na duração muito longa.

Convenhamos: a maioria dos gestos de que tratamos só existem agora em estado fóssil. É preciso reencontrá-los nos escritos que, escapando à mediação do discurso das elites, registram sem rodeios os comportamentos e atitudes do passado: confissões extorquidas ou involuntárias, mas por isso mesmo indiscutíveis. Realizamos uma pesquisa desse gênero sobre os gestos rituais e as atitudes coletivas diante da morte em Provença no século XVIII, a partir de cláusulas de testamentos. Acompanhamos, ao longo de um estudo serial, o triunfo, tanto entre o povo como na elite, do ritual "barroco" da morte em seu apogeu (1680-1720 até 1730); e, em seguida, a sua ruptura e declínio na segunda metade do século. Temos consciência, trilhando esse caminho, de haver observado em ato uma mutação importante, e não meramente formal, da sensibilidade coletiva.

A pesquisa a partir de comportamentos registrados pode ser conduzida mediante outros "indicadores", como se diz atualmente. Quem se interessar pelo estudo das atitudes familiares diante da moral cristã pós-tridentina poderá acompanhar, como fizeram Jean-Louis Flandrin, J. M. Gouesse e outros, as curvas de registros paroquiais do Antigo Regime, taxas de gravidez e nascimentos ilegítimos, abandonos de crianças e pedidos de dispensa de proclamas por consangüinidade. Em uma outra linha de investigação ainda, poderá seguir a observância aos períodos de proibições para casamento ou concepção (Advento, Quaresma), assim como os prazos para batismo dentro dos três dias seguintes ao nascimento. Todas as séries que permitem medir o grau de observância às disciplinas impostas, e por meio disso, da "cristianização dos gestos, mas também o inverso, ou seja, a persistência de sistemas diferentes (as intimidades pré-nupciais) que escapam ao controle da Igreja. O que não quer dizer, absolutamente, que os grupos pouco representados no quadro das disciplinas coletivas sejam por isso menos "religiosos". Damos como exemplo os marinheiros e pescadores marselheses, cujas devoções originais e prolixas são bem conhecidas aliás, porém muito escassamente representados na relação dos grandes pedidos de missas, casando-se em todas as estações e particularmente na Quaresma, quando os embarques na primavera "para comércio" lhes impõem regularizar suas atividades de inverno. Mas é porque sua religião não passa pelas expressões oficiais.

A partir desse exemplo, essa abordagem expõe seus limites: o cômputo dos gestos (quando não se trata de gestos de recusa ou desobediência) pode fornecer um índice sobre a amplitude da cristianização das atitudes populares, como também das formas que estas assumem; pode evidenciar também, porém vazio, os empréstimos tomados de outro sistema preexistente...

Pode-se esperar da iconografia, e mais amplamente da arqueologia ou da análise do mobiliário religioso e do espaço sagrado, uma outra ordem de informações. Não que se deva ver nisso produções espontâneas de uma criatividade popular se exprimindo diretamente e traduzindo graficamente suas representações coletivas. Na maioria dos casos, é uma dialética mais sutil que se exprime: a imagem "popular" não é popular porque os produtores calcam sua produção nas demandas de um público popular, mas porque a fazem dentro de um quadro de normas determinadas. A ornamentação interior das igrejas (quadros e retábulos) não exprime a evolução das representações coletivas senão por intermédio e sob controle, e até pela iniciativa, dos sacerdotes que fizeram as encomendas, como também pela mediação da linguagem do artista. O ex-voto mesmo, fabricado a pedido e respondendo a uma necessidade indivi-

O POPULAR EM QUESTÃO 175

dual, se faz nos moldes de uma expressão codificada. Mais do que uma representação sem desvios, a imagem, objeto ou lugar se apresentam assim mais freqüentemente como expressão de um compromisso, ou mais ainda, de um conflito. Assim, como se verá, ocorre na decoração interior das igrejas paroquiais, como também nas capelas rurais e cemitérios...

Não esperemos, pois, absolutamente que a fonte iconográfica ou arqueológica apresentem a religião popular em liberdade, sob a forma, digamos assim, do diabo de Bessans. O exemplo é claro demais para que possa ser negligenciado. Esse diabo chifrudo e careteiro foi usado pelos fabricantes de retábulos de Bessans na idade clássica ou barroca, segundo alguns. Mas ele está acorrentado e atemorizado pelos santos intercessores, representando ao mesmo tempo os perigos das montanhas e as antigas divindades pagãs, Júpiter e outras, ali refugiadas e respeitadas. Triunfo da Igreja sobre a solidão das alturas, da pastoral voluntária sobre os velhos temores... Mais tarde, sai um espírito mau desse meio de escultores de madeira banidos da Igreja pela estatuária sulpiciana do século XIX, e vem uma noite colocar, sobre a janela do cura de Bessans, a efígie contorcida do diabo "laicizado"... não mais acorrentado, mas em liberdade, representação simbólica do outro mundo, emancipado da Igreja, que encontra seus demônios familiares. O diabo de Bessans, porém, qualquer que seja o alcance simbólico da anedota para se compreender as aventuras da religião popular, permanece como a curiosidade que confirma a regra enunciada mais acima.

Podemos classificar as séries mais maciças de iconografia religiosa popular, no sentido mais amplo do termo, segundo o partido que é lícito tirar delas. Em primeiro lugar, se apresenta a imagem religiosa, talvez o mais direto objeto de estudo, como expressão de devoções coletivas mas de uso doméstico ou individual. Recentes estudos sublinharam seu interesse na Itália (A. Vecchi, *Il culto delle immagini nelle stampe popolari* (*O culto das imagens nas gravuras populares*)); a França começa a praticar a pesquisa sistemática, e um recente trabalho foi consagrado à imaginária popular de Avignon (M. Mus, tese de mestrado, manuscrito, Aix, 1973). Esse notável estudo, seguindo, na longa duração, a produção de um centro em sua temática e suas representações, desde as imagens do século XVII à litografia do século XIX, observou o caráter arcaizante de uma forma de expressão que se mantém em contato com a sensibilidade popular: santos hieráticos "em representação simples", a importância esmagadora das devoções tradicionais (as Virgens de tradição mais do que a Virgem do Rosário, e os santos intercessores locais), enfim uma extraordinária estabilidade de traços e de temas até meados do século XIX. A passagem da imagem à litografia em nada se desvia dos modelos recebidos.

Qual é, na iconografia e mobiliário das igrejas, capelas e lugares sagrados, a parte que pode ser creditada a uma religião popular e a que define, retomando uma expressão de Boglioni, uma religião "popularizada"? Sentimo-nos tentados a valorizar a segunda hipótese, no caso dos objetos de devoção coletiva, de uso pela comunidade e colocados pela Igreja para veneração dos fiéis. Isso seria uma interpretação provavelmente apressada: as visitas pastorais da idade clássica indicam uma atenção acentuada, e raramente benevolente, em relação aos quadros e estátuas constantemente suspeitos de "indecência" no sentido antigo e moderno do termo. Por aí mesmo, se revelaria a herança de um período menos controlado — correspondente à Idade Média no sentido amplo de J. Delumeau? — durante o qual uma índole mais espontânea (e portanto popular?) pôde exprimir os traços do cristianismo vivido, mesclado com sobrevivências pagãs.

A exploração desse filão de informações iconográfi-

O POPULAR EM QUESTÃO

cas, e na perspectiva que nos interessa, está ligada a muitos níveis e etapas de uma descoberta progressiva. O mais simples, ou mais elementar em aparência, é o estudo dos quadros, estátuas e retábulos das igrejas e capelas. Esta é a pista que exploramos, com a colaboração de Gaby Vovelle, em um estudo temático, *Vision de la mort et du salut en Provence, d'après les autels des âmes du purgatoire, XVe-XXe siècle* (*Visão da morte e da salvação na Provença, segundo os altares das almas do purgatório, século XV ao século XX*), como também a que foi utilizada em uma pesquisa exaustiva sobre um local privilegiado, pela equipe organizada por V. L. Tapié para o estudo dos retábulos barrocos bretões.

O que podemos esperar dessas fontes? Cremos ter mostrado em *Vision de la mort e du salut*... como, apesar de a iconografia dos retábulos ser um reflexo de ensinamentos transmitidos de cima para baixo, nela se inscrevem, na longa duração, as mutações da sensibilidade coletiva em relação à vida, à morte e ao outro mundo.

As fontes atuais de pesquisa enfatizam uma outra fonte serial, hoje ativamente investigada: os ex-votos. Pode-se, a partir desses documentos ainda numerosos apesar das perdas, destruições e roubos (5 mil na Provença, segundo as observações de B. Cousin, e muitos milhares em Oropa, no Piemonte), esperar encontrar a crônica da sociedade no passado por intermédio do acidente, da doença, da morte evitada, do milagre. Em comparação à imagem popular, o ex-voto afirma sua originalidade de testemunho individual, mesmo que ele se produza sob forma de uma expressão estereotipada, e se preste ao tratamento quantitativo de longa duração: o ex-voto pintado ou esculpido, de todos o mais explorável, iniciando-se no século XVII, excepcionalmente no século XVI, para continuar até a época contemporânea. Será o ex-voto um testemunho de religiosidade "popular"? Não nos apressemos em afirmá-lo prematuramente, julgando a partir de sua popularização crescente, e muito acentuada, do século XIX ao século XX; entretanto, as elites do século XVII não desdenharam de recorrer a esses testemunhos. Sem antecipar esses comentários, podemos observar que os estudos realizados há anos pelos pesquisadores provençais coincidem com um movimento de interesse geral, testemunhado, por outro lado, pelas pesquisas dirigidas por M. Mollat sobre os ex-votos marítimos do Ponant. Dois enfoques de pesquisas na área meridional ilustram duas alternativas possíveis e complementares. Christian Loubet explora a área piemontesa de Notre-Dame de Oropa, próxima a Biella, que se impõe por sua excepcional riqueza até muito recentemente, enquanto na maioria das localidades francesas, a placa de mármore anônima suplantou em geral o ex-voto figurativo. O estudo de um local consagrado por seus ex-votos se insere, para ele, em uma abordagem diversificada, recorrendo tanto às fontes escritas (fundações, milagres), como também à tradição oral, valorizando uma área experimental a partir de uma bateria de fontes complementares. Bernard Cousin, por sua vez, explora um conjunto maciço de 5 mil ex-votos provençais que ele registrou em sua homogeneidade.

Esse tratamento serial sistemático exige métodos de análise e tratamento de dados que somente a informática pode fornecer. Imagens, quadros, retábulos, ex-votos: as contribuições atuais da iconografia ao estudo da religião popular se organizam hoje em outros tantos campos de pesquisa. Pareceríamos extrapolar abusivamente e pecar por anexionismo se insistíssemos sobre as inundações atuais dessas pesquisas em duas direções? A primeira é sua extensão a objetos de estudo fora dos quadros da iconografia ou da arqueologia tradicionais, a elementos que deveriam antes interessar ao historiador da vida material. Assim, as contribuições reunidas na Savóia, tanto em Combloux como em

O POPULAR EM QUESTÃO

Brison e Mont-Saxonnex, nos mostram, por caminhos bem diferentes, a função do sino ou dos sinos na religião popular, duplamente como meio de comunicação e como objeto mágico, cujo ruído afasta as tempestades e afugenta os demônios. Citamos, nesse caminho, os estudos recentemente realizados sobre a linguagem dos dobres de finados no Sudeste da França (J.C. Bouvier). Entre o sino e o campanário, lugar reivindicado (ou "grilado") pela comunidade para usos múltiplos, conforme denunciou o cura de Combloux, se estabelece uma cumplicidade, subtraindo uma parte da Igreja ao controle do clero. Assim a reivindicação do sino como propriedade intocável está no centro da luta contra o "vandalismo" revolucionário. O sino conserva o valor múltiplo e denso que lhe atribuía Schiller, o "grande poeta popular", como escreveu Aragon.

Porém, o que se diz de um objeto pode-se dizer de um local: e o exemplo no qual pensamos é o do cemitério, que tem igual peso nas recriminações do cura de Combloux. Lugar onde se insere o confronto entre a leitura estrita do clero pós-tridentino, preocupado com a decência e o respeito, e a sua apropriação coletiva por uma civilização provinciana que associa sem remorsos o mundo dos mortos ao mundo dos vivos. Estão em curso estudos sobre o cemitério da Idade Clássica ao século XIX, como o de M. Bée, "Les cimetières du Calvados en 1801" ("Os cemitérios de Calvados em 1801"), no número especial dos *Annales de Normandie* (*Anais da Normandia*) sobre a vida religiosa no século XIX. Espera-se uma investigação sistemática das formas laicizadas de culto aos mortos no século XIX, do qual o cemitério torna-se, então, o centro.

Um estudo de J. O. Majastre ilustra essa abordagem, a partir de uma pesquisa sociológica, associando em um quadro regional (*Isère*), o levantamento de campo (uma arqueologia dos vestígios do culto aos mortos nos séculos XIX e XX) com a pesquisa oral sobre as atitudes coletivas que condicionam aquelas expressões figurativas, constatando de maneira reveladora a discordância atual entre o triunfo do cemitério — varrido, polido, limpo enfim — e a debandada dos rituais coletivos ou familiares em torno da morte. Refletiria o cemitério atualmente o remorso de uma sociedade que perdeu a impressão de ter realmente se posto em ordem com relação a seus mortos?

Esse tema introduz justamente à outra forma da escalada atual a partir do estudo da iconografia, isto é, o enfoque que leva cada vez mais em conta o plano do espaço sagrado da região. Desde os trabalhos dos discípulos de A. Dupront (M.-H. Froeschlé-Chopard, L. Chatellier) e em continuidade a certas sugestões anteriores (M. Agulhon em *Pénitents et francs-maçons (Penitentes e franco-mações)* descobriu-se não somente na Provença, mas também na Alsácia, além dos Alpes, a importância da rede de capelas provinciais, oratórios e cruzeiros, como lugar de fixação e refúgio, das antigas devoções populares ou popularizadas às Virgens protetoras ou aos intercessores locais na época do rigor pós-tridentino. O remanejamento que se operou na igreja paroquial, relegando ao fundo inferior da nave os "santos de porta", afeta o espaço em seu conjunto, marginalizando a antiga religião popular. Esta, por sua vez, conserva e reforça seu contato com os lugares naturais (florestas, fontes, grutas) que perpetuam locais de culto muito antigos desde o paganismo. Em *Notre-Dame des Œufs*, nos Alpes da Alta Provença, se encontra no local da acrópole, uma fonte mesmo esgotada e um abrigo sob a rocha. Os montanheses de Brison e de Mont-Saxonnex na Savóia, citados mais acima, são habituados ao ar livre e praticam sua religião em céu aberto, em um mundo povoado de presenças maléficas ou não. A iconografia nos levou bem longe do ponto de partida, à arqueologia dos lugares sagrados, e mais ainda, na ausência de vestígios, a uma geografia histórica das crenças, as quais conforme lembrou Ph. Joutard, se ancoram facilmente em acidentes naturais e se enraízam em uma determinada paisagem.

Deixando para o final as fontes que recorrem à oralidade ou ao oral escrito, não pretendemos marcar nossa distância em relação à ótica do folclorista e do etnólogo, mas antes retomar essas fontes privilegiadas dentro de uma rede de abordagens complementares. Assim fazendo, talvez esteja traindo também o embaraço do historiador diante de uma fonte que lhe parecia rebelde até os trabalhos de Ph. Joutard.

A comunicação muito pessoal que apresentou um pesquisador de campo, Arsène Bourgeaux, sob o título "Interférences religieuses dans les mentalités populaires à Brison et Mont-Saxonnex en Faucigny" ("Interferências religiosas sobre as mentalidades populares em Brison e Mont-Saxonnex no Faucigny"), graças à sua abundância e riqueza, pode ser lida em diversos níveis. A. Bourgeaux é, além de erudito e sábio, também um contador de histórias. A abordagem que ele segue, encadeando temas por associações e permitindo-se digressões, é a do discurso cuidadosamente recolhido. Pode-se, a partir de uma pesquisa nesses moldes, apreciar o que podem trazer as fontes da tradição oral: provérbios, contos, relatos, canções, lembranças em profusão. O autor tem, porém, a sabedoria de não excluir o oral-escrito, as miudezas das crônicas de jornais locais ou de outros documentos que fixaram a oralidade... e a partir dos quais também, às vezes, se enriquece e desenvolve a tradição oral. O que aparece em estado nascente na coleta de A. Bourgeaux, se traduz em um tratamento sistemático nos estudos de R. C. Schüle, Ph. Joutard e C. Joisten, que ilustram, cada qual à sua maneira, as técnicas atuais de pesquisa. R. C. Schüle e Ph. Joutard desenvolveram pesquisas temáticas, um sobre relatos referentes ao nascimento em uma região alpina, e outro sobre a "superstição" em Cévennes. No primeiro caso, duas investigações sucessivas realizadas nos últimos decênios permitem apreender em ato as mutações do quase-presente, e a desestruturação de uma herança plurissecular: a pesquisa oral se articula à História ao nível do tempo curto da época muito contemporânea. Esse procedimento é mais dificilmente aplicável às propostas de tempo longo de Philippe Joutard, que se interroga sobre as formas de repressão praticadas durante quatro séculos. A associação entre o testemunho histórico escrito e a pesquisa oral se afirma aqui particularmente fecunda. Charles Joisten completa perfeitamente essa revisão de métodos atuais, demonstrando a conduta complementar e essencial à utilização da pesquisa oral, acrescentando a coleta de etno-textos, elementos indispensáveis a qualquer pesquisa futura. É verdade que ele foi bastante favorecido pela personalidade de sua informante, Marie Vasserot, moradora de Réotier, nos Altos Alpes, que expressa sobre a morte uma visão à primeira vista muito pessoal, mas ao mesmo tempo reflete as heranças e leituras aprendidas. A tal ponto que, finalmente, os fantasmas do sensitivo do Alto Embrunais se inscrevem em uma relação quase normal de trocas entre vivos e mortos, na qual se reflete uma longa tradição histórica.

Em sua ambigüidade, preço de sua riqueza, o etno-texto aparece claramente aqui como o elemento de base de toda pesquisa futura a partir do oral ou do oral escrito, uma das fontes às quais o historiador se deve habituar.

Não é preciso dizer, e o historiador retoma aqui toda a sua aspereza crítica, que o recurso ao oral, mais ainda que outras fontes, desperta a consciência das dificuldades específicas no tratamento das fontes relativas à religião popular ao se fazer dela um objeto da História.

Trabalhar com o silêncio

A coleta de dados, para todas as direções para onde ela leva, tende a mascarar as armadilhas de sua prática. Não há métodos fáceis para reconstituir a religião popular, e todos os procedimentos de abordagem devem enfrentar as dificuldades comuns ou particulares de cada fonte. A mais geral se prende à necessidade (exceto na pesquisa oral) de recorrer a uma abordagem indireta das expressões de comportamento coletivo. Essa é uma História feita de silêncio: silêncio dos interessados e silêncio mantido pela sociedade, dos quais não faltariam exemplos em todos os domínios para ilustrar essa afirmação. Na História da festa, onde as conotações religiosas são essenciais, assistimos ser posta de lado e passar em silêncio toda uma rede de heranças muito antigas. Assim, é quase impossível, no mínimo excepcional, fazer a história do carnaval por outro meio que não os textos da repressão. As saturnais contestadoras do carnaval não são as únicas compreendidas nesse caso; também as peregrinações secretas e manifestações lúdicas insólitas se incluem nesse silêncio. Para dar um exemplo saliente, os habitantes de Gras não se debruçaram jamais sobre as *jouvines,* esta herança das *juvenaliae* antigas — rito de passagem durante o qual rapazes e moças demonstram seu vigor em um concurso do mais belo jato de urina.

Também não é necessário procurar o incongruente e o galhofeiro. Em um domínio mais austero, é em um detalhe de uma frase de monsenhor Soanem, bispo jansenista de Senez ("Tout le mal se fait au cimetière" ("Todo o mal se pratica no cemitério")) que se descobre que, nos últimos anos do século XVII, os montanheses da Alta Provença faziam ainda, sobre o túmulo dos defuntos do ano, repetidas oblações de pão e vinho. Da mesma forma, tratando-se das atitudes diante da vida, o sistema de intimidades pré-nupciais entra no quadro dos "segredos funestos", que os confessores denunciam... sem dar, contudo, a receita.

As contribuições reunidas nessa resenha demonstram muito diretamente as dificuldades que existem ao se tentar penetrar o silêncio; e, provavelmente, a pesquisa de Cévennes mais do que todas as outras. Quando Philippe Joutard começou sua pesquisa, estava aparentemente em contradição com a força estabelecida de um pressuposto: a superstição não existe nas áreas de onde a Reforma extirpou a magia. Da mesma forma que Danilo Dolci encontrou no Sul da Itália zonas silenciosas, tão deserdadas que a população local não canta absolutamente, admite-se que nada há a esperar do silêncio de Cévennes. Essas idéias preconcebidas não deixam de ter uma parte de verdade, e aprendemos com Ch. Joisten que, embora haja regiões com e sem contadores de histórias, também se pode, apesar disso, fazer falar uma área reputada como silenciosa (os Altos Alpes). A obstinação se frutifica igualmente na pesquisa de Joutard e Pelen, revelando finalmente, superado o silêncio inicial, a existência de todo um outro sistema que, através de práticas de feitiçaria e também de crenças relativas à morte, perpetua o pensamento mágico.

Quer se recorra à fonte escrita ou à pesquisa oral, decifrar o silêncio supõe um trabalho de reconstrução em negativo ou em filigrana de que falamos certa vez. O exercício não é pacífico a partir dos índices obtidos. O uso das fontes de informação da repressão gera a dependência à ótica do inquisidor e até de seus fantasmas. É irrefutável que, às vezes, nos sentimos mais surpresos do que convencidos, quando a engenhosidade de um pesquisador nos coloca diante de um sistema completo da "outra religião" (a do culto lunar ou das divindades pagãs), como faz Gaignebet em *Le Carnaval* (*O carnaval*). Quem não quiser se deixar atrair por essas seduções deve-se acomodar às debilidades reais de suas fontes.

E essas fontes são pobres. Apresentando o acervo impressionante das visitas pastorais de monsenhor Le Camus, R. Chanaud insiste, contudo, e corretamente, sobre o que não se pode esperar delas. Conduzidas dentro de uma visão pastoral precisa, aquelas enquetes não foram feitas para nós. É nas franjas do universo paroquial controlado por elas, que podemos, ao invés, somente advinhar ou entrever o outro mundo, ou seja, o mundo das práticas condenadas e proscritas, da religião e dos comportamentos populares. Uma visão em negativo — ou oca, para retomar uma expressão de Dominique Julia — a partir da qual, porém, o autor nos mostra como, no próprio interior da esfera da religião oficial se advinham os traços de uma outra religião, projetada na relação dos santos de grande sucesso, como também na persistência, ao lado das novas confrarias controladas de cima para baixo (Rosário ou Santo Sacramento), também das confrarias de tradição (O Santo Espírito), fiéis à tradição de sociabilidade do banquete coletivo.

Passando do documento escrito à iconografia, os ex-votos se inscrevem dentro de um modelo imposto, um código freqüentemente muito estereotipado e com número limitado de cenários ("jazendo no leito enfermo", ou, nas cenas exteriores, a charrete virada, o afogamento, a queda, a roda do moinho...). Eles nos dão a tarefa de decifrar, a partir de sinais frágeis (a oração, a adoração, as mãos juntas, um olhar ou um raio de luz), o elo que une o mundo humano à revelação, ou simplesmente a natureza da cena representada (a mãe junto ao berço: criança doente, parto feliz ou criança desejada?). Da mesma forma, em um domínio inteiramente diverso, os testes demográficos, os índices de disciplina ou de desobediência populares (tempos de proibições, interditos, ilegitimidade, prazo de batismo) são rústicos e, freqüentemente, equívocos. É que o caráter elementar da mensagem ainda seria o menor dos problemas, se não estivesse ainda tão envolvido e difícil de perceber. Nós o sentimos a propósito do tema das atitudes diante da morte: dir-se-ia que ele se presta ao segredo devido a toda a rede de tabus e gestos mágicos que cercam a derradeira passagem. Somente a longa duração nos permitiu discernir, através das séries de testamentos ou de imagens aparentemente cristalizadas nos quadros do purgatório, a percepção de uma evolução profunda nas atitudes.

Poderia-se supor que a pesquisa oral, por ser a única que realiza o contato direto procurado com o interlocutor popular, supere esses obstáculos. É engano: ela parece fazer nascer outras dificuldades, entre as quais uma das maiores é a de acentuar ao extremo o aparente imobilismo da religião popular. Pela ótica dos informantes de A. Bourgeaux, como de outros pesquisadores, é um mundo imóvel que se descortina, com suas grandes constâncias (o domingo, o cura, a morte. . .) e seu aspecto de eternidade. É verdade que nosso informante reintroduz o tempo no interior do discurso congelado devido à influência dos tempos fortes de grandes traumatismos (a Revolução Francesa, a separação da Igreja e o Estado). Essa mesma pesquisa, porém, revela com que poder reducionista ou simplificador funciona a memória coletiva: de um a outro episódio (do mais recente ao mais antigo) rola-se perpetuamente. A lembrança da visita de Albitte, representante em missão, em 1794, e a memória dos inventários, em 1905, tendem a se fundir em uma saga única. Compreende-se, a partir desses dados, simultaneamente a irritação do historiador e sua injustiça diante da descrição do folclorista ou do etnólogo, construindo um sistema imóvel ou quase imóvel. Mas compreendemos, também, com que interesse ele acolhe a pesquisa oral atenta à percepção da mudança na longa duração (Joutard) ou na História imediata (R. C. Schüle). A informante de Ch. Jois-

O POPULAR EM QUESTÃO 187

ten ainda tem necessidade de Deus (e quanto!), e das "pobres almas", ao menos de sua família. Ela quase não tem mais necessidade do diabo e, afinal, muito pouco dos santos: toda uma evolução se revela dentro desse balanço.

O pesquisador se encontra, portanto, preso, na aparência, ao dilema entre dois sistemas, não somente de fontes, mas de métodos: de um lado, devido às deformações da pesquisa oral, que lhe dá um contato direto com a religião popular, porém privada de sua profundidade histórica; de outro, devido a toda uma bateria de procedimentos sofisticados que recalibra os fatos na longa duração, porém empobrecidos, reduzidos ao estado de indícios forçados.

Isso impõe um conjunto de medidas, das quais algumas já se delineiam com alguma clareza. Em primeiro lugar, é indispensável a abordagem pluridisciplinar: Régis Bertrand a ela recorre naturalmente, em função do lugar específico que ele descreve (a peregrinação de Bréoux); enquanto Christian Loubet, dentro de um quadro ao mesmo tempo semelhante e diferente, mobiliza toda uma bateria de abordagens convergentes em torno do santuário de Oropa. Pode-se dizer o mesmo da maioria de nossos autores: Philippe Joutard associa, na área de Cévennes, a documentação histórica e a pesquisa etnográfica; Robert Chanaud, explorando os relatórios das visitas pastorais do monsenhor Le Camus, dialoga, por assim dizer, com Van Gennep, introduzindo a dimensão histórica na descrição de zonas reputadas "folclóricas" do século XX. Essa metodologia se impõe em vários casos: para analisar as atitudes coletivas diante da morte recorremos à iconografia (*Vision de la mort et du salut* (*Visão da morte e da salvação*)); à pesquisa da história social serial (*Piété baroque et déchristianisation. . . d'après les clauses de testaments* (*Piedade barroca e descristianização. . . segundo as cláusulas de testamentos*)) e a todas as fontes, da demografia à história literária, passando pela escultura, em *Mourir autrefois*. Somente uma abordagem com múltiplas facetas pode responder às múltiplas questões da pesquisa.

Imposto pela própria natureza de um fenômeno do qual podemos ainda apreender um aspecto vivo — em alguns casos residual, bem vivo em outros — o método regressivo (e ao mesmo tempo comparativo), conforme foi aplicado às peregrinações, é provavelmente um dos meios mais fecundos para se tentar superar a oposição entre fontes do presente e fontes do passado da qual partimos. Definidamente, para quem se empenha na reconstituição de gestos e crenças esquecidas, a abordagem quantitativa serial se impõe nesse domínio, da mesma forma que em outros: é a ela que recorrem C. Loubet, e mais sistematicamente ainda B. Cousin, no estudo dos ex-votos. Pesquisadores que trabalham com retábulos, imagens populares e também os testamentos ou registros paroquiais, se encontram no mesmo caso. Esse procedimento vale certamente como superação da técnica de inventário à qual ficou por longo tempo presa a iconografia, mas avançando muito em seus objetivos e suas perspectivas no curso de sua aplicação. A abordagem serial visa a organizar, com uma verdadeira estatística na longa duração, as confissões involuntárias ou extorquidas, no seio das quais se abriga, talvez, uma parte do segredo das atitudes populares. A evolução lenta das representações coletivas se inscreve na linha de evolução dessas curvas. Sem dificuldade, junta-se a essa técnica da quantificação, organizando no tempo as séries documentais, também a organização no espaço mediante a representação cartográfica. Isso não é, de fato, uma completa novidade, como testemunham os atlas folclóricos. Mas se reconhece a importância da cartografia no estudo de R. C. Schüle, objetivando a existência de fronteiras — como a cegonha contra a couve, substituindo o eremita de outrora — que se revelam mais complexas do que as barreiras lingüísticas ou confessionais.

O POPULAR EM QUESTÃO 189

R. Chanaud, enfatizando na diocese de Grenoble a convergência de traços folclóricos dentro de microrregiões individualizadas, não estreita seu objeto; pelo contrário, ele ajuda a definir a problemática atual das "áreas culturais", vistas até aqui mediante uma escala bem mais vaga.

É necessário declarar que o triunfo do quantitativismo não visa absolutamente a ser totalitário. Numerosos estudos mostram o lugar insubstituível que cabe à ilustração e ao estudo de caso. A anciã de Embrunais, que prestou testemunho a C. Joisten, não falou unicamente por si mesma. Entre a monografia delimitada de Combloux, explorada em profundidade por R. Devos, graças a uma excepcional felicidade de fontes, e a cobertura vasta, mas a partir de dados pobres, efetuada por R. Chanaud na escala da diocese de Grenoble para uma época vizinha, há evidentemente complementaridade, e não contradição. Philippe Joutard formula, a partir de sua experiência em Cévennes, um certo número de problemas suscitados pelo tema. O uso de uma avaliação quantificada, ponderada, dos fenômenos lhe parece um recurso cada vez mais indispensável para ir além das generalizações apressadas, e compreender a qualidade de um silêncio ou a representatividade dos testemunhos que o transgridem.

Dessas abordagens ainda descontínuas, seria possível extrair um balanço provisório, ou até mesmo um sistema da religião popular?

Um balanço provisório

Aberto esse campo, podemos pelo menos situar os vários níveis ou vários sistemas de "religião popular".

O primeiro é o da religião oficial ou·imposta: nível exterior provavelmente, não negligenciável porém. Essa presença de duas religiões, a da comunidade e a religião oficial, se impõe por evidência no rico texto da Savóia explorado por R. Devos. A distância é criada pela própria posição, como também pela visão do cura, originário de um outro lugar, emissário de uma outra cultura e de uma outra hierarquia. Nós a descobrimos novamente, porém em termos diferentes, nos traços ambíguos do cura 1900 (dos velhos e velhas dos últimos decênios) evocado por A. Bourgeaux: simultaneamente aterrorizador e cúmplice. Aterrorizador, porque ele é o homem do catecismo, do descanso dominical, o que impede de dançar, como no tempo de Paul-Louis Courier, e talvez mais ainda pelo temor mágico (que não é unicamente de respeito), inspirado por si mesmo, como indivíduo, sem contar o que ele representa. Cúmplice, porque o homem de Deus se torna, apesar de tudo, ruralizado, integrado pelo menos ao grupo de paroquianos que ele descreve, e dos quais ele compartilha talvez parcialmente as idéias pouco ortodoxas (o cura que adivinha a sorte). Esse relacionamento é facilitado também pelo fato de que o cura não é mais simplesmente o agente da autoridade ou do aparelho repressivo, mas que, inversamente a separação entre a Igreja e o Estado identifica a comunidade contra o Estado. De R. Devos a A. Bourgeaux, de Combloux a Brison, se deve seguir a trajetória de quatro personagens: a autoridade, o cura, a comunidade e o sino. O cura das Luzes, agente da autoridade, disputa com seus paroquianos o sino, cujos poderes misteriosos ele conhece. Em 1794, a comunidade defende, na própria ausência do cura emigrado, seu sino contra a rapina do Estado; em 1904, se encontram o cura e a comunidade associados para a defesa de seu bem comum contra o coletor e seus guardas.

Esse modelo, provavelmente, esboçado a partir de dois instantâneos de Savóia, impõe, para não parecer absolutamente grosseiro, nuances consideráveis. As visitas de monsenhor Le Camus no fim do século XVII nos lembram, confirmada por uma ampla base estatística, a importância

O POPULAR EM QUESTÃO 191

do cura nessa época, então bem integrado à comunidade rural, da qual compartilha os vícios e, freqüentemente, também as superstições, antes do surgimento dos padres bons... e um pouco terroristas do século XVIII. Nesse mundo reformado, Philippe Jotard nos apresenta a imagem do pastor, sensivelmente mais maleável do que poderíamos esperar. O pastor pode perfeitamente se recusar a operar ou simplesmente a caucionar o compromisso rural entre crenças mágicas e o discurso da religião. Mas ele pode também fechar os olhos e até mesmo encontrar uma explicação justificadora para o que resta do domínio da fé.

É isso que conduz a matizar, ou a modular historicamente, a afirmativa do caráter exterior e enfim superficial da religião imposta. Provavelmente, acentua-se, tanto no século XVIII como no início do século XX, a importância da indisciplina e da transgressão, que fazem parte do sistema. O cura de Combloux conhece nitidamente seus adversários, que vão dos confrades do Santo Nome de Jesus aos que invadem o cemitério ou se apropriam do campanário, e também os jovens com excessiva urgência para se visitarem à noite. Os curas de Brison e de Mont-Saxonnex têm os seus adversários: caçadores impenitentes, mas também franco-maçons e ateus.

Entretanto, levando em conta todas as diferenças que se assinalam entre um período e outro, a importância da indisciplina ou das transgressões, longe de demonstrar o caráter superficial ou periférico do verniz da religião oficial, põe-lhe em relevo a insistência e a presença, enfim esmagadora e aceita. Não poderíamos, todavia, nos manter nesse nível "dom camiliano" da relação entre o padre e a comunidade; e os autores estão conscientes disso. A religião popular por eles descoberta é, antes de tudo, um catolicismo certamente digerido e modificado, porém reconhecido. Isto é, aquele cuja expressão pode ser verificada no inventário das capelas, altares, imagens e lugares santos; e cuja presença é assegurada pelos testamentos na relação das atitudes cruciais no momento da morte. Aquele cuja presença na comunidade as confrarias preservam, enfim, com certa ambigüidade. No mundo reformado de Cévennes, o sucesso da "cristianização" continua impressionante, mesmo depois de verificado o caráter suspeito do silêncio sobre a superstição. Porque é o universo das crenças mágicas que se vê afinal remodelado e repensado no segredo das consciências populares em função de uma leitura mais conformista do discurso da religião: o alcance dessa transformação vai muito além de um simples disfarce ou de uma vestimenta superficial.

No âmago mesmo da cristianização imposta, não é difícil descobrir, em ambos, os traços da "outra religião".

A outra religião, propriamente popular, se exprime primeiramente por meio de uma relação com Deus, formulada em termos específicos, isto é, ao mesmo tempo direta e muito hierarquizada. Direta, porque os paroquianos desobedientes, na ótica da prática imposta, esperam da divindade uma presença imediata em sua vida pessoal. A psicologia do milagre, que se expressa, desde a idade clássica até hoje através dos ex-votos, não permaneceu inalterável. B. Cousin e C. Loubet acompanharam sua evolução através da estrutura, da composição e dos gestos dos doadores. É impressionante o contraste, em Oropa, entre o milagre à moda antiga, implorado a uma divindade ou um intercessor presente no próprio quadro; e o milagre automobilístico dos últimos decênios, em um quadro de onde desapareceu a representação celeste e onde somente o instantâneo da cena vivida revela o retorno da sensibilidade em pânico... Mas, qual é a divindade? Não tenhamos a ingenuidade de nos surpreender com os resgates de heranças facilmente adivinhadas: sobre uma acrópole de antiquíssima tradição pagã, onde se acham ainda traços de devoção a uma divindade protetora da fecundidade, é que se cultua Nossa Senhora dos Ovos em Gréoux-les-Bains até hoje. Um exemplo entre tantos outros possíveis...

Podemos apreender o imediatismo da intervenção divina nas confissões muito diretas de Marie Vasserot, informante de Charles Joinsten. É um caso extremo comparado à sensibilidade atual, mas um caso mediano, provavelmente, na mentalidade tradicional. Marie Vasserot, como o papa Gregório, viu o Senhor na missa, no momento da elevação; não crucificado, com as chagas sangrantes, mas como um personagem semelhante ao padre. Porém, se a Virgem, e às vezes os santos, continuam a lhe dar todo apoio, o panteão dos intercessores se tornou bem reduzido, como que residual.

Deus ou os seus santos? Não nos admiremos da ausência quase total de Cristo no universo rural que A. Bourgeaux descreve. Da mesma forma, em Combloux, em 1733, o esforço da Igreja pós-tridentina para reconduzir à contemplação dos mistérios essenciais da fé se choca contra a inércia. Recebe-se o Santo Sacramento, mas é a confraria do Santo Nome de Jesus que reagrupa os pais de família em seus banquetes anuais. Podemos perguntar se nessa localidade, tal como na diocese de Vence estudada por M.-H. Froeschlé-Chopard, o Santo Sacramento, em sua glória, foi assimilado às relíquias e outros talismãs protetores da sensibilidade popular. As estatísticas da diocese de Grenoble, em fins do século XVII, registram ainda as confrarias equívocas do Santo Espírito, em concorrência direta com as do Santo Sacramento.

O significado da morte e paixão de Nosso Senhor Jesus Cristo é reconhecido tanto nos testamentos como em outros lugares, mas se apaga diante de presenças mais próximas. Não constitui, de fato, uma contradição com o que acaba de ser afirmado quanto à relação direta com o divino, observar-se que esta se produz a partir de toda uma rede de intercessores. Em primeiro lugar, a Virgem. A Mariolatria que vimos configurar-se na longa série de quadros das almas do purgatório, para triunfar durante a idade clássica na imagem da madona à italiana, não se desfaz verdadeiramente no século XIX. Protetora nas horas de perigo, como no último instante, ela vem a nós sob as duas aparências que assumiu desde a Contra-Reforma: Virgem do Rosário (ou do Escapulário), isto é, da igreja paroquial, das confrarias e das procissões organizadas; e a Virgem tradicional — de Piedade, de Beauvoir, das Luzes, da Proteção, da Consolação, da Misericórdia, dos Anjos ou dos Ovos — que é a das capelas provinciais e lugares de culto seculares. Entre as duas não há, certamente, nenhuma separação absoluta, mas o cura de Combloux aspira, porém sem grande esperança de consegui-lo, fazer seus paroquianos compreenderem os mistérios do rosário.

A Virgem não está absolutamente na relação dos intercessores invocados: a diocese de Grenoble, ao fim do século XVII, apresenta uma nebulosa de mediadores celestes, entre os quais se distinguem os milagrosos — Antônio, Roque e Sebastião —, mas que se abre ainda para uma multidão de santos agrários, às vezes muito locais (Bernardo, Grat ou Teódulo...) e de propiciadores da fecundidade. Enquanto uma visão geral de uma diocese mostra o conjunto, de uma hierarquia, outro estudo mais ampliado, na paróquia de Combloux, na Savóia, no século XVIII, coloca, tanto nos altares como nas capelas provinciais, uma dúzia de santos padroeiros ou protetores: apóstolos (Pedro e Paulo), santos protetores tradicionais (São Félix, São Maurício, São Nicolau) ou taumaturgos para animais e para pessoas (Santo Antônio eremita, São Sebastião, São Roque). Nesse caso, a novidade é representada por São Francisco de Sales, porém associado a São Roque, invocado em períodos de epidemia.

Assim se configura um panteão, acrescido ainda de santos que se invocam em horas de necessidade. Para compreendê-lo, é necessário não encarar essa constelação estaticamente, mas ao invés disso, no tempo e no espaço paroquial, conforme nos demonstram estudos recentes. Os altares nobres da igreja foram reservados às devoções da pastoral nova (Santo Sacramento, Rosário); enquanto os santos de tradição foram repelidos para a porta, interior ou no exterior das igrejas (Santo Antônio, São Cláudio, São Sebastião, São Roque), até das capelas rurais (São Félix e São Maurício). A nova redistribuição do espaço revela o conflito em desenvolvimento, atestado por outros indicadores ao longo do século XVIII (invocações nos testamentos e despovoamento dos quadros do purgatório).

Às mediações celestes, a religião popular acrescenta uma rede de solidariedades humanas constituída pelas confrarias. Pode-se afirmar que o traço não é específico de uma forma de religião popular na idade clássica; mas se apreende em ato, a partir dos exemplos da diocese de Grenoble, e depois mais precisamente de Combloux em Savóia, que essa forma de associação responde simultaneamente à linguagem nova da pastoral (Santo Sacramento, Rosário), porém não sem conflito, e permanece como lugar de encontro de uma sociabilidade essencialmente masculina, assim na confraria do Santo Nome de Jesus, em Combloux, como nas confrarias do Santo Espírito, no Dauphiné. Desse modo, se mede também o recuo e desaparição das confrarias tradicionais: São Sebastião, São Roque, São José e mesmo da Virgem do Carmelo, suplantada, pode-se supor, pela Virgem do Rosário.

Todos esses traços iluminam as formas vividas do processo de cristianização no campo; emergindo muito mais em termos de dialética, e até de conflito, do que como uma empresa linearmente conduzida. Percebe-se, a partir deles, o artifício em opor termo a termo as "duas religiões" tão intimamente mescladas. A outra religião, porém, existe inseparável da oficial, e podemos mesmo dizer, subterraneamente. Caracteriza-se, em primeiro lugar, pelo pensamento e comportamento mágicos. São, antes de tudo, gestos, respeitando um código muito antigo, cujo encadeamento e finalidade os informantes atuais às vezes não percebem mais, como os dois ovos que as mulheres estéreis levam na peregrinação a Nossa Senhora em Gréoux, sorvendo de um trago o primeiro e enterrando o segundo durante um ano no chão do lugar sagrado. Não resta, hoje em dia, mais do que a omelete do piquenique, último traço de um rito evanescente. É todo um sistema de proibições que recaem sobre locais, dias, homens e animais; o respeito cristão ao domingo se acha sancionado, ao fim do século XIX, por toda uma rede de punições imediatas ou adiadas; os passos imprudentes do caçador o levam freqüentemente a lugares onde ele não deveria absolutamente ir: lugares malditos, ou lugares sagrados? Os dois a um só tempo, pois são sítios onde operam as forças da natureza e as do outro mundo conjugadas. Inclusive os indivíduos participam dessa maldição; como enfeitiçados-enfeitiçadores: o caçador sacrílego, cuja simples passagem faz o leite das cabras secar; o veado enfeitiçado que se empareda em um estábulo, e — por que não? — o cura, ele próprio, no personagem do homem que dá medo. Em Cévennes, onde a ofensiva reformista desmantelou mais profundamente o sistema preexistente, a figura do *enmaskaïre* ou bruxo se conserva como uma das manifestações mais irredutíveis do universo da magia. Mas ele produz seu antagonista na pessoa do adivinhador da sorte ou do curandeiro.

Contra essa hostilidade ambiente se mobiliza, com efeito, todo um conjunto de exorcismos e conjurações: o código diz tanto o que é preciso fazer como o que é preciso evitar; os presságios anunciam a infelicidade, mas ela pode ser evitada mediante condutas apropriadas e auxílios invocados. O cura de Combloux — contemporâneo do cura de Thiers, o cura erudito de Vibraye que havia escrito trinta anos antes sobre as superstições — se pergunta sobre a legitimidade de soar os sinos contra os raios e para exorcizar os flagelos naturais; mas ele não vê, nos textos de referência propostos pelo discurso da Igreja, uma razão imperativa para recusar o que ele mesmo considera suspeito de heresia.

Atrás desses comportamentos pré-racionais, podem-se perceber elementos de um sistema ou de uma leitura do mundo? Um certo número de temas, pelo menos, atraem a atenção: a vida, a morte, a relação com a terra, o espaço e o trabalho.

A vida é, antes de tudo, reprodução: os ritos de fecundidade; a constituição de um casal, com alusão clara, em Combloux, ao sistema de intimidades pré-nupciais que, se não chegam a uma clara coabitação antes do casamento, toleram as visitas noturnas freqüentes dos rapazes às moças. Adivinha-se, sem dificuldade, comportamento equivalente no Dauphiné de monsenhor Le Camus, devido à inquieta atenção dada a tudo que possa favorecer a aproximação entre os sexos: desde a peregrinação "mista" até a festa, a vigília, ao trenó invernal ou *ramasse*, inocente aos nossos olhos, mas culpado, segundo o prelado, das desordens que ocasiona. Entretanto, o universo carnal de intimidades pósnupcias continua sendo o verde paraíso dos segredos infantis, o lugar daquele outro sistema mágico para uso da infância, de onde o eremita traz as crianças que ele encontra nas couves...

Os poucos instantâneos descontínuos que resenhamos nessa comunicação ilustram até certo ponto como, a partir de alguns elementos, se pode tentar reconstituir sistemas a um só tempo muito vigiados e... muito mal conhecidos, desde a denúncia inquieta do cura às sobrevivências na prática, mais o testemunho indireto dos ex-votos. As cenas figurativas dos ex-votos espelham a estrutura e a visão de família. Assim, é predominantemente para o homem, até hoje no mundo piemontês de Oropa, que se mobilizam as preces. A criança, descoberta a partir do século XVIII, conquista um lugar sensível, sem ultrapassar de um certo limite: a criança desejada ou a criança doente. A mulher, reduzida nesse nível ao seu papel modesto na família, ocupa ao contrário um lugar preponderante, porém como a suplicante que implora a intervenção divina, enquanto, nesse aspecto a atuação dos homens se faz cada vez mais discreta, revelando indiferença. Desde as grandes guerras do século XX à hecatombe automobilística, o homem, no Piemonte, e, provavelmente também em outros lugares, continua sendo aquele por quem se ora.

O tema da família conduz diretamente ao da morte, que cristaliza uma parte importante dos traços sublinhados no decorrer dos testemunhos. Morte "domesticada", como já se disse, dessas sociedades tradicionais. Mas é preciso que se compreenda que a morte é também muito temida; e Marie Vasserot, aterrorizada pela morte, o confessa sem rodeios. Os dois aspectos, porém, coexistem sem contradição verdadeira. A morte domesticada é a dos velhinhos de Brison, em Savóia *"d'viendrais t'cri"* ou *"t'vindrez m'cri"* ("virei te buscar" ou "serás tu que virás"). É a mesma também com que o cemitério tradicional, lugar de passagem, de pasto, de encontro, materializa a coabitação procurada entre os mortos e os vivos. O cemitério tradicional é mal conservado, pouco respeitado, lugar comum para muitos usos: é isso que denunciam os curas e prelados, e também o que descreve o sociólogo J. O. Majastre evocando o passado. Não lhe parece porém, como mostrou, que esse lugar tenha se beneficiado em se tornar mais policiado.

A morte temida é a dos ex-votos: em grande parte

ainda a morte violenta, da beira do caminho, a que não permite pôr em ordem os seus negócios, aquela afastada pelos *libera*: "De morte repentina libera nos Domine..." É a das cruzes do exorcismo que sinalizam, na montanha de Brison, os lugares dos acidentes mortais ou dos assassinatos. Em contraste, se projeta a imagem pacífica de "jazendo no leito enfermo", que aparece nos testamentos, também ilustrada pelos ex-votos, e no exemplo que a igreja paroquial oferece no modelo dos quadros de São José agonizante nos altares da Boa Morte. Será esse modelo recebido sem resistências? A onipresença dos mortos e sua coabitação com os viventes não é absolutamente tranqüila, pelo contrário. Se focalizarmos de um ponto de vista tão amplo como Pierre Chaunu os dois grandes sistemas do outro mundo, herdados das tradições indo-européias — os que crêem no duplo, no mundo das larvas, que é necessário apaziguar, e os da crença na ressurreição — parece bem que a Savóia de 1900 de A. Bourgeaux se mantém crispada no temor ao duplo. Espíritos errantes, confundidos com as forças naturais, retornam ansiosos para solicitar a ajuda dos vivos. Essa presença inquietante é a das "almas penadas", segundo a expressão citada, que sinaliza os que não pagaram suas dívidas e não podem ser liberados senão pela solidariedade dos vivos. Esses mortos que retornam e vagam não são todos inteiramente trágicos. Longe disso. Sob a sua última aparência familiar, como são descritos nas confidências de Marie Vasserot, eles guardam os defeitos, as mesquinharias, as manias e os pequenos cuidados dos seres que se conhecem muito bem. Alguns deles, que não eram absolutamente bons enquanto vivos, também não melhoraram depois de mortos. No entanto, ei-los prestes a dar uma ajuda aos animais ou nos trabalhos do campo. Essa solidariedade não seria, contudo, o reflexo também da dialética nova que triunfa, ao final do século XIX, nas relações entre os vivos e as pobres almas do purgatório (sobre as quais encontramos elementos nos episódios da infância de Santa Teresa de Lisieux)? a família invisível das pobres almas auxiliadoras, do final do século XIX, testemunha o extraordinário impacto da operação por meio da qual o catolicismo póstridentino conseguiu cristianizar o duplo, desenvolvendo a devoção às almas do purgatório. Essa possibilidade da redenção a prazo, graças às missas, aos serviços e às obras, materializa a solidariedade entre mortos e vivos, e fornece o meio também de afugentar, mas ao mesmo tempo de liberar as pobres almas "penadas". Compreendem-se assim as minúcias do sistema de missas *de mortuis* e dos serviços anuais nos quais o cura de Combloux se acha engajado ao longo de todo o ano, e a importância desmedida de um ritual que certamente o irrita um pouco, mas representa para seus paroquianos um dos serviços essencias que esperam dele.

Como temas essenciais — a vida, a família, a morte — emergem sem dificuldade na relação dos traços maiores dessa religião popular. Com a mesma importância, embora mais difusas, surgem as referências à natureza, ao espaço e ao trabalho no curso das entrevistas recolhidas pelo etnólogo. Na religião popular, o plano espacial da aldeia tem um papel de primeira importância: lugares habitados contra lugares despovoados dia e noite, lugares cultivados contra terras incultas; toda uma geografia e uma cronologia (dos dias e das estações) do sagrado se delineiam. A homogeneidade do espaço no interior do qual essas forças estão em jogo é destacada pelo papel das fronteiras (mesmo se Combloux apresenta uma confraria "intercomunal" junto com uma aldeia vizinha: o que não deixa de chocar o cura); o contraste cidade/campo, em princípio muito forte, se enrijece até o conflito entre Brison e Mont-Saxonnex, em Savóia, por ocasião das lutas da Revolução Francesa, e após a separação entre a Igreja e o Estado. Quando os capuchinhos da idade clássica, vindos de La Roche-sur-Foron, viram seu terrorismo inicial contra a religião popular ceder lugar a uma cumplicidade... no mais baixo nível, não parecia mais haver compromisso possível com o novo mundo urbano.

Em seguida deve-se salientar, também, o destaque dado aos animais, ao gado e à caça, que abundam nos relatos de A. Bourgeaux, inclusive seu papel de liturgia concorrente da missa celebrada na aldeia, e que também tem seus mistérios. Ele sinaliza, no mínimo, o laço muito forte que une pessoas, animais e coisas. A questão que se coloca, ao fim dessa discussão, consiste em definir o que foi percebido através dela: uma "outra religião", ou então os *disjecta membra* de um sistema talvez coerente outrora, mas hoje reduzido a algumas lembranças desarticuladas? Pode-se dizer que alguns exemplos apresentados aqui não pretendem, absolutamente, trazer uma visão panorâmica de um fenômeno tão difícil de se apreender. Dir-se-á, também, que os exemplos selecionados no mundo alpino, da Savóia à Provença, remetem, provavelmente, a um sistema em estágio de desestruturação sensivelmente mais avançado que nos outros sítios "conservatórios". A propósito, pensamos nas informações que puderam ser reunidas sobre as ilhas e penínsulas do Mediterrâneo ocidental por ocasião do colóquio realizado em Bonifácio, na primavera de 1976, sobre a representação da morte no Mediterrâneo.

Já falamos das reticências que nos despertam, quem sabe injustamente, as reconstruções avançadas e perfeitas demais talvez, como as que propõe Gaignebet em sua obra sobre o carnaval, malgrado as seduções que esse procedimento exerce sobre nós. Essa religião popular, completa e elaborada, cujas estruturas são decifradas pelo etnólogo, poderia ela ser encontrada intacta? Não seria melhor tentar apreender o seu dinamismo no quadro de uma história menos imóvel do que parece?

Imobilidade ou movimento?

Não se pode deixar, ao fim desta resenha, de retomar o problema colocado abstratamente ao início da reflexão. Religião imóvel ou em movimento, ainda que seguindo um ritmo específico? O que mais chama atenção, através dos testemunhos, é a permanência de certas heranças. Ela é impressionante na rede de atitudes em torno da morte por parte dos paroquianos de Brison até data bem recente. Não se podem deixar de notar, também, a extraordinária estabilidade das estruturas formais, dos gestos encontrados (mesmo quando já não são mais compreendidos) na peregrinação de Nossa Senhora dos Ovos; o que coloca o problema dos próprios mecanismos da transmissão.

Certamente, pode-se indagar se a natureza do testemunho oral, por sua própria intemporalidade, não acentua, em parte, essa impressão de imobilidade, e o percebemos no ato mesmo como a transmissão das lembranças contribui para abolir essa dimensão histórica.

Não é menos aparente que a maioria dos testemunhos recolhidos denota antes mudança do que estabilidade. O fato é particularmente notório em Combloux de 1733, como também nas visitas pastorais ao Dauphiné em fins do século XVII: tanto mais, provavelmente, quando a própria natureza dos documentos, quadros realizados em uma data determinada, pareceriam privilegiar a imobilidade. Ora, a situação conflitual na qual nos envolve a crônica do cura de Combloux faz, ao contrário, aparecer com clareza as estratificações do que está morto, ou moribundo, dos enxertos, alguns que pegaram bem, outros que foram rejeitados, como também nos põe diante das feições tomadas por uma ofensiva surpreendida no ato de remodelar as atitudes coletivas.

O estudo serial, tal como foi aplicado aos ex-votos

O POPULAR EM QUESTÃO

provençais e piemonteses, inclusive a outros indicadores (testamentos), valoriza, ao contrário, o movimento. Ele evidencia uma evolução, geralmente na longa duração secular ou plurissecular, que é aquela na qual se inserem as mudanças nas atitudes coletivas. Pode-se indagar, por outro lado, se, em contraste com o que foi dito mais acima, um estudo serial dos vestígios da prática social não ampliaria, por sua vez, a percepção do processo de mudança, deixando de lado a parte submersa do *iceberg*, isto é, a religião popular que não se projeta nem nos escritos nem nas representações.

Não advogaremos absolutamente o compromisso burguês, embora concluindo pela plasticidade da religião popular. Tal como aconteceu na idade clássica, assistimos à formação de um novo compromisso, fundado em um antigo equilíbrio posto em questão, e onde temas antigos e novos se encontram, mas que não se poderia considerar como metamorfose de uma experiência antiga. O século XIX, apreendido através da memória dos velhos, testemunha uma outra etapa: a cristianização autoritária da idade clássica foi ao mesmo tempo assimilada, digerida e folclorizada, o que se traduz na mudança do personagem do cura, dali em diante integrado (apesar da manutenção de alguns aspectos terroristas) ao jogo coletivo da comunidade. Enquanto isso, os dados referentes à outra religião conservam-se, mas ao mesmo tempo esterilizam-se e se esgotam, mesmo que impregnem duravelmente certas atitudes. É um estoque residual, e em boa parte incompreendido, atualmente inventariado. Isso não quer dizer, por outro lado, que toda uma História se tenha encerrado: evocando a cegonha e o eremita portadores de crianças, R. C. Schüle fala no presente de uma rede de símbolos bem vivos ainda, há menos de vinte anos. O período pré-natal conservará talvez a imagem da cegonha, quando já estiverem mortos os velhos galhofeiros que aconselham a telefonar para o eremita. Uma História termina e outra começa: J. O. Majastre lembra, nas transformações atuais do cemitério, subtraído da família e da comunidade rural para se tornar um tema de pompas fúnebres.

Uma evolução se esboça na dialética das relações com a Igreja-instituição, condicionando uma parte das evoluções percebidas, mas onde outros movimentos de longa duração desempenham um papel essencial ao nível das atitudes vitais: a evolução da comunidade, da família, das atitudes diante da vida e diante da morte. Suas mutações essenciais não podem deixar de se inscrever tanto ao nível do que resta da herança a mais longínqua, como da realidade complexa da religião popular cristianizada desde a idade clássica.

Essa evolução percebida privilegia a longa, ou melhor, a muito longa duração, e com justiça. O tempo curto, que reintroduz o acontecimento, tem em todo caso, um lugar nessa História. E se a transformação da memória coletiva tende a esfumar os contornos, e até mesmo a apagá-los finalmente, (quer se trate da Revolução ou da Separação), o tempo curto também pode manter sua vitalidade (a guerra dos Camisards em P. Joutard) e depois influir em todas as recorrências ulteriores. Tomaremos, como exemplo, a história da festa (com fronteiras muito fluidas com a história religiosa e da sociabilidade) cujas transformações estudamos, para a Provença de 1750 a 1820 (*Les Métamorphoses de la fête en Provence...*). O trauma revolucionário, aqui vivamente percebido e, poderia-se dizer, vivido no ambiente das festas revolucionárias, representa claramente uma mudança essencial na história da festa, no mínimo pela destruição irrecuperável de toda uma parte do sistema festivo tradicional. A Restauração, nesse aspecto, será apenas parcialmente recebida.

Esse exemplo chama inclusive a atenção para as criações efêmeras ao nível da religião popular, das quais a Revolução Francesa fornece igualmente um exemplo. A cria-

O POPULAR EM QUESTÃO

tividade do momento reemprega, às vezes, formas e linguagens da festa antiga, reprimida e proscrita, como as mascaradas e cortejos iconoclastas, que se fizeram elementos do cortejo carnavalesco e do charivari. Mais do que uma ressurgência, um ressurgimento de um lençol subterrâneo, porém, essas manifestações testemunham a plasticidade inesperada (talvez injustamente) da religião popular que supúnhamos imutável.

Introduzir uma dimensão diacrônica no estudo da religião popular: mais do que um desejo anexionista do historiador das mentalidades, é uma perspectiva que pode parecer apropriada a atrair amplo consenso por parte de estudiosos cujas abordagens convergentes contribuem para um investimento pluridisciplinar nesta realidade; e que, por terem algumas vezes trabalhado mais extensamente nesse assunto, conhecem as dificuldades em abordá-lo.

Por outro lado, impõem-se outros caminhos de aprofundamento, ainda que o estudo aqui apresentado sublinhe menos a sua necessidade. Pensamos em uma geografia mais detalhada das diferentes formas da religião popular a que fizemos alusão tratando dos ritos em torno da morte na área mediterrânea. Nessa mesma direção, pensamos também no grande problema da religião popular urbana, muito pouco estudada até aqui dentro de uma leitura histórica, assim como na relação campo-cidade, onde a clivagem religiosa é um dos elementos mais expressivos. Tudo isso conduz a reformular, em termos refinados, o problema da sociologia da religião popular. Uma sociologia que ultrapasse a atual dicotomia, simples demais, entre povo e elite, para penetrar a realidade dos grupos sociais; e que, desse modo, permite propor uma definição mais sensível (e historicamente modulada) da noção de religião "popular".

Como se vê, a religião popular aparece atualmente como uma das mais estimulantes áreas de pesquisa graças às perspectivas de pesquisas pluridisciplinares que ela apresenta, como ainda pela introdução de novas fontes e técnicas de abordagem, tanto no domínio da iconografia como da tradição oral. Impõe-se, aqui e agora, uma leitura renovada de um fenômeno que já acreditávamos conhecer de longa data.

Os intermediários culturais*

Debate aberto com a intenção deliberada de renovar o diálogo, que se tornou acadêmico, entre a cultura popular e a cultura de elite. O número e a riqueza das respostas que foram formuladas a convite do "Centre Méridional d'Histoire Sociale, des Mentalités et des Cultures" (Centro Meridional de História Social, das Mentalidades e das Culturas), em 1978, mostrou que o desafio fora aceito, considerando-se a prodigalidade de respostas pondo em questão o estatuto das duas culturas, e levando a refletir sobre a noção bastante ambígua de "aculturação".

Quadro inicial em termós de aberturas

Adaptando aqui os termos da introdução geral que apresentei ao seminário, não pretendo me substituir aos

---

* Introdução ao volume *Les Intermédiaires culturels* (*Os intermediários culturais*), ata do colóquio "Les Intermédiaires culturels", organizado em junho de 1978 pelo "Centre Méridional d'Histoire Sociale, des Mentalités et des Cultures". Publicação da Universidade da Provença, H. Champion, 1981.

discursos dos participantes, nem, sobretudo, às comunicações sintéticas apresentadas ao final das sessões. Colocado *a posteriori* diante da opção ou de antecipar abusivamente ou de simular ignorar o que foi dito, prefiro deixar a essa reflexão o caráter de que ela deseja revestir-se, isto é, o de uma introdução, no sentido estrito, apresentando o problema tal como ele se delineia aos numerosos participantes, diante da leitura das cinqüenta comunicações que lhes foram submetidas à discussão.

Esse número mesmo testemunha ao mesmo tempo o caráter do colóquio, o que esperavam os organizadores, e o sucesso que o convite encontrou. Esse colóquio foi pensado como um seminário *aberto*, captando em toda a sua diversidade as contribuições ao tema proposto. Lançar um tema amplo e aguardar sem preconceitos os ecos que ele despertará, não é absolutamente inócuo: significa arriscar uma dispersão aos quatro ventos... Se nos mantivermos atentos ao tema definido, todavia, essa prática acolhedora e sem laxismo afirmará seu lado bom, e sobretudo, como prêmio, a parte inesperada das respostas recebidas.

Esperávamos, devido ao perfil do Centro-Sul (da França) e das tendências atuais da história das mentalidades, uma maioria de contribuições modernistas, e certamente de historiadores. Esperávamos, com certa apreensão, uma quantidade de estudos de tipologia descritiva, em resposta ao convite que havíamos implicitamente fixado quanto aos intermediários obrigatórios da sociedade tradicional: o cura, o médico, o notário ou o burgomestre professor. Não que desejássemos fechar-lhes a porta: eles vieram em sua maioria e nos alegramos com isso; mas receávamos que a manutenção de encontros balizados não fizesse avançar muito as coisas.

Ora, o retorno das respostas acedendo ao nosso pedido de contribuições trouxe-nos mais surpresas positivas do que decepções, levando-nos para os caminhos do inesperado. As decepções — digamos antes, os silêncios — são eles próprios ensinamentos. Talvez tenha sido por simples fato do acaso (mas não creio totalmente) que o grupo de participantes, em sua maioria formado de pedagogos, tenha tratado do médico, do cura e da parteira, evitando colocar-se a si próprios em questão e respeitando uma espécie de tabu implícito sobre o personagem do professor. Lamentamos também, em vista das várias contribuições muito sugestivas, que o século XVI e, sobretudo, o período medieval não tenham sido mais extensamente abordados em nosso encontro, apesar dos problemas específicos que eles colocam. Uma frente pioneira se esboça aqui, com a qual os colegas italianos, ingleses e americanos que nos fizeram a cortesia de comparecer (P. Burke e C. Ginzburg) estão hoje mais familiarizados, parece-me, do que a historiografia francesa.

Em contrapartida, as surpresas são notáveis. Poderia-se crer, até uma data recente e malgrado as exceções de vulto (os campos atuais de M. Agulhon o testemunham, dando apenas um exemplo), que a História contemporânea tivesse reservas com relação à História das mentalidades e às modalidades de história cultural que os modernistas praticam de mão cheia. Por isso, são tanto mais apreciadas contribuições sobre os séculos XIX e XX, sinal de que a problemática proposta correspondeu a uma necessidade. Essa visão mais ampla da História contemporânea contribuiu largamente para evitar uma tipologia estática dos mediadores tradicionais, que pudemos então apreender na perspectiva de longa duração, desde o século XVI aos nossos dias.

Da mesma ótica, a acolhida demonstrada pelos não-historiadores, isto é, pelos literatos, historiadores da arte, sociólogos, etnólogos, e também praticantes atuais e novos "mediadores", foi uma das aberturas mais sugestivas e mais valorizadas. Sem querer me antecipar, sublinharei logo, a

MICHEL VOVELLE

título de exemplo, o ângulo que se pode obter desse tema graças exatamente à participação de assistentes sociais, exemplo típico de mediador atual. A meio caminho entre a satisfação e o pesar, podemos ao mesmo tempo nos rejubilar com alguns lances comparativos em universos sociais ou culturais diferentes, e até exóticos (os mediadores no mundo muçulmano) e lamentar que esse caminho não tenha sido mais amplamente explorado, por exemplo, no Terceiro Mundo atual, que abre um campo fantástico para uma abordagem comparativa no espaço e no tempo.

Assim, não é em termos de uma proliferação anárquica que vemos o balanço dessa convergência de interrogações e respostas; porém antes como demonstração de um questionamento coletivo, que deve refletir algo mais que um fenômeno de moda. A problemática inicial foi imediatamente ampliada e pudemos sem receio, desde a abertura das sessões, traçar um programa de pesquisa articulado, baseado nas sugestões e hipóteses de trabalho já amadurecidas.

Uma problemática ampliada

Seria útil, provavelmente, sem cair na complacência de uma evocação retrospectiva apenas anedótica, recapitular em que bases a equipe de pesquisa do Centre Méridional d'Histoire Sociale chegou a se interrogar sobre o que finalmente definiu como "mediadores culturais".

Uma das primeiras abordagens, na qual confesso minha responsabilidade pessoal, incidiu sobre o grupo dos que havíamos classificado como os "demiurgos do mundo social", uma denominação provisória que eu havia arriscado a propósito do *self-made man* e autodidata Joseph Sec, cuja carreira reconstituí sob o título *L'irrésistible ascension de Joseph Sec, bourgeois d'Aix. Suivi de quelques clefs pour la lecture des naïfs (A irresistível ascensão de Joseph Sec, burguês de Aix. Seguido de algumas chaves para leitura dos ingênuos).* Joseph Sec, herói anônimo que somente um curioso monumento cenotáfico, erigido em 1792, salva do esquecimento, ilustra por sua inserção sócio-cultural, o grupo dos "mestiços culturais" que não pertencem mais ao mundo popular, sem integrar-se verdadeiramente nos quadros de elite, mas forjam seu próprio universo de representações, alcançando assim, com um pouco de sorte, o *status* de "inspirados" que André Breton, depois dos surrealistas, teve o mérito de sublinhar (*Les Inspirés et leurs demeures (Os inspirados e suas moradas)*, com fotos de Gilles Ehrmann) antes que a moda atual se apropriasse deles. Substituindo o conceito de *naïf* pelo de "inspirado", Breton teve não somente o mérito de eliminar toda conotação depreciativa, mas ainda de realçar a dinâmica que esses franco-atiradores comunicam à cultura ao procurar uma forma de expressão apropriada ao seu universo interior: pintura, escultura ou obra-prima heteróclita, cujo melhor exemplo foi por longo tempo o palácio do agente Cheval, antes que se descobrissem, em vários lugares, outros similares. "Ingênuos", "inspirados", 'demiurgos do mundo social", "mestiços culturais": encontramos todos esses tipos no quadro anexo à minha biografia de Joseph Sec, como "chaves para leitura dos ingênuos", desdobrando-se em uma multiplicidade de rótulos possíveis, reflexos ao mesmo tempo de uma riqueza e de uma perplexidade. Após exame, esses marginais, aparentemente murados no segredo de uma aventura individual, freqüentemente um tanto estranha, parecem oferecer um testemunho aos grupos sociais mais amplos, dos espaços dúbios que separam a cultura de elite da cultura das classes populares.

Não nos supreenderíamos, nessas condições, de sermos conduzidos, como desenvolvimento natural, da marginalidade dos "inspirados" para uma interrogação mais vasta,

MICHEL VOVELLE

sobre a dialética cultural da cultura de elite — cultura popular.

Duplo tema, hoje amplamente investigado pela história das mentalidades, desde os trabalhos pioneiros de Mandrou ou de Bollème na França até os de Muchembled e outros, inclusive em outros lugares, citando, em um resumo inevitavelmente injusto, Nathalie Davis, Peter Burke, Keith Thomas, Carlo Ginzburg, no que diz respeito à cultura popular. Enquanto isso, a abordagem da cultura de elite, após os marcos colocados pelos tomos de *Livre et sociétés* (*Livro e sociedades*), as contribuições reunidas por A. Dupront e depois por F. Furet, até a obra magistral de Daniel Roche sobre as academias provinciais no século XVIII, também conquistou seus louros, acedendo a uma incontestável maturidade. Se cada uma dessas duas vertentes oferece, atualmente, referências sugestivas e convincentes, não creio ser o único a sentir a necessidade de sair de um dualismo sumário que se arrisca a tornar-se empobrecedor. Entre, de um lado, o universo dos "analfabetos", retomando a expressão de Pierre Goubert, ou mesmo o dos "apenas alfabetizados" que os censos recentes — inspirados nos mapas de alfabetização da França, criados no final do século passado pelo reitor Maggiolo delimitam mediante técnicas cada vez mais sofisticadas, e, de outro, o mundo das "elites", definidas pela passagem pelo curso colegial, o acesso às humanidades clássicas e até a posse de uma biblioteca, e a freqüência de lugares de encontro próprios (gabinetes, academias...), se impõe cada vez mais a impressão de um vazio a preencher.

Um vazio que não reflete uma ausência: a explicação seria ao mesmo tempo ingênua e fácil demais, porém correspondente àquela faixa intermediária das sociedades de antigo estilo: artesãos ou mercadores rurais, produtores urbanos independentes, barraqueiros e lojistas, citando apenas alguns exemplos. Começamos a conhecer, a partir das des-

O POPULAR EM QUESTÃO 213

crições precisas de Albert Soboul, o universo sócio-cultural dos *sans-culottes* parisienses. Como situá-lo na problemática que nos preocupa? Uma cultura popular? Certamente não, no sentido como a entendem muitos, como uma cultura de transmissão predominantemente oral e ancorada na tradição. Reflexo então da cultura das elites, veiculando por caminhos que ainda estão para ser analisados precisamente as idéias matrizes da cultura burguesa da elite das Luzes? Essa leitura também é bastante empobrecedora, reduzindo a um simples reflexo, expressões originais e autônomas. É preciso portanto, imperativamente, para avançar, sair de hoje em diante da oscilação esterilizante entre cultura de elite — cultura popular. Porém, como fazê-lo?

Uma outra resposta simplista à questão seria, provavelmente, ceder ao compromisso burguês e, insatisfeitos com uma estrutura de dois níveis, inventar um terceiro, que seria precisamente o dos mediadores, passando, se me desculpam a trivialidade da metáfora, de um sorvete de duas bolas... a uma cassata napolitana! Foi sobre esse tema ou essa eventualidade que, com uma agressividade de boa índole, nos questionaram alguns dos participantes desse colóquio: J. P. Poitou sob o título "Une histoire à étages" ("Uma História em estágios") e J. Molino perguntando-se "Combien de cultures?" ("Quantas culturas?"). Dizer que esse perigo — criar uma estrutura fictícia — não escapou aos promotores desse encontro não significa suspender por antecipação uma indispensável discussão sobre esse ponto, ainda mais que eles se protegeram do risco de reificar o intermediário cultural ou de fixá-lo em uma posição estática na encruzilhada de duas culturas.

Com efeito, essa reflexão, ao fim da recapitulação com a qual tentamos explicitar historicamente o surgimento de nossa questão, desemboca em uma definição preliminar de que não podemos nos esquivar: o que é o mediador cultural?

Dar de saída uma definição elaborada seria congelar um debate que permanece aberto, e evitaremos fazê-lo. Será ao final, como resultado do encontro, se possível, que a questão deverá ser retomada, nos resumos ou nos debates. Posso logo afirmar que é em termos dinâmicos que entendo o intermediário cultural, como seu próprio nome sugere, transitando entre dois mundos. O mediador cultural, nas diversas feições que assume, é um guarda de trânsito (me perdoem este deslize em uma metáfora duvidosa). Situado entre o universo dos dominantes e o dos dominados, ele adquire uma posição excepcional e privilegiada: ambígua também, na medida que pode ser visto tanto no papel de cão de guarda das ideologias dominantes, como porta-voz das revoltas populares. Em outro plano, ele pode ser o reflexo passivo de áreas de influências que convergem para sua pessoa, apto todavia a assumir, dependendo das circunstâncias, o *status* de um "logoteta", como diz Barthes e o percebera A. Breton, criando um idioma para si mesmo, expressão de uma visão de mundo bem particular.

Não se trata de escolher prematuramente entre essas pistas profundas e aparentemente contraditórias que se delineiam de início, e logo prender nossos personagens à canga de uma definição preconcebida. Por isso, não quisemos recorrer de imediato a um dos modelos nos quais não podíamos deixar de pensar, como fizeram justamente vários autores de comunicação, desde o "intelectual orgânico" de Gramsci ao *bricoleur* de Lévi-Strauss.

O mais legítimo, para ordenar sem empobrecer nem fossilizar, me pareceu fazer os reagrupamentos necessários a partir das contribuições apresentadas, em função das próprias categorias, diferenciadas mas não múltiplas, que as respostas sugeriam. Uma nomenclatura sem nada de fixo, visando a contextualizar em uma dimensão histórica essencial as feições diversas, contraditórias e sucessivas dos intermediários culturais.

Modelo e modelos:
várias feições contraditórias do intermediário cultural

É cômodo, e em todo caso legítimo, partir do modelo do mediador no "antigo estilo", conforme presente na Idade Clássica. Ele se apresenta, na versão mais evidente, como um agente da difusão vertical, de cima para baixo, de um saber... ou de uma ideologia dominante. O que, como diriam alguns, é apenas um modo diferente de expressar as coisas.

As comunicações apresentadas deram destaque, e com justiça, ao intermediário por função, instalado em seu papel de comutador, desde o cura ao notário e funcionários judiciários, incluindo o médico ou a parteira, mas passando por cima do professor, que não vimos.

Na verdade, esse personagem não perdeu a validade: tendo-se remodelado sob novas feições, portador de novas pedagogias, desde Pierre Larousse, cujo dicionário, como se sabe, é instrumento e suporte do gigantesco esforço de aculturação do século XIX, até os recentes animadores de rádio, aos quais os mídia conferem uma influência desproporcional à realidade.

Entre esses mediadores, por sua função mesmo, correias de transmissão de uma cultura ou de um saber, e os porta-vozes populares, que colocamos em contraponto, há um certo número de tipos de transição, a começar pelos mediadores "de contrabando", exemplificado pelos curandeiros. Esses trapaceiam as fileiras oficiais de difusão do saber de elite, do qual eles se contentam em arremedar as aparências... ficando talvez, por isso mesmo, em contato mais próximo com o universo popular que lhes fornece o público.

MICHEL VOVELLE

Classificaremos em seguida, no grupo de mediadores "por função" ou "por posição", grupos e profissões muito diversificados, cuja natureza mesma os coloca entre o universo dos senhores e o dos dominados, como os empregados domésticos, cuja cultura e comportamento, até a roupa, participam de ambos. Os empregados domésticos de Marivaux imitam seus patrões, mimetizando o grupo do qual dependem. Reciprocamente, é através dos servidores domésticos, ou das amas, que a elite fica em contato com os fragmentos das culturas populares, pronta a se vulgarizar às vezes com deleite, na França ou na Espanha das Luzes. Embora desigual, essa troca continua bilateral.

Passemos aos antípodas: imaginemos um grupo prometéico de porta-vozes da outra cultura, a cultura do mundo popular. Esse representante não é forçosamente o revoltado que se imagina. As comunicações apresentadas propõem antes a imagem do representante tranqüilo da "outra cultura". Imaginemos uma cultura popular ainda não marginalizada, e nem subterrânea, na qual ele oficie como cura ou como notário: é o *armier* occitano ou o mensageiro das almas, que nos lembra o Sul da França medieval ou moderno, instalado em seu papel de intermediário entre vivos e mortos. Mais que tolerado, é originalmente parte integrante da sociedade rural.

Posteriormente, se esboça a passagem do demiurgo ou xamã, dos antigos universos da magia, para um tipo de mediador popular já conceituado como subversivo, sem que por isso seja um revolucionário: é o taberneiro, por exemplo, tal como se encontra na Savóia do século XVIII, e como o descreveu Balzac. Agente de contato e de circulação, sem dúvida, porém muito justamente suspeito aos olhos do poder estabelecido.

A partir dele, como de outros, se opera a transição aos porta-vozes verdadeiros: os da revolta popular, que se encontram nos estados do papado durante a Renascença, nos traços do herói de que nos fala C. Ginzburg; como também na Revolução Francesa, mais no gestual do que no discurso dos setembristas de 1792: uma trajetória que nos conduz aos militantes operários, obreiros, socialistas ou utopistas do século XIX, lembrados através de alguns perfis e itinerários significativos.

Mediadores da difusão do saber e do poder de um lado, heróis prometéicos de outro: como seriam simples as coisas se elas se revestissem dessa limpidez linear... Basta, todavia, estar situado nessa posição, isto é, na encruzilhada de dois mundos, para ser levado — *volens nolens* — a participar de dois sistemas, e até a trair a finalidade da função que ocupa. O intermediário cultural típico, em sua ambigüidade radical, é Babeuf, feudalista tornado porta-voz das aspirações dos camponeses sem terra...

Forçado a abrir seu caminho, ou a procurar seu caminho, no estuário das influências culturais de que era o receptáculo, esse personagem social, em contraste com o cura ou o médico, portadores de uma mensagem codificada, se apresentará bem freqüentemente como um autodidata, *bricolant* sua cultura à sua maneira, e com maior ou menor felicidade. Para um resultado, também, muito diferente, variando segundo os casos. Ao personagem do revoltado ou do herói popular que acabamos de situar, se oporá, no mesmo grupo ou quase, o do "inspirado" que procura sua satisfação pessoal, voltado para o universo que forjou para si mesmo. Intermediário não-funcional, em contraste absoluto, parece, com os personagens pacíficos e eficazes com os quais iniciamos nossa resenha.

De fato, há transições múltiplas entre o inspirado messiânico, que sonha em mudar o mundo levando a palavra a uma multidão; e o sonhador doce e egoísta enclausurado atrás das grades da vila "Mon Rêve" ("Meu Sonho"). Os exemplos que foram propostos e mais aqueles que ainda se podem citar pululam com esses mistificadores conscientes ou não, como a profetiza saint-simoniana Marie de Saint-Rémy, fadada a consolar a decepção dos oprimidos, vetores da cultura da consolação, cujos exemplos se multiplicam no século XIX. Por fim, inspirado em tudo, há um profeta que dormita: Joseph Sec ou o negociante Cheval, de seu pedestal irrisório, palácio, cenotáfio ou caixa de sabão, que se dirigem ao mundo e comunicam uma mensagem.

Apresentada assim, achatada e sem referência histórica, esta visão de conjunto das diferentes expressões do mediador cultural se arrisca ao mesmo tempo a enrijecer os ângulos, mascarando uma continuidade bem real, e de se tornar também enganadora. Para dar apenas um exemplo, entre o intermediário por função, instalado em seu papel de pedagogo a serviço de uma ideologia estabelecida e aquele cuja programação subitamente se desconcerta, fazendo-se o profeta de um pequeno cenáculo marginal, há uma distância muito pequena. Assim é o cura jansenista de Vence, cuja biografia no século XVIII nos foi mostrada, e que ilustra à perfeição essa oscilação e continuidade entre esses códigos simplificadores que acabo de propor por mera comodidade pedagógica.

A necessária dimensão histórica

Para romper com essas ambigüidades, impõe-se necessariamente recorrer à História. Certamente, sempre houve mediadores culturais, em resposta a uma necessidade social evidente. Porém, a partir dos comentários específicos que reunimos aqui, não será impossível identificar uma ou duas evoluções profundas e significativas, sugerindo uma respiração secular na longa duração.

O POPULAR EM QUESTÃO

Antes da idade clássica, digamos, antes do fim do século XVI, as percepções embora descontínuas de que dispomos autorizam algumas aberturas sugestivas. Na baixa Idade Média, quando o médico ainda não havia imposto o seu saber em oposição radical ao tesouro das receitas populares, ainda que ele tivesse seus códigos de referência eruditos, podia-se encontrar com facilidade, segundo D. Fabre ou E. Le Roy Ladurie (em *Montaillou*), o intermediário funcional e tranqüilo da cultura popular, mediador entre o mundo dos mortos e dos vivos.

As contribuições de P. Burke e de G. Ginzburg ilustram, assim como outras obras suas (penso particularmente em *Il formaggio e i vermi* de C. Ginzburg, a efervescente descrição do universo mental de um moleiro subersivo do Frioul em 1580), essa troca ativa e procurada entre as duas culturas até meados do século XVI: cultura popular e cultura de elite, uma idéia que os trabalhos de Bakhtine sobre "Rabelais e a cultura popular de seu tempo" nos tornou familiar, mas que requer ser aprofundada. Na aventura trágica da "Conjura di um buffone" (Conjuração de um bufão) discutida por Carlo Ginzburg, processo e morte de um líder popular em Bolonha no início do século XVII, se inscrevia já com uma teatralidade barroca, a mudança para a repressão do intermediário — porta-voz popular, no limiar da Contra-Reforma.

Na segunda etapa, cujo centro poderia ser a idade clássica... porém uma idade clássica tão amplamente compreendida que eu não veria o inconveniente em identificar seus traços até os burgomestres da conquista pedagógica do século XIX, um outro modelo global me parece prevalecer. Em um mundo que continua dominado pelas estruturas das sociedades rurais tradicionais, opera uma rede codificada e estruturada de intermediários, cuja tipologia se desdobra facilmente: o cura, o burgomestre, a parteira o cirurgião-

MICHEL VOVELLE

barbeiro, o sacristão, em uma lista que nada tem de limitadora. Nessa estrutura, se diria que mesmo o espírito negativo ou suspeito pela função — o mascate, o taberneiro, sem falar da prostituta — desempenham um papel e uma função, dito sem gracejo, de aculturação descendente.

A partir do século XIX, esse quadro relativamente estável se desfaz (a foto de família no enterro de Ornaws), tornando-se menos límpido, sob pressão de uma evolução mais social do que cultural, que modifica profundamente os dados. Assiste-se a um desenvolvimento acelerado do livro e depois, graças à imprensa e aos mídia, dos meios de difusão (e/ou) da domesticação ideológica, ao mesmo tempo talvez em que uma relativa despersonalização dos contatos, menos diretos (apesar dos animadores de rádio que citamos, e das novas formas de cumplicidade a distância).

Nesse novo contexto, os intermediários culturais à antiga, quando não se reciclam, traem sua idade e fadiga, enquanto o fenômeno de desenvolvimento das sociedades urbanas — no qual justamente insistem várias comunicações — introduz condições novas: ruptura dos contatos pessoais codificados da sociedade rural, e também nascedouro de novas configurações, entre as quais a "cultura intersticial" dos logradouros suburbanos representa um testemunho eloqüente. Toda uma multiplicidade de posições sociais intermediárias, principalmente urbanas — entre as quais o "retirante" não seja talvez o mais inesperado — se presta a novos fenômenos culturais.

É preciso sublinhar o peso que exerce a alfabetização crescente, a generalização da instrução primária e a difusão do livro, que estimulam o surgimento do personagem autodidata, assim como, em outro plano, o nascimento de um movimento operário — uma poderosa escola de aculturação de estilo novo?

Uma explosão se produz então, cuja eclosão se poderia atribuir à Revolução Francesa, mesmo sob risco de excessiva simplificação, mais exatamente, aos porta-vozes dos massacres de setembro de 1792, ao mesmo tempo tão ancorados em toda uma tradição de antigas linguagens da revolta e também anunciadores de um novo estilo de relações e de troca.

Um novo espectro de intermediários se estrutura progressivamente nos estudos consagrados aos séculos XIX e XX. É verdade que o modelo clássico se encontra bem longe de estar sepultado no passado. Nesse domínio, a convergência de uma série de intervenções complementares nos permite esclarecer mais precisamente a silhueta exemplar do assistente social, personagem ao mesmo tempo contemporâneo e tradicional. Também a do mediador "atualizado", reflexo da revolução técnica dos mídia, tal como o vimos analisado na tipologia dos animadores de rádio. O personagem do porta-voz talvez seja um dos que apresentam as mutações mais profundas: do rebelde primitivo ao militante, ele é um aculturado certamente, porém portador de uma cultura operária específica, apontando a uma vertente pioneira essencial de pesquisa.

Prolifera, enfim, o grupo dos que tomam a tangente: os inspirados. Eles não existiam antes, e seu surgimento não seria apenas uma ilusão de ótica, facilitada pelas condições externas? Quantas coisas mudaram desde que o cimento armado e o pré-moldado conferiram ao *bricoleur* doméstico os meios para perenizar, por um certo tempo, a expressão de seu universo imaginário! Mais profundamente penso que essa proliferação reflete a multiplicação de *status* e de personagens sociais outrora desconhecidos, desde toda a pequena burguesia até as profissões do setor terciário dos quadros inferiores, onde essa cultura ambígua encontra um terreno preferencial.

Como se vê, essa respiração secular conduz, mais do

MICHEL VOVELLE

que ao enriquecimento de uma tipologia que integraria novos personagens, tal como o presépio provençal da mesma época, antes a uma revolução mais profunda, cujos dados novos a própria natureza dos temas propostos não poderia deixar de refletir.

Dos mediadores às mediações

O que denominei, simplificando muito, a despersonalização que começa no século XIX, para conceituar um fenômeno que uma comunicação que não pôde ser apresentada neste encontro chamava "a morte do intermediário cultural na fábrica moderna", emergiu ao longo das comunicações recebidas, através da importância crescente do estudo dos meios de comunicação em confronto com a relação humana direta, à medida que nos afastamos da civilização oral tradicional. Não se justifica, certamente, o exagero de só ver claro à nossa frente e extrapolar abusivamente a partir do conjunto de comunicações reunidas. Percebe-se, em certos estudos, a riqueza de mediações tradicionais do tempo em que funcionava ainda plenamente a troca entre cultura de elite — cultura popular, segundo o que disse Peter Burke sobre o teatro, que foi o *happening* carnavalesco na Europa elizabetana. Evidentemente, o período contemporâneo exige que concentremos a atenção sobre a função dos meios, das técnicas e dos agentes: fazendo-nos passar dos mascates de livros de porta em porta do século XIX (os *chamagnons* da Champagne) até a aventura do dicionário de Pierre Larousse ao *Petit Journal* e depois ao rádio, à casa de cultura...

Nessa proliferação de instrumentos, apoios e estruturas, teria o intermediário cultural se tornado um personagem ultrapassado e, no limite, suspeito?

O intermediário como "testemunha privilegiada"

Preveniram-nos em uma das contribuições (Roger Cornu) contra as ambigüidades inerentes à natureza da testemunha privilegiada. Nós acolhemos essa advertência com toda a atenção que ela merece. Não queremos incorrer na crítica dirigida aos africanistas, etnólogos e até historiadores que acreditavam indispensável — se fazerem mistificar por um informante sarcástico para conferir autenticidade ao seu propósito. Mas, vamos aceitar o desafio com todos os riscos que ele comporta.

Demiurgo do mundo social, inspirados, mestiços culturais... para retornar a litania com a qual abrimos nossa comunicação, em nome de quem testemunham esses intermediários culturais?

A sociologia dos inspirados, descrita há pouco por André Breton, os situa na casa cronológica onde se insere o grupo que ele focaliza, na fronteira entre o assalariado (muito pouco representado) e a burguesia cultivada. Não existem mais, como no universo fantástico do castelão de Bomarzo, príncipes italianos suficientemente perdulários para despender sem retorno as produções de sua imaginação.

Quem encontramos atualmente no grupo dos inspirados? Autodidatas, *bricoleurs* como Piquassiette, o coveiro de Chartres que diz: "Trabalhei o mínimo, dentro de meus próprios limites". Isso nos proporciona meios de informação específicos: a autobiografia, o ex-voto, o monumento cenotáfico ou a vila "Mon Rêve"; como formas de expressão particulares, a grafomania, o proselitismo, uma pedagogia ingênua, um messianismo que conduz, às vezes, a uma visão cósmica ou escatológica...

Tomemos essas limitações como se fossem outras tantas riquezas: lembrando-nos, todavia, de que não é suficiente estar na situação de intermediário para ser um inspirado. Desde que saibamos penetrar com simpatia em seu mundo,

MICHEL VOVELLE

sem nos deixar lograr por eles, esses personagens em processo de ruptura ou de instabilidade são "testemunhas privilegiadas", no sentido positivo do termo, de tudo que eles podem nos trazer como contribuição a essa história dos sonhos, dos fantasmas e de um imaginário que não lhes é próprio.

Uma cultura, duas culturas... ou mais?

Do leque de sugestões recebidas, a impressão que nos fica não é de uma mistura confusa, mas precisamente a convicção de que não se pode mais deixar de pôr em questão o tema fundamental escolhido para essa ocasião: o da dialética esterilizante entre cultura popular e cultura de elite. A guerra de trincheiras onde parecíamos soterrados cedeu lugar, da forma mais auspiciosa, a uma guerra de movimento, que corresponde a essa leitura "dinâmica e pluralista" que com razão reclama Jean Molino, autor de uma contribuição com o título "Combien de cultures?" ("Quantas culturas?").

Acreditamos ter alcançado nosso objetivo se este seminário tiver contribuído para essa tomada de consciência.

Dez anos de sociabilidade meridional*

A sociabilidade é uma noção criada ou redescoberta há mais de dez anos na lista dos conceitos básicos de que a História das mentalidades precisa para penetrar as realidades coletivas com as quais lida. Foi uma tentativa de definição desse tema que se propôs por ocasião de um encontro sobre as comunidades meridionais.

Dez ou quinze anos? Foi em 1966 que Maurice Agulhon apresentou a primeira versão de sua obra sobre a sociabilidade provençal, subtitulada: *Confréries et associations* (*Confrarias e associações*). Imediatamente transformada em clássico, abria uma senda nova na História, não só das mentalidades, mas também das sociedades mediterrâneas e da "meridionalidade". Marco na história das mentalidades, introduziu nesse campo a noção de temperamento coletivo, acentuando a passagem dos estudos ideológicos para o estudo das atitudes que a caracteriza atualmente.

Seria prematuro tentar fazer um balanço ou uma síntese em processo? Poderá dizer-se que seria preferível que

---

* Texto inédito de uma contribuição apresentada nos encontros de Bendor (1980), sobre as comunidades meridionais.

ele fosse apresentado por Maurice Agulhon mesmo e, de minha parte, estou de acordo. Mas um dos sinais do sucesso do conceito assim introduzido, ou reintroduzido, é bem essa banalização que confirmou de início que ele correspondia a uma necessidade de pesquisa. E o fato mesmo de que simultaneamente a *Pénitents et francs-maçons*, de Maurice Agulhon, também tenha aparecido *Chambrettes des provençaux* (*Cubículos dos provençais*), de Lucienne Roubin, atestando bem o caráter operatório do conceito.

Dez ou quinze anos, é justo o tempo necessário para verificar se uma noção se esvazia, se ela corresponde a suas promessas ou simplesmente se foi logo tudo dito de saída.

Sociabilidade meridional: um conceito recebido e operatório

Um dos paradoxos menores da noção de sociabilidade não é o de ser, enfim, uma recriação ou uma reprise. Sabe-se o histórico da noção, que remete à escola dos historiadores sociólogos conservadores de fins do século XIX, sob influência de Le Play e da qual Ribbe, em suas obras sobre a família provençal sob o Antigo Regime, foi o representante mais característico. Tradição familiar, leitura conservadora dos temperamentos coletivos, de sociedades ordenadas e do que lhe constitui o cimento, isto é, aquela hierarquização consentida que se reflete como eco desde os grupos elementares, como a família, aos mais complexos, como a aldeia. A retomada por M. Agulhon, quase um século mais tarde, de um conceito tão historicamente datado aparentemente, abre o exemplo de uma "esquerdização" (em todos os sentidos do termo) extraordinariamente bem-sucedida de um reemprego a serviço de uma história social nova, voltada para as mentalidades. Se tentarmos, com o recuo relativo de que dispomos atualmente, estabelecer os elementos mais novos e duravelmente fecundos dessa análise, parecem-me que eles se articulam em torno de alguns grandes temas:

Primeiro, a análise de um modelo estrutural: uma espécie de tipologia que postula a universalidade do fenômeno das confrarias no mundo meridional, e lhe dá uma nomenclatura: as "confrarias-instituições" municipalizadas, do tipo confrarias da juventude ou confrarias beneficentes; as confrarias profissionais; depois as confrarias de "luminares"; e finalmente as confrarias de penitentes.

Codificação analítica que, a um só tempo, reutiliza com flexibilidade as nomenclaturas da época, como se permite, senão o anacronismo, pelo menos uma reclassificação dentro de um quadro de categorias modernas normalizadas. Enfim, um panorama sintético, identificando as constantes e traços comuns.

O segundo tema, em poucas palavras, é justamente o da construção de um modelo estrutural que conduza a um modelo dinâmico, cuja chave me parece ser a ênfase no reemprego de estruturas formais, mas também a transição de umas para outras — dos penitentes aos franco-maçons — revelando uma constância relativa (mas não um *invariante* no sentido dos antropólogos), sob a forma de uma sociabilidade que se perpetua sob feições diversas.

A terceira novidade do método, e que o distingue decisivamente da sociabilidade à antiga (traço intemporal do temperamento coletivo), é justamente a tentativa, mesmo que ela continue antes como projeto do que demonstração, de associar esse traço de comportamento coletivo a um certo número de estruturas sócio-econômicas, de cuja existência a pequena vila meridional urbanizada seria a base e o centro.

Ancorando solidamente os traços de temperamento em uma História social, essa abordagem revela uma outra novidade metodológica: o princípio da interdisciplinaridade, tanto no interior como fora do terreno histórico. Mesmo que, com uma discrição às vezes excessiva, M. Agulhon tenha se abstido de fazer história religiosa, de qualquer modo ele pescou voluntária e frutiferamente em águas turvas, na confluência das histórias — institucional, religiosa, política, social — e, certamente, das mentalidades, como também no contato com a antropologia, o que a pesquisa simultânea de L. Roubin por sua vez testemunha.

Esse é um simples esboço que pretendemos ter reduzido ao essencial: não estamos pronunciando um balanço como oração fúnebre, muito pelo contrário, ao nos perguntarmos em que se transformou, quinze anos depois, o tema da sociabilidade.

Pode-se reconhecer, quinze anos depois, que o modelo superou vitoriosamente as provas de validade e de confiabilidade. Em Provença, e mais amplamente na área mediterrânea, as abordagens, algumas monográficas, outras de maior escala, atualizaram e confirmaram os termos da descoberta proposta.

Sem dar às minhas pesquisas importância maior do que merecem nessa evolução, lembrarei o lugar que têm as confrarias — luminares, beneficentes, ou de penitentes — na rede de gestos em torno da morte, tal como as analisei em *Piété baroque et déchristianisation,* e da mesma forma a importância da rede de sociedades populares no Sudeste da França, seguindo as indicações cartográficas que apresentei em 1979 em um quadro do *Atlas historique de Provence.*

Naturalizado em Provença e no Sul, e mesmo além do Sul (Savóia, Normandia), o que não deixa de colocar uma série de problemas a que voltaremos, o modelo recebeu o direito de cidadania. Ele tornou caducas, e prematuramente superadas, algumas pesquisas ainda em curso que haviam subestimado o fato das confrarias (tal como o relatório em vias de publicação das "visitas pastorais" que peca nesse campo por um evidente excesso de simplificação).

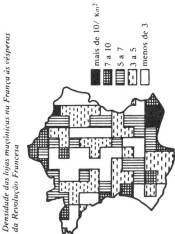

Densidade das lojas maçônicas na França às vésperas da Revolução Francesa

mais de 10/ Km²
7 a 10
5 a 7
3 a 5
menos de 3

Número de lojas em relação à superfície

mais de 4 lojas por 100 000 h
2 a 4
1.6 a 2
1.2 a 1.6
menos de 1.2

Número de lojas em relação à população, por circunscrição financeira

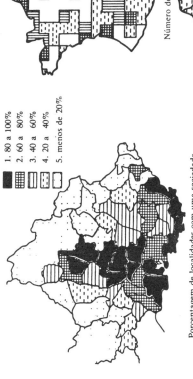

1. 80 a 100%
2. 60 a 80%
3. 40 a 60%
4. 20 a 40%
5. menos de 20%

Densidade das sociedades populares no Sudeste no ano II

Porcentagem de localidades com uma sociedade

Limite apresentado da sociabilidade meridional segundo as lojas

MICHEL VOVELLE

Fora da França, a abordagem foi bem acolhida na área mediterrânea e particularmente na Itália. Estudos realizados tanto em Veneza (G. de Rosa) como no Basilicato (*idem*) ou na arquidiocese de Nápoles (Galasso e C. Russo) testemunham a atenção dada a uma perspectiva desde então valorizada em toda a área mediterrânea. A partir daí, o conceito difundiu-se progressivamente. Começou-se a abordar, ainda que não fosse de forma monográfica, o delicado problema da transição que ocorre no século XVI e também o surgimento medieval das confrarias. Estudos como os de M. T. Lorcin, de M. Gonon no Lyonnais e Forez, ou de Nuce de Lamothe ou de Baccrabère em Toulousain permitiram essa ampliação. De modo geral, a questão evidenciou metamorfoses, reconversões e declínio das estruturas de sociabilidade; e para confirmá-lo, remetemos, por exemplo, a Phanette Cornu, no estudo sobre as sociedades de morte no baixo Adour, ou mais ambiciosamente a M. Segalen, na síntese geral que apresentou sobre as confrarias na França moderna.

Em uma palavra, o conceito revelou-se operatório. Eu apresentaria como prova disso, o fato de que ele foi retomado na recente História da Occitânia — uma dimensão regionalista que M. Agulhon não havia introduzido na pesquisa —; mas não nos surpreendemos que a sociabilidade tenha sido utilizada para reanimar a noção de herança coletiva, cujo inventário o occitanismo atual tenta empreender.

Esta ampliação mesma, em todas as dimensões, remete a um certo número de problemas, de cuja solução depende, em meu juízo, o desenvolvimento ou a estagnação do conceito. Passaremos a resumi-los em alguns pontos, ou algumas interrogações.

Difusão das Confrarias de Penitentes segundo a relação das Visitas Pastorais.

O POPULAR EM QUESTÃO   231

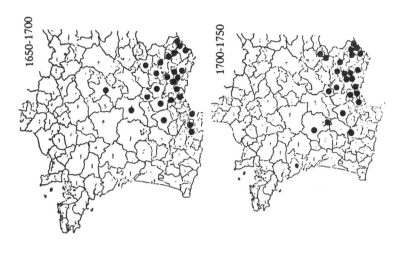

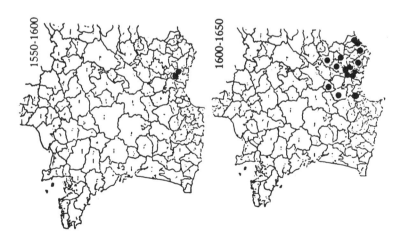

As fronteiras da meridionalidade: um problema aberto

Se me permitem usar uma expressão um tanto popular, Maurice Agulhon, trabalhando na Provença oriental, "acertou na mosca", no coração ou no epicentro da sociabilidade meridional. Isso traz imensas vantagens, permitindo apreender em ato, dentro de toda a sua complexidade, o fenômeno que tentamos analisar.

Sem nos queixarmos de que a noiva é bonita demais, pode-se também supor que uma localidade de fronteira talvez seja igualmente apropriada para se avaliar, por contato e por contraste, os traços específicos procurados. Em um domínio inteiramente diferente, a obra clássica de Paul Bois, *Paysans de l'Ouest* (*Camponeses do Oeste*) demonstrou todos os benefícios que se podem obter de uma tal localização. Até onde, no espaço francês, pode-se legitimamente utilizar o termo "sociabilidade meridional"? Recentes trabalhos, como a síntese de M. Segalen sobre confrarias na França antiga, estendendo a ocorrência do fenômeno até áreas que evidentemente nada têm de meridional, da Normandia à Flandres, implicam em colocar diversamente a questão.

De minha parte, bem cedo propus elementos para a resposta, em 1971, em uma breve síntese intitulada "Essai de cartographie des limites de la sociabilité méridionale à la fin du XVIIIe siècle" (Ensaio de cartografia sobre os limites da sociabilidade meridional ao fim do século XVIII), (atas do Congresso da Sociedade de Estudiosos de Toulouse), a qual se apoiava, entre outros elementos, no mapa das sociedades populares revolucionárias que eu havia antes realizado para o *Atlas historique de Provence*. A comunicação que proponho hoje responde como um eco àquela primeira síntese de dez anos atrás. Minha primeira abordagem, lembrada resumidamente, tentava apreender em três vertentes diferentes, se assim se pode dizer, e a partir de três séries de fontes aparentemente heterogêneas, a cartografia da sociabilidade: na primeira, um mapa de inventário das confrarias de penitentes no quadro da baixa Provença e do país de Nice; depois, em um desenvolvimento superior, o mapa das sociedades populares revolucionárias em vinte departamentos do Sudeste, considerado no sentido amplo. E, finalmente, na escala do Estado francês, uma cartografia de localização das lojas maçônicas ao fim do século XVIII, a partir da relação clássica de Le Bihan, propondo os elementos para uma reflexão global.

Assumindo o que ela própria inevitavelmente continha de disparatado, esta abordagem, constituída de enfoques entrecruzados, ainda assim levantava uma série de questões. O mapa das sociedades populares do Sudeste, tracejando ao norte uma fronteira límpida e legível, punha em evidência o eixo de Durance, na Alta Provença alpina, assim como o vale do Ródano, até Valence. Mas levava também a matizar as explicações simples demais, quer pela estrutura sócio-econômica (o povoado urbanizado), quer pela geografia (o relevo), ou pela cultura (o grau de alfabetização e a língua falada). Esse mapa carece ainda de um desdobramento em direção ao Sudoeste aquitano, porém essa lacuna pode ser preenchida em parte pelo mapa das lojas maçônicas que sugerem, dependendo de verificação e inventário, uma geografia plausível de uma outra sociabilidade meridional, a do Sudeste, até aqui bem menos conhecida.

Desde então, as pesquisas têm avançado e permitem, sem responder a todas as questões, sair da expectativa prudente em que nos mantínhamos há dez anos. A publicação em curso de *Répertoire des visites pastorales* (*Relação das visitas pastorais*), datadas do Antigo Regime, autoriza desde já, apesar da imprecisão relativa de sua classificação das confrarias, uma cartografia por dioceses do Antigo Regime, assinalando a presença ou ausência de confrarias mencionadas naquela relação. Teste grosseiro, admitimos, para supor a ausência ou presença das confrarias. Porém, no estado atual dessa pesquisa em andamento, os resultados já estão prenhes de sugestões, à medida que o levantamento permitiu estabelecer uma série de cartas cinéticas, ou cinemáticas conforme queiram, e por isso mesmo, enfocar em termos dinâmicos a abordagem da fronteira que tentamos definir.

A bem da verdade, considerando a série de mapas de confrarias de penitentes que apresentamos, escalonados de cinqüenta em cinqüenta anos, de 1550 a 1800, começamos a duvidar senão da pertinência da noção de fronteira, pelo menos de sua estabilidade. É, com efeito, como um fluxo contínuo, semelhante a uma mancha de óleo, que se espalha a partir de um epicentro estreitamente circunscrito no final do século XVI (Condado de Nice, baixa Provença e Comtat, Savóia), até um Sudeste mais uniformemente compreendido na primeira metade do século XVII; enquanto a segunda metade assiste não somente o Languedoc, mas também a região de Lião, largamente considerada, incluir-se na área em estudo, realizando-se a última expansão para o Norte e para o Sul, no início do século XVIII, desde Borgonha ao Limusine e no vale de Garonne. O final do século das Luzes registra, senão um recuo caracterizado, pelo menos uma tendência à retração ou à concentração em direção aos centros originais da difusão.

Em sua simplicidade, que pode parecer ingênua, essa cartografia é valiosa: ela nos encaminha a uma noção muito mais dinâmica, historicamente contextualizada, das formas de sociabilidade que podem aparecer melhor fundamentadas. Ela sugere também uma origem muito mais recente do que se acreditava, mesmo pondo em dúvida a importância da segunda metade do século XVI para o início da Contra-Reforma nesse movimento; ainda que não seja o caso de refutar emergência medieval das confrarias de penitentes meridionais, cujos primeiros traços se verificam no século XVI. Nossos mapas, porém, reflexo do ponto de vista do prelado visitante, são uma prova de difusão maciça, mais que da simples presença ou ausência.

Segundo os mapas de difusão das confrarias de penitentes, considerados nos limites de precisão que admite a relação das visitas pastorais, outras formas de confrarias, especialmente as beneficentes, permitem apreender, no essencial, um outro modelo de sociabilidade de base religiosa. Isto é: se o Sul se encontra em boa classificação, aparecem outros pólos na França setentrional: Flandres e Normandia, notadamente, região de caridade e de "caridosos"... Voltamos, assim, ao tema inicial da especificidade de uma sociabilidade meridional, que algumas obras recentes, como a de M. Segalen, tendem talvez a obscurecer.

Uma problemática enriquecida

Essa sociabilidade meridional existe, certamente, mas fitar mais adiante ou simplesmente olhar em torno leva, graças a uma multiplicidade de estudos monográficos realizados há dez anos, a complexificar o modelo, sem obscurecer seus traços.

Pode-se meditar, a partir de um certo número de indícios, alguns específicos, outros mais gerais. Será, por exemplo, um traço específico o contraste entre espaço masculino e o espaço feminino, tão importante em M. Agulhon, e mais ainda em L. Roubin em *Chambrettes des provençaux (Cubículos dos provençais)*? Mundo de penitentes, mundo de homens: a correlação parece evidente na baixa Provença, e no geral não cabe contestá-la. Outras localidades, porém, nos apresentam uma clivagem menos clara. Os estudos realizados por nossos alunos nos Alpes, assim como em Barcelonnette e em Vallouise, "conservatórios" dos altos vales, como também na Savóia (Tarentaise), demonstram a presença muito generalizada de confrarias mistas de penitentes. Ao longo dos estudos feitos nas penínsulas mediterrâneas — Itália e Espanha — percebe-se que o modelo alpino não é uma curiosidade. Depois, tomando o problema não no espaço mas no tempo, é incontestável que se produziu uma feminização crescente das confrarias, pondo progressivamente em questão o modelo inicial da clivagem de sexos. Mais amplamente, pode-se também perguntar se o próprio modelo ou o código e a forma propostos por M. Agulhon, com base em Provença, seriam transferíveis sem adaptações e em que lugares.

O próprio autor, cuja prudência metodológica se conhece, logo responderia "não", eliminando de pronto as contestações às vezes intolerantes dos que o acusam de se ter aventurado em um terreno — o da história religiosa — que não era o seu. Por ter, de minha vez, testado na Provença, a partir de outras fontes e outros enfoques, a confiabilidade de sua hipótese, posso dar minha caução a um modelo que não caducou. É preciso levar em conta, ainda, que a diversificação tanto no espaço, isto é, das áreas de investigação, como também no tempo, visto que se remonta à época medieval, leva a tomar consciência da complexidade das coisas, freqüentemente maior do que se pensava. A distinção introduzida entre confrarias de penitentes de uma parte e confrarias luminares de outra, devotadas à manutenção de uma capela ou de um altar, muito nítida na Provença durante a idade clássica, se turva quando fora daí. Por exemplo, na Savóia, onde um recente estudo sobre as visitas pastorais da diocese de Tarentaise, ao fim do século XVII, mostra a confusão constante entre a confraria do Santo Sacramento e a dos penitentes brancos, o que representa mais do que uma curiosidade, visto que o traço se dilata mais tarde pelo século XVIII e até o século XIX na diocese de Annecy (Genebra) e no Dauphiné, na diocese de Grenoble.

Chega-se, assim, senão a pôr em questão, pelo menos a distinguir fortemente a diferença entre confrarias luminares e confrarias de penitentes; e, mais amplamente ainda, talvez, a valorizar a importância de heranças históricas diversificadas na estrutura de um fenômeno como o das confrarias. Meio provavelmente de evitar uma leitura reducionista, que não é a de Agulhon, mas da qual nem sempre escapa M. Segalen, pondo no mesmo saco, se assim se pode dizer, penitentes, caridosos e "caridosos", normandos, flamengos e provençais.

Observemos que indiretamente o problema de fronteiras que acabamos de abordar mais acima emerge ele próprio revalorizado dessa consideração, que impõe dar uma atenção especial aos postos avançados da meridionalidade: os penitentes de Creuse ou do alto Loire (até mesmo da Savóia), estranhos ao poderoso condicionamento que representa, no Sul, a estrutura social diversificada do povoado urbanizado. São penitentes urbanos, de Puy-en-Velay até Chambéry, bem mais que penitentes de vilas ou de aldeias.

Isso implica mais do que discussões sobre detalhes. São antes questões gerais, que testemunham a fecundidade de um tema da sociabilidade, que não deixou de provocar interrogações. Saindo da leitura laica, à qual M. Agulhon havia prudentemente esperado se restringir, para entrar no campo da história religiosa, que ele não pode evitar, entrando em contato com a etnografia — outro encontro inevitável — mas em um confronto mais pacífico do que permitia prever a coexistência pacífica Agulhon-Roubin, o tema se enriqueceu sem perder seu valor.

238 MICHEL VOVELLE

Estamos hoje, sem dúvida, dentro de uma perspectiva mais ampla, tentados a estender o estudo da sociabilidade meridional para outras solidariedades não-institucionais e não formalizadas. O recente investimento maciço operado sobre a família nos convida a isto, e as aberturas como as propostas por Y. Castan (*Honnêteté et relations sociales en Languedoc, 1705-1780* (*Honestidade e relações sociais no Languedoc, 1705-1780*)) sobre a família meridional encorajam esse caminho. Convém também, ao nível das solidariedades não formais mas invisíveis, abrir um espaço crescente para os aspectos de clã e de máfia (pesquisados na Córsega, por exemplo, por F. Pomponi); ou na Provença, mais modestamente, as clientelas verticais, que, desde as oligarquias municipais do Antigo Regime às lutas revolucionárias, alcançaram um lugar a meio-caminho, por assim dizer, entre a família e a confraria.

Da mesma maneira, uma nova corrente de pesquisas recentes foi levada, por um outro caminho, a pensar a sociabilidade meridional antes por via do conflito que da institucionalização. A festa, em *Pénitents et francs-maçons de l'ancienne Provence* (*Penitentes e maçons da Provença antiga*), nos fez abordar, através das estruturas organizacionais (capitanias ou abadias da juventude) e dos encontros oficiais de romarias, de que forma, a partir dos círculos e cubículos, se gerou a revolta. Há hoje uma tentação para se revalorizar a outra festa, que se realiza fora das ficções de unanimidade e da hierarquia de uma sociedade de ordem: isto é, a festa carnavalesca ou selvagem, precisamente aquela que rejeita os quadros e as consolidações.

Através dessas transições, se delineiam em filigrana as mudanças de uma sensibilidade coletiva, talvez mais que a evolução de uma problemática histórica. É significativo que a Occitânia atual se reconheça no carnavalesco de "La fête en Languedoc" (A festa no Languedoc) evocada por D. Fabre. De uma nota a outra, mais que de um conteúdo a outro, e sem nada perder de sua validade, a noção de sociabilidade meridional avança como aquisição duradoura dos anos sessenta, incorporando novos campos à história das atitudes e dos comportamentos coletivos.

O retrocesso pela História na redescoberta da festa*

Da mesma maneira que os historiadores redescobriram a morte no momento em que a sensibilidade coletiva experimentava essa necessidade — ou exatamente às vésperas — o interesse pela festa ressurgiu quase simultaneamente entre os historiadores e o público. Fenômeno de moda? A explicação parece um tanto míope: a dialética entre a curiosidade científica e a demanda social nos exige uma meditação que me parece mais profunda sobre a forma como muda a sensibilidade coletiva e a consciência que dela tomamos.

A reflexão que se propõe aqui não tem outra pretensão senão a de condensar algumas idéias "no ar". Convidado como historiador das mentalidades, e particularmente da festa, a me pronunciar ou opinar sobre a forma como se coloca o problema atualmente, me permitirei partir de algumas experiências ou de alguns encontros pessoais para ilus-

---

* Comunicação apresentada em outubro de 1980 ao colóquio de estudos rurais (La Roche-sur-Yon). A ser publicada nas atas.

O POPULAR EM QUESTÃO 241

trar o que me parece se traduzir ultimamente como a nova exigência da festa.

Festa redescoberta, festa reivindicada

No Centro de Encontros de Saint-Maximin, na Provença, na primavera de 1980, fui convidado, na qualidade de historiador — não ouso dizer historiador-conselheiro — para uma mesa redonda reunindo pesquisadores, animadores e autoridades locais, como prefeitos e conselheiros municipais das vilas da região.

A contribuição essencial desses últimos atestava o desejo coletivo, pelo menos muito generalizado, de fazer renascer a festa em suas localidades e se baseava no relato de um certo número de experiências: reconstituições de "romarias" ou de festas votivas caídas em desuso, mas também, dentro de novos rumos, banquetes fraternais, até *méchouis* * comunitários, um termo que, como se vê, não remete exatamente à herança cultural provençal!

Essas experiências, geralmente positivas, colocavam várias interrogações e problemas, surgidos da prática e amadurecidos através dela. Qual festa e para quem? Para os habitantes rurais? Para os residentes, pelo menos, em uma Provença onde a estrutura atual da vila urbanizada atravessa mutações profundas? Ou para os novos habitantes, recentemente estabelecidos e naturalizados, não sem reticências por parte dos nativos, o que não os impede de estar freqüentemente na origem dessas iniciativas para pesquisa das raízes ou tradições, tão valiosas ainda que fabricadas. Em seguida, no decorrer dos relatos de experiências, impunha-se o problema da viabilidade dessas reconstituições: o que denominarei, usando uma expressão que os animadores

---

* Em árabe: assado. O autor se refere a "churrascos" *pieds-noirs*. (N.T.)

242   MICHEL VOVELLE

de campo conhecem bem, o cansaço do terceiro ano, o que vê decair o efeito inicial de surpresa e curiosidade. Tudo isso desembocando sem dúvida, na questão central, onde o historiador pode se ver perguntado: é possível ressuscitar a festa à moda antiga, fazer reviver hoje a romaria ou a festa votiva em uma sociedade para a qual toda uma parcela de antigas motivações — desde a religião até a sociabilidade tradicional — não desperta mais que ressonâncias longínquas e tornadas tão exóticas, com tudo que isso possa acarretar de reações positivas mas fugazes de curiosidade ou negativas de desinteresse, sobretudo da parte dos jovens? E, se for o caso de recusar receitas antigas e tratar de encontrar novos cenários, que festa "inventar"?

Interrogado diretamente, no terreno mesmo, se assim posso dizer, me sinto igualmente instigado por outras questões, quer de ordem livresca ou então nascidas do contato com os grupos que procuram atualmente soluções novas em Provença.

A recente obra de Daniel Fabre, *La Fête en Languedoc*, oferece todo um espectro de perspectivas estimulantes, propostas pelo etnólogo, ao mesmo tempo como conhecedor e co-participante da civilização occitana, sobre o tema de um retorno à festa carnavalesca, da qual ele apresenta uma ilustração rica, vívida e ao mesmo tempo dominada. Contato precioso para o provençal por adoção que sou, à medida que, além mesmo da reflexão que me foi proposta de fora, tomei consciência de toda uma série de experiências e de cenários — de Pézenas até Cournonterral e outros lugares — que testemunham a real vitalidade de uma festa que se conserva viva, ou reinventada, o que não é sempre o caso na Provença.

Guardei, todavia, de um diálogo a muitas vozes por ocasião de um encontro radiofônico sobre o tema da festa ("Segundas-feiras da História", em 1978), para o qual fui convidado juntamente com Daniel Fabre, Georges Duby e alguns outros, o sentimento de um certo equívoco na forma como se pode interpretar o ressurgimento da festa, diante das formas de festas vulgarizadas e comercializadas da atualidade. Embora D. Fabre e G. Duby estivessem de acordo em condenar, em nome da autenticidade, a "odiosa baliza" atual, isso não decorria, evidentemente, dos mesmos pressupostos, nem de uma visão idêntica. Por outro lado, descrições e testemunhos recentes nos levam a refletir, a partir das festividades tradicionais reativadas do Languedoc, sobre a noção do popular na festa. São "populares" os palhaços de Cournonterral? Sim e não, observando a reserva de uma parte da população a seu respeito, e não somente da fração estrangeira e não nativa dessa localidade repovoada em parte por quadros de Montpellier. É certo que não esperamos que a festa provocada ou ressuscitada corresponda àquela unanimidade que foi sempre ilusória. A presença de tensões é constitutiva da festa; contudo, é preciso que ela seja integrada nesse nível mesmo.

Nos últimos anos, fui levado a acompanhar com atenção e simpatia uma experiência teatral que nos introduz diretamente no mundo da festa: a do grupo occitano arlesiano, do "Théâtre de la Carriéra", cujo público é muito mais amplo que o local. Nas últimas peças de sua produção (*Bogre de Carnaval, Monsieur Occitania*, etc.) emerge, de forma cada vez mais consciente, a aplicação de um novo modelo de festa no centro das novas cenografias: o carnaval, veículo tradicional da festa subversiva na longa duração, materializa o encontro da herança histórica e do tempo curto da mensagem teatral contestatória.

Foi no decorrer desses diferentes contatos que vi delinearem-se vários problemas, o que é muito saudável, mas também presenciei alguns descompassos. A festa carnavalesca do Languedoc, tal como a descreve D. Fabre, será ela plenamente aceita (não se pode negar que seja intensamente vivida por seus participantes) ou rejeitada? É ela o veículo de massa de uma nova linguagem? Não existe um risco constante de uma espécie de marginalização dessas experiências? Da mesma forma, através da seqüência de produções do teatro da Carriéra nos últimos cinco ou seis anos, parece-me acompanhar, das primeiras às últimas peças, um processo que coloca, de maneira muito nítida, o problema do "popular", exacerbado ainda mais pela transferência da festa ao ar livre para a cena teatral. Passando da agitação e propaganda política do início, dilatada mas facilmente decifrável, ao carnavalesco de hoje, expressão paradoxalmente mais sofisticada dos idiomas da loucura, terá o teatro da Carriéra conseguido sua mutação? Algumas peças-enigmas para intelectuais (*La Liberté ou la mort* (*A liberdade ou a morte*)), (triunfo imaginário da Revolução na Provença) lançam dúvidas sobre isso.

Assim, através desses poucos elementos descontínuos, chego a uma colocação mais global de certas proposições.

O reconhecimento de uma nova exigência festiva, nos últimos anos, e singularmente no mundo rural ou do que dele resta, me aparece como incontestável. Ele se apresenta igualmente em outros lugares, mas em termos específicos, no mundo urbano das animaçõs de bairro. Porém, essa exigência passa pela História e pela redescoberta? É um problema de historiador, se dirá, e, portanto, ocioso. Mas a questão: "pode-se ressuscitar a romaria?" não é simplesmente acadêmica. Ela nos remete aos precedentes históricos, tanto no Sul provençal da época felibreana, como na reconstituição enfim bem-sucedida de um certo *tutu-pampan*, hoje em desuso, mas que foi eficaz, ainda que pareça evidentemente um precedente que hesitaríamos hoje em repetir.

No diálogo por ocasião das "Segundas-feiras da História", ao qual fiz alusão mais acima, Georges Duby lançou um paradoxo saudavelmente provocador — e, provavelmente, era um dos únicos a poder se permitir essa impertinência — de dizer que a festa francesa, tal como a observamos ainda hoje em dia, ainda que amortecida mas possivelmente ainda viva em suas manifestações orféicas, é no essencial uma festa do século XIX, último lampejo de uma sociedade rural ainda existente quando ela surgiu. Afirmação ao mesmo tempo verdadeira e falsa, e que se admite como tal. Georges Duby não ignora as pacientes vinculações de certas festas até o século XIV e às vezes além, que hoje em dia nos esforçamos para reconstituir em sua continuidade na longa duração, como fizemos, Noel Coulet e eu, recentemente em relação aos jogos da Festa de Deus em Aix-en-Provence. Estatisticamente, porém, e de maneira geral, a festa que se vem tentando reviver hoje, se origina, no essencial, das criações mais recentes do século passado.

Constatando a revivescência, vivida ou desejada, do carnavalesco na atualidade, defrontamo-nos inevitavelmente com o problema, ao mesmo tempo velho e novo, do carnaval como forma acrônica e suporte contínuo das expressões de inversão e das linguagens subversivas, sendo ao mesmo tempo uma herança de longa duração. Esse carnaval, porém, não estará morto? Como morto está seu primo — o charivari — cujo desaparecimento, ao final do século XIX, Thompson e outros demonstraram resultante de sua inadaptação às novas estruturas e aos novos conflitos da sociedade industrial. A ressurreição do Carnaval pode ser mistificadora como reintrodução de uma ficção de muito longa duração a partir de uma forma vazia ou vale-tudo.

O problema sempre central, em toda a sua simplicidade, é que toda festa só pode pertencer ao seu próprio tempo; e, no limite, o retrocesso pela História se torna uma facilidade enganadora. Por outro lado, ocorre que os idiomas da festa não se inventam da noite para o dia, e não

246 MICHEL VOVELLE

temos motivos para privilegiar uma modernidade pela simples razão de ser nova, e cujo caráter alienante já é com-
provado. Se não é o caso de se queimarem as balizas por
crime de vulgaridade agressiva, também não deveríamos
ceder sem um exame aprofundado às tentações americani-
zadas que elas nos oferecem.
Será o retorno da História inteiramente supérfluo?

Convergência: onde a História redescobre a festa

Estamos há anos no campo das redescobertas sincrô-
nicas, que vêem historiadores, sociólogos e práticos de campo se debruçarem sobre os mesmos problemas, às vezes, ou
freqüentemente, desconhecendo uns aos outros: o da morte,
da família, da criança ou do amor maternal. Observa-se a
simultaneidade das descobertas pela história das mudanças
de uma sensibilidade, ela própria inserida na História, e
do efeito de demonstração que daí resulta. O que não quer
dizer que o historiador trabalhe por encomenda, assim
como também não é ele quem abre os caminhos. A história
da festa ilustra inteiramente esse propósito, provavelmente
nada supérfluo, de se perguntar por que, na França e em
outros lugares, a História redescobriu a festa há uns vinte
anos.

Em uma perspectiva mais ampla, se pode ver nisso
um aspecto da evolução atual da história das mentalidades
à francesa, a qual, partindo, há uns vinte anos, de temas
que estavam ainda ao nível de uma história cultural no
sentido amplo do termo, se orientou de maneira crescente
para uma abordagem do gestual, das atitudes e dos comportamentos coletivos, reflexos inconscientes das sensibilidades
e expressão do imaginário.

Nessa perspectiva, que maravilhoso campo de observação é a festa para o historiador: momento de verdade em

que um grupo ou uma coletividade projeta simbolicamente sua representação de mundo, e até filtra metaforicamente todas as suas tensões.

É lugar comum afirmar-se que a influência do conjuntural se fez sentir na descoberta desse novo território. Mesmo que não tenha sido Maio de 68 o que levou os historiadores a se interessarem pela festa, é certo que o movimento de curiosidade coletiva suscitado pela grande festa pseudo-revolucionária contribuiu para o amadurecimento de curiosidades novas.

Talvez seja o peso real ou superestimado da contestação de Maio de 68 que explique por que a festa da Revolução Francesa foi um dos primeiros campos abertos nesse domínio com a obra de Mona Ozouf, *La fête révolutionnaire* (*A festa revolucionária*), reflexão voltada para os rumos e meios da invenção de uma nova sacralidade, no seio desse acontecimento fundador, que condiciona duravelmente o imaginário coletivo do século XIX aos nossos dias. Paralelamente, em *Les Métamorphoses de la fête en Provence, 1750-1820*, dediquei-me a acompanhar, na história da festa, as variações na duração curta e na duração longa. Isto é, como o sistema festivo provençal, ao fim do século XVIII, profuso, organizado, complexo e já "folclorizado" antecipadamente, se defrontou com a intrusão da festa revolucionária cívica e nacional: coexistência ou rejeição, fusão parcial, ou empréstimo pela festa de um novo estilo de elementos ou de padrões de festa à moda antiga? Na Provença descortinam-se os elementos para uma reflexão na qual a festa de tipo carnavalesco, que tentamos redescobrir hoje, encontre seu lugar, principalmente no período entre 1792 e 1794, quando a eclosão dos "Maios" da liberdade foi seguida de manifestações de descristianização da localidade: o auto-de-fé, eco invertido das fogueiras de São João, a

248 MICHEL VOVELLE

mascarada anti-religiosa encenada no cortejo burlesco do charivari e o julgamento de Caramantran.

Se a festa revolucionária serviu, de algum modo, como foco para reflexões posteriores, ainda falta muito por fazer no domínio do estudo da festa revitalizada e folclorizada do século XIX, e no redespertar regionalista do qual o *félibrige* * fornece um exemplo expressivo. Já o domínio da festa cívica, expressão da sacralização, cujas raízes M. Ozouf analisou desde a Revolução Francesa, se acha assim, senão explorada, pelo menos aflorada mais que marginalmente nos estudos de M. Agulhon sobre as formas do culto cívico republicano no século XIX.

Na esteira da Revolução Francesa, a História do período clássico apoderou-se do tema da festa, polarizando os aspectos carnavalescos que fazem da festa um dos meios privilegiados da subversão de antigo estilo. Esse inclusive é o título e, ao mesmo tempo, o tema da obra de Y. M. Bercé, *Fête et révolte* (*Festa e revolta*), que analisa o conflito, senão constante, pelo menos freqüente nas manifestações festivas das emoções ou "furores" populares do século XVI ao século XVIII. Mas essa mistura de gêneros, que faz passar da festa ao massacre e reciprocamente, é também o tema central do ensaio de Emmanuel Le Roy Ladurie, *Le Carnaval de Romans* (*O carnaval dos romanos*), onde, no contexto das guerras de religião, os ódios de classes, ódios de clãs e ódios confessionais se organizam sob os travestimentos e mesmo sob a forma da festa. O século XVI e a primeira metade do século XVII guardam um interesse particular à luz dessa ótica, visto que aí se confrontam as tensões de um universo ainda não regulado, e onde a cultura popular conserva seu potencial subversivo. A esse propósito, são esclarecedoras as aberturas de Mikhail Bakhtine

---

* *Félibrige:* escola literária fundada na Provença, em 1854. (N.T.)

(*François Rabelais*), assim como Hervé Cox (*La fête des fous* — *A festa dos foliões*) e os diversos estudos de Nathalie Davis sobre os grupos e confrarias da juventude no século XVI, antes das grandes transformações da idade clássica. Esse tema aponta para um lugar sobretudo residual dessas estruturas, como se pode julgar pela síntese maior de M. Agulhon sobre a sociabilidade meridional, discutida sob o título *Pénitents e francs-maçons*.

Limitando-me a recordar títulos e temas, nossa revisão é certamente rápida demais. Mas não é nosso propósito produzir um inventário por si mesmo dessa vertente de redescoberta da festa na historiografia contemporânea. Visamos antes, de maneira mais modesta e ao mesmo tempo mais precisa, a avaliar como esse movimento respondeu às curiosidades e exigências atuais da nova sensibilidade à festa.

O balanço é inequívoco: se trabalhamos também, e de modo interessante, com as grandes liturgias oficiais (entradas jubilosas e procissões) é, no entanto, na festa carnavalesca, na multiplicidade de suas significações, que se concentra atualmente maior interesse.

Sentimo-nos assim autorizados a passar às franjas da História, com uma obra como a de Claude Gaignebet sobre o carnaval, um ensaio que se pretende etnográfico, mesmo que se trate também de mitologia histórica. Procurando encontrar em um passado pré-cristão bem longínquo os elementos constitutivos da "outra religião", que tem nos ritos e gestos do período carnavalesco um reflexo em migalhas, Gaignebet nos traz a tentação da História imóvel e de uma festa sem idade, pelo menos cristalizada em heranças remotas a serem decifradas. Por mais reservados que sejamos, por falta de imaginação talvez, em relação a uma parte dessas reconstituições, nem por isso o conjunto conserva menos o grande mérito de nos colocar diante do grande problema dos invariantes, ou simplesmente das formas obstinadas — das quais as estruturas de inversão carnavalesca são um exemplo notável — e de sua longevidade como suporte e roupagem ("ouropel", teria dito um de nossos antepassados) dos gestos de hoje. Vemo-nos, assim, de volta ao próprio centro dos problemas dos quais havíamos partido inicialmente.

Mais amplamente informado: retorno à festa atual

Devemos retornar à festa contemporânea, depois dessa retrospectiva pela História em busca das bases e, por vezes mesmo, das heranças ou justificativas? A honestidade mínima, preliminar a todo discurso do historiador, me parece ser admitir em princípio a inutilidade de sua disciplina a respeito desse assunto. A História não saberia dar nem receitas, nem cenários e nem mesmo legitimamente atribuir rótulos de autenticidade. Seria risível retomar hoje os velhos mitos, felibreanos e outros, de redescoberta ou retorno às origens. Sabemos que esse ponto de origem, longe da autenticidade da festa original, não existe naquilo que se deve conceber como uma série de transformações que são testemunhos da plasticidade das estruturas formais. A direção do comitê de festas que me entrevistava quanto aos meios para fazer reviver os jogos da Festa de Deus, em Aix, sonhando com uma idade de ouro de 1900, com os estudantes a caráter com a *faluche* (boné tradicional de veludo negro, hoje em desuso), passou a se mostrar muito mais reservada quando, após as eruditas pesquisas de meu amigo Noel Coulet sobre o cortejo carnavalesco do rei dos Mouros e dos homens selvagens encontrados na versão original da cerimônia, eu o aconselhei a contratar a mão-de-obra do Maghreb na cidade antiga, a fim de corresponder ao perfil mais próximo da autenticidade original. Se pretendermos que a História sirva de loja de acessórios, nos arriscamos a ter encontros inesperados em seus estoques.

Convenhamos portanto, definitivamente, que em todos os tempos a festa cria a herança que lhe é propícia. O que, aliás, não é destituído de interesse para o próprio historiador, atento a perceber de que se nutre o imaginário coletivo da época. Que me permitam um exemplo pessoal recente, que ultrapassa talvez os simples limites de anedota. Em 1980, velho jacobino que sou, havia desejado que os avinhoneses celebrassem o segundo centenário do jovem Agricol Viala, o herói-criança da Revolução Francesa, ferido na idade de treze anos pelos federalistas marselheses, quando defendia a passagem de Durance. Viala é aquele que, talvez se lembrem, M. J. Chénier nos ensinou a homenagear em *Chant du départ*: "De Bara, de Viala, a sorte nos dá vontade...". Infelizmente, a municipalidade de Avignon nem mesmo se deu ao trabalho de responder à minha carta, e assim fiquei com meus botões e meu herói fora de moda, reflexo de um jacobinismo malvisto e provavelmente muito pouco occitano... Feito, é possível, de um certo estilo de festa cívica republicana, embora atualizada ao sabor do dia.

Mesmo que o historiador reconheça, sem muita amargura, sua inutilidade, isso não significa, parece-me, que o retorno na História, tal como nós o sugerimos, não possa ser um campo útil para reflexões.

Ele nos ensina a rejeitar, nesse domínio também, o mito cômodo da imobilidade: assim como não há uma História imóvel, também não há uma festa imóvel. A festa na longa duração, assim como a podemos analisar através dos séculos, não é uma estrutura fixa, mas um *continuum* de mutações, de transições, de inclusões com uma das mãos e afastamentos com a outra...

Essa plasticidade real não dispensa, todavia, que se coloque o problema do que denomino as "formas obstinadas", isto é: as estruturas formais da festa, aptas a renascer de suas cinzas em contextos totalmente diferentes, como se vê, por exemplo, em um recente estudo sobre a História da festa, por referência à peregrinação de Nossa Senhora dos Ovos em Gréoux-les-Bains nos Alpes da Alta Provença (Régis Bertrans, em *Monde alpin et rhodanien*, 1978). Trata-se de antiga peregrinação a um santuário da Virgem que, como seu nome indica, é intercessora para as mulheres atormentadas pelo problema de esterilidade. Segundo a velha prática, que ouso denominar cristã, as mulheres da vila sobem arduamente, a cada ano, com dois ovos nos bolsos de seu avental, um para ser enterrado durante um ano na porta da capela e exumado no ano seguinte; o outro para ser consumido prontamente... Hoje, o velho ritual está bem esquecido, exceto pelos folcloristas e pelos historiadores; mas a peregrinação ressurge anualmente, sob forma de uma omelete festiva de predominância feminina...

Obstinação dos gestos mesmo transformados... Em recente colóquio no Centro Meridional de História Social, das Mentalidades e das Culturas em Aix-en-Provence, deparamo-nos com o grande problema da história das mentalidades como "história das resistências" ou das "prisões de longa duração": isto é, do que se convencionou chamar, em uma explicação um tanto verbal, talvez, a força da inércia das estruturas mentais. Nesse domínio, é evidente que a festa oferece uma multiplicidade de exemplos demonstrativos.

Pode-se dizer que isso não é propriamente surpresa, sendo previsível essa dimensão. Parece-me, com efeito, verificar-se, tanto no campo histórico como nas estruturas atuais da festa, a coexistência de dois modelos que, para simplificar, denominarei a festa e a antifesta (que é uma outra festa, mesmo que se possa duvidar). Em primeiro lugar, a festa como liturgia institucionalizada, regulada, repousando sobre a ficção da unanimidade, da comunhão sem falhas de uma comunidade. Modelo do antigo estilo, que nos foi

O POPULAR EM QUESTÃO

transmitido pelas celebrações cívicas ou folclorizadas do século XIX, com uma real continuidade na festa oficial.

Do lado oposto, está a festa carnavalesca, estrutura fulgurante da inversão e da contestação, tão antiga certamente quanto as liturgias oficiais das quais ela é o oposto. De fato, no decorrer de nossos contatos e encontros, constatamos ser o carnaval que absorve hoje a simpatia dos organizadores. Mas pode o carnaval se organizar? A liberação das paixões, catarse institucionalizada, tende inevitavelmente a ser recuperação. O carnaval-instituição se fossiliza, após ter-se infantilizado no século XIX, seguindo um processo bem conhecido na sociologia clássica. Ou, pelo menos, ele continua sendo uma porta falsa.

Não podemos finalmente deixar de refletir sobre a natureza e finalidade da festa, ainda que o historiador passe a palavra nesse domínio ao personagem ambíguo do animador, esse herdeiro do abade ou do capitão dos foliões. Esses últimos, porém, administradores ou delegados pela comunidade na antiga sociedade, não se defrontavam com a necessidade de inventar. Convidar a refletir é o mesmo que impedir conclusões prematuras. Um certo número de questões, que não podem ser elididas, se colocam entretanto, para iniciar o debate.

Deveríamos admitir que a festa-herança sob a forma religiosa folclórica (do tipo romaria no Sul provençal) ou cívica (criada no século XIX) está morta junto com a sociedade rural dita tradicional? Seria talvez subestimar as possibilidades de sobrevivência ou de adaptação nada desprezíveis.

É preciso, em todo caso, meditar sobre a legitimidade ou a possibilidade do retorno a um estágio da festa carnavalesca supostamente anterior ao precedente, sob risco de substituir a mitologia passadista e conservadora da renascença felibreana por outra mitologia, sobre a qual também

se poderia indagar se é autenticamente popular. Em segui-
mento, teríamos um novo conformismo, no antípoda do
verdadeiro carnaval, estando bem entendido que o verdadeiro carnaval de hoje é a saída do baile de sábado à noite,
onde os *Hell Angels* da esquina se chocam ferozmente.

Resta a constatação de uma necessidade, de um sonho
que é testemunha do clima atual e de um momento histórico bem particular, que denominarei, para simplificar, a
nostalgia das raízes (*roots*), tal como buscamos atualmente
encontrá-las, seja na memória como no gestual.

Com o papel de discrepante que ela desempenha nesse
debate, a musa da História, como a de Chirico, é, por definição, inquietante.

Quarta Parte

"Um tempo mais longo": resistências e longa duração nas mentalidades coletivas

É Robert Mandrou, caracterizando a história das mentalidades através de "um tempo mais longo", quem justifica aqui o nosso tema. Percebe-se porém, imediatamente, que se trata de muito mais do que uma curiosidade e que é o estatuto mesmo dessa História que se acha em questão. A "longa duração", em contraste com o episódio da História historicizante, tem hoje ganho de causa, ainda que signifique muito mais que um exercício de estilo tratar desse assunto, como eu mesmo fiz mais de vinte anos após F. Braudel, em um artigo que data de 1958. Não foi somente no domínio das mentalidades que nos habituamos às fases longas da História plurissecular, pois foi a História econômica e social que desbravou o caminho.

Dentro dessa perspectiva ampliada, parece-me bem que o processo se impõe com uma particular insistência no domínio que nos interessa. Seria concebível falar das grandes vagas que afetam as atitudes, ao mesmo tempo fundamentais e ocultas, em torno da família, o casamento ou a morte senão na longa duração? Ainda que o quiséssemos, a própria natureza das fontes de que dispomos em nossos estudos "seriais" não se prestariam a isso.

Chegamos assim, definindo melhor o tema, a indagar, como também o fizeram os participantes de um colóquio em Aix-en-Provence sobre a evolução das mentalidades, definidas em termos de história das "resistências" segundo a expressão de Ernest Labrousse, ou das "prisões de longa duração", retomando Braudel: existe uma força da inércia particular às estruturas mentais? Mas o próprio termo não explica nada, se nos fecharmos no comodismo de uma explicação verbal; e não se pode deixar de fazer uma pesquisa de campo, tanto em áreas "conservatórios" como também nos meios sociais tradicionalistas ou "resistentes": prontos a nos defrontar com os temperamentos coletivos que redescobrimos atualmente.

Terreno escorregadio, mas problemática essencial, obrigando a situar o problema sem tergiversações: como mudam as mentalidades, de maneira autônoma ou sob a pressão de um fator comum? Esta problemática faz mais do que nos remeter à questão anteriormente formulada sobre o inconsciente coletivo; ela nos conduz a refletir, segundo a expressão de L. Althusser, sobre o "entrelaçamento dos tempos" da História em toda a sua complexidade.

A longa duração*

Participação no volume coletivo La Nouvelle Histoire, *esta contribuição é mais do que um exercício de estilo, que continua perigoso, sobre um tema que ainda não desbastou sua aspereza desde o célebre artigo de Fernand Braudel, em 1958. A problemática, porém, foi enriquecida a partir de todas as reflexões provocadas pela abertura de novos campos.*

Quando em 1958, Fernand Braudel escrevia seu célebre artigo sobre a "longa duração", o texto soava, na tradição dos *Annales*, como uma proclamação e até como uma profissão de fé. As referências históricas não eram pródigas e se o autor podia-se apoiar sobre sua própria prática, *La Méditerranée au temps de Philippe II*, (*O Mediterrâneo ao tempo de Filipe II*), demonstração exemplar da preocupação com a continuidade no espaço e no tempo, se podíamos pensar em Marc Bloch de *Caractères originaux de l'histoire rurale française* (*Características originais da história rural*

---

* Extraído de *La Nouvelle Histoire*, obra coletiva sob a direção de Jacques Le Goff, Roger Chartier e Jacques Revel (Les Encyclopédies du Savoir Moderne, 1980).

260   MICHEL VOVELLE

francesa), ou em Ernest Labrousse, em *Esquisse du mouvement des salaires et des prix au XVIII' siècle* (*Esboço do movimento de salários e de preços no século XVIII*), por outro lado os exemplos marcantes se contavam pelos dedos, apesar de já estar em curso a publicação da obra de Pierre Chaunu, *Séville et l'Atlantique entre 1504 et 1650* (*Sevilha e o Atlântico entre 1504 e 1650*). Foi nos anos imediatamente seguintes que apareceram as monografias arduamente levantadas sobre o tempo longo, de um século ou mais, entre as quais se incluem *Beauvaisis* de P. Goubert (1960) e *Provence* de R. Baehrel e de E. Baratier (1961). Os exemplos proliferaram em seguida, ao mesmo tempo em que a própria noção de duração longa se tornasse cada vez mais absorvente, recobrindo em E. Le Roy Ladurie, quatro séculos da vida social total dos camponeses de Languedoc (séculos XVI-XVIII).

Não é, absolutamente, ceder a qualquer facilidade retomar o ensaio de F. Braudel para se perguntar, vinte anos depois, o que aconteceu com o tempo longo, antecipação dos anos 1960, triunfante, banalizada, às vezes contestada atualmente (1978). Seria pouco recordar que F. Braudel combatia em duas frentes: interior e exterior à História; na verdade, ele se empenhava em pelo menos três ou quatro. No campo histórico, ele se afirmava pelo menos por referência a um passado para nós quase longínquo, o da História historicizante ou episódica, a mesma que os primeiros líderes da escola dos *Annales* eliminaram completamente, e que ele estigmatizava como o "acontecimento explosivo, notícia sonante... cuja fumaça abusiva penetra a consciência dos contemporâneos...". O acontecimento tornou-se para ele, em sua última expressão, o "tempo curto", "a mais caprichosa e mais enganadora das durações", que dominou a História política dos cem primeiros anos. Porém, o advento da História econômica, que Fernand Braudel registrou com satisfação, não significou o seu fim, adivinhando, dentro do "recitativo da conjuntura, do ciclo, do meio século de Kondratieff...", o perigo de ressurgimento de um novo episódio, lugar de um "patético econômico de curta duração", aliás um meio transverso de retornar a um "patético político de estilo muito antigo", do qual o célebre esquema de E. Labrousse, "Trois crises, trois révolutions" ("Três crises, três revoluções"), lhe parecia a ilustração. Essas referências ajudam a melhor situar o artigo de F. Braudel dentro de uma conjuntura historiográfica precisa, e talvez seja lícito reconhecer nele, como faz P. Vilar, uma dose de "impertinência".

A abertura por ele proposta, porém, foi bem mais do que um testemunho que seria hoje historicamente datado. Situando o seu projeto igualmente em referência às outras ciências humanas, anexionistas e aparentemente triunfantes, Braudel faz, então, uma opção para o futuro da História. Se ele se permite a possibilidade de contatos reforçados com a antropologia e a etnografia, uma vez dissipados os mal-entendidos do momento, ele é de uma severidade sem complacência para com o tempo curto do sociólogo; e no programa que traça para a futura História, sob o signo da longa duração, várias noções-chaves emergem, que vemos retornar hoje como outros tantos motivos centrais. Primeiramente, a noção de estrutura, se impondo então, e da qual Philippe Ariès já se havia feito o defensor em seu ensaio. *Le temps de l'Histoire* (*O tempo da História*); a de modelo, tomada de empréstimo aos matemáticos qualitativos, operatórios já em outras ciências humanas... Tantos meios apresentados com uma mistura de audácia e de reserva, para apreender melhor o tempo ou os tempos próprios da História: não mais a quase-intemporalidade dos mitos ou dos dados elementares de um comportamento humano, mas a "medianamente" longa duração de uma história social definida como inconsciente, no sentido em que Marx escreve que "os homens fazem a História, porém ignoram que a fazem". A História inconsciente, para ele, é precisamente aquela que se situa na longa duração, atrás da crosta dos acontecimentos visíveis demais, e que é possível se organizar em estruturas sucessivas, onde se articulam os elementos complementares de um sistema. História sócio-econômica: porém mais que a história das mudanças e das rupturas até então privilegiada, a das "civilizações econômicas" em sua constância, "tecidos da História lenta", movendo-se na semi-imobilidade de "um tempo frio". Depois também, ou sobretudo talvez, a história cultural ou das mentalidades, definida como o campo privilegiado dos estudos no tempo longo, porque concebida como História das "inércias" e das "prisões de longa duração": um tema no qual se encontram F. Braudel e D. Labrousse, o Labrousse que abria em 1965 o colóquio de história social de Saint-Cloud, encorajando os historiadores a pesquisar no "terceiro nível", a história das mentalidades, definida como história das "resistências à mudança".

Diante desta mistura de imprudências calculadas e aberturas reservadas, a profissão de fé de F. Braudel poderá ou não ter envelhecido, ou pelo menos continuar sendo um instrumento excepcional para avaliar o caminho percorrido desde então. Apontaram-se equívocos e definiram-se problemas. A invasão estruturalista aconteceu sem anular a História; sobretudo, sem premeditação e freqüentemente sem consenso, os historiadores se engajaram maciçamente nas várias pistas que foram abertas. A História de longa duração, cujas áreas podem ser descritas vinte anos depois, não se tornou infiel ao modelo traçado, ainda que seu desenvolvimento tenha acarretado às vezes resultados imprevistos.

Algumas lutas travadas, então, se tornaram para nós do passado, e para não voltar a elas, podemos dizer que a morte de uma certa História historicizante é hoje um fato consumado. O "episódio", fulminado por Braudel, teria, no entanto, desaparecido do campo histórico? Sim e não... Sim, se considerarmos até que ponto de descrédito chegou hoje, para uma parte pelo menos da historiografia francesa, um acontecimento maciço como a Revolução, exemplo típico de "incongruência patética". E não, provavelmente, porque os acontecimentos têm vida longa e forte. Citando, nós mesmos, um argumento conjuntural e episódico, bastou uma pequena vaga, como Maio 68, para despertar toda uma corrente de investimentos sobre o tempo curto e não simplesmente em resposta à moda de momento... Mas esta não é a única razão.

Se alguns problemas já parecem resolvidos nas frentes de vinte anos atrás, há também algumas antecipações recentes que se tornaram elas também do passado. Foi parcialmente a partir da geo-história que F. Braudel, como outros líderes dos primeiros *Annales* haviam pretendido fundar o retorno ao tempo longo; o que refletia bem um período de trocas fecundas entre a História e a Geografia. Infelizmente, se a História, como dissemos um tanto peremptoriamente, vai bem, não poderíamos afirmar o mesmo sobre a Geografia. Foi P. Chaunu, um dos melhores qualificados para o dizer, que observou que as grandes fundamentações em vastas personalidades étnicas ou geográficas — como o Mediterrâneo ou Atlântico — se reduziram, desde então, às dimensões mais cômodas da monografia regional. A pesquisa de longa duração não necessita imperativamente de contextualizações muito amplas: no caso limite, o Mediterrâneo se reduz às fronteiras de Montaillou, que não é, ela própria, representativa da Occitânia senão às custas de uma dessas extrapolações em que são vezeiros os editores... mas sem por isso perder seu valor demonstrativo. Com essas reservas, e outras mais, não se poderia negar que, no geral, a tendência anunciada confirmou-se, sendo que por isso podemos, a partir de um primeiro nível puramente descritivo, iniciar o balanço de vitória do tempo longo.

A vitória do tempo longo: mudança do campo histórico

Essa vitória deve-se, provavelmente, a várias razões essenciais que procurarei sintetizar segundo duas direções: primeiro, a modificação do campo histórico e, em seguida, a dos métodos e técnicas de abordagem; dois elementos intimamente ligados, afinal.

Há uma modificação do campo histórico? Lembro-me de um encontro com Emmanuel Le Roy Ladurie, em 1970, ao tempo em que eu concluía *Piété baroque et déchristianisation en Provence au XVIII* siècle*; conversávamos sobre o terceiro nível, conforme denominei as clássicas superestruturas ideológicas; e da mudança radical que ele acarretara para todo um setor da escola dos historiadores sociais franceses, da economia às mentalidades. E. Le Roy Ladurie, por sua vez, retrucou que ele se mantinha "na base" ou "no subsolo"... Sabe-se, hoje, com que brilho e maestria ele estudou *Montaillou* em todo o conjunto do edifício, do subsolo ao sótão, da estrutura do campo às formas mais complexas do mental coletivo rural.

Dos alicerces ao sótão: este poderia ser o título de um panorama que se pode apresentar, na perspectiva exata dos triunfos do tempo longo. O tempo das histórias que denominaremos, para simplificar, como "clássicas", modificou-se: a história política mesmo, em vários pontos, abandonou a trama dos acontecimentos episódicos para formular problemas que não podem ser concebidos senão na longa duração, essencialmente o do Estado, estrutura globalizante que não se confunde com as realidades acadêmicas que a antiga História das instituições analisava, catálogo petrificado em suas categorias. A mutação é ainda mais sensível na História religiosa, que sofreu inúmeras pressões e solicitações, conjugada à sociologia religiosa e à história das mentalidades. Não se escrevem mais teses com o título "La bulle Unigenitus dans les diocèses de..." ("A bula Unigenitus nas dioceses de...") mas é na muito longa duração plurissecular que nos interessamos atualmente pela religião popular, pelas heranças animistas pré-cristãs que impregnam tão duravelmente a religiosidade, desde a Idade Média até a Idade Moderna, pelas formas de religião popular cristianizada que se impuseram do século XII e XIII até o triunfo da reconquista católica na Idade Clássica. Após ter acreditado em um estado da "cristandade" na França às vésperas da Revolução, refletimos com J. Delumeau (retomando uma indagação de G. Le Bras) sobre a questão de definir se toda uma parte da França rural teria sido algum dia verdadeiramente cristianizada em profundidade. Todas essas são coisas que não podem ser percebidas senão focalizando largamente, na perspectiva dos séculos.

Foi a história econômica, desde algum tempo a "locomotiva" metodológica que em nada declinou, a que manifestou de maneira mais explícita a modificação mais profunda da ótica. Ela se consagrou como a história da mudança e da conjuntura: A escola francesa, desde F. Simiand até E. Labrousse, consolidou como verdade desde então banalizada, a articulação dos três tempos do economista: o tempo curto do ciclo decenal com seu paroxismo convulsivo da crise, durando de um ano até uma estação; o tempo médio do interciclo; e o tempo longo, ainda que progressivamente abreviado, da Idade Média até nossos dias, do movimento de longa duração secular, as tradicionais fases A e B de Simiand. Essa dialética dos tempos da História dos preços, tal como ela se constituiu a partir das grandes

MICHEL VOVELLE

séries analisadas — as tabelas oficiais de preços dos grãos ou de artigos industriais — primeiros grandes triunfos de uma história quantitativa que não se distinguia ainda da história serial. Tentando resumir, com todo o inevitável risco de descaracterização que isso comporta, é fácil recapitular as mudanças concretizadas há vinte anos e que lhe modificaram o perfil: uma certa econometria quantitativa, representada na *New Economic History*, separou-se progressivamente da história econômica para seguir seus próprios rumos, prolongando até a época contemporânea suas especulações sobre a conjuntura. No campo histórico, a história econômica, sem refutar seus procedimentos já consagrados, saiu do domínio da história dos preços, que dava valor à ruptura, ao acidente conjuntural e à crise. Voltando-se para uma história, tanto quanto possível, da produção e do crescimento, trabalhou necessariamente dentro de uma duração mais vasta e não é fortuito que séries mais maciças, menos sensíveis e freqüentemente descontínuas marquem a transição de uma abordagem que se pretendia quantitativa para uma história serial.

Essa mudança não foi absolutamente fácil. Se, às vezes, é de bom-tom atualmente recordar com um certo sorriso os pesquisadores pacientes do passado, que se esforçavam para correlacionar curvas de fecundidade, defasados nove meses em relação aos nascimentos; e as curvas de preços dos cereais relacionadas ao ano da colheita, devemos lembrar também com que dificuldades e incompreensões as idéias mais novas e avançadas, com alguma agressividade por R. Baehrel — como substituir a história dos preços pela do crescimento e da produção —, desbravaram o seu caminho. O caso hoje está resolvido, as novidades digeridas e, a distância, as oposições se diluem. Incluiremos também como exemplares dessa nova abordagem, os trabalhos que se inscrevem voluntariamente no tempo muito longo da respiração secular de uma área, associando a geografia histó-

"UM TEMPO MAIS LONGO": RESISTÊNCIAS E LONGA DURAÇÃO 267

rica na tradição braudeliana, migrações humanas e sua fixação, e ainda suas relações sociais e as relações de produção. Nesse domínio, os camponeses de Languedoc estudados por E. Le Roy Ladurie oferecem uma demonstração de primeira ordem.

Le Roy Ladurie remonta até o núcleo da Idade Média, na transição ao século XIV, em uma província onde predomina uma economia agrícola. Esse duplo enraizamento explica, provavelmente, a emergência de um mundo, *grosso modo*, pelo menos, "imóvel" no balanço de sua economia agrícola na duração muito longa. A monografia delimitada, porém exemplar, tal como se tornou moda na nova forma de abordagem total de um microcosmo rural, se presta igualmente a essa demonstração. Montaillou é outra experiência inovadora do mesmo autor: uma vila occitana dissecada em profundidade para os primeiros decênios do século XIV, a partir do documento privilegiado das visitas de um inquisidor, que não reza mais pela nossa cartilha, permanecendo um instantâneo específico no tempo. Pode-se citar a visão de uma "vila imóvel" que G. Bouchard descobriu em Sologne (e que não é absolutamente uma curiosidade!) e revelou no monolitismo de suas estruturas antigas remontando até a idade clássica. Nessa economia, que E. Labrousse nos ensinou a classificar "antigo estilo" e que perdura sem mudança notável até a primeira metade do século XVIII, compreendemos como pôde nascer — dito de maneira provocadora por E. Le Roy Ladurie — o modelo de uma "História imóvel" ao longo de quatro séculos pelo menos (XIV-XVIII), um modelo que não se limita ao domínio econômico, mas que associa diferentes níveis de uma História totalizante dentro de uma estrutura global.

Antes de examinar esse aspecto, que merecerá atenção particular, é preciso provavelmente, nessa enquete, estar atento aos novos campos abertos na história da cultura material e das condições sociais de vida. À história econô-

268 MICHEL VOVELLE

mica clássica, se combina o interesse orientado para os aspectos estáveis da civilização material: assim, para não multiplicar os exemplos, o do *habitat* e da moradia, pesquisados na Normandia e em Paris por Pierre Chaunu e sua equipe, em suas constâncias no tempo muito longo. Essa não é uma história da inércia: os medievalistas, da Polônia, Inglaterra ou Itália, nos ensinaram a acompanhar as fases de longa duração na ascensão e declínio da respiração longa no *habitat* rural, tal como ele se revela na arqueologia das aldeias despovoadas.

A história das evoluções muito lentas da civilização material pode-se transformar em uma História da humanidade abordada em seus traços biológicos e antropológicos. Também nesse campo, Le Roy Ladurie deu o exemplo, em sua antropologia do recruta no serviço militar, desenvolvida a partir dos dossiês da inscrição no serviço militar no século XIX. Certos procedimentos sofisticados (estudo dos grupos sanguíneos em locais determinados) se prestam ao delineamento dessa História paradoxal, ao mesmo tempo humana e escapando à prisão voluntária da humanidade, pelo menos à primeira vista.

Nesse rumo, não há motivos para barreiras. As Histórias não-humanas, isto é, a dos fatos físicos, de ordem biológica ou geológica, são uma das grandes aquisições de um período recente, mesmo que existam precedentes: a história das doenças, em sua aparição, regressão e eliminação, também suas mutações e relações no seio de um ecossistema, eis um dos ramos em vias de constituição. Começou-se a escrever a história dos sismos, e, sobretudo, graças ainda a Le Roy Ladurie, a história do clima, tal como ele o resumiu desde o ano 1000, graças a vestígios tão diversos como a data dos bandos de vindima, o avanço ou recuo das geleiras e as circunferências das árvores, tornando-se uma disciplina inteiramente autônoma, muito mais do que um anexo ou uma curiosidade marginal, ainda que

"UM TEMPO MAIS LONGO": RESISTÊNCIAS E LONGA DURAÇÃO 269

ela não revele o segredo último dos movimentos de longa
duração da prosperidade ou do declínio agrícola. Com essa
História, um outro tempo se configura, que não é apenas
o dos homens. Não porque eles não tenham nenhuma influência sobre as condições físicas ou biológicas com que
se defrontam, pois, a partir da revolução pastoral, a economia e a história das doenças entram em boa parte sob seu
controle. Porém, ritmos específicos se delineiam, escapando
no essencial do tempo humano, que eles contribuem entretanto a modular.

Da mudança social às estruturas sociais

No domínio da história social, o estudo das estruturas,
sistemas de longa duração, na própria leitura que delas fazem os historiadores, foi uma das grandes aquisições dos
últimos decênios, embora isto não signifique que, na dialética essencial entre a abordagem das estruturas e da dinâmica social, se tenha que fazer uma escolha ou uma arbitragem privilegiando uma ou outra direção. A história social atual estreou como história do "movimento social" e
especialmente do movimento operário, termo atualmente
um tanto gasto. De uma história do movimento operário
nos séculos XIX e XX, passou-se por um procedimento regressivo encorajado por algumas obras pioneiras, à descoberta das revoltas das sociedades anteriores à Revolução
Industrial: *jacqueries*, motins e alguns dirão, significativamente, "furores". É nesse domínio, onde o investimento
ideológico é mais evidente, que a disputa entre múltiplas
leituras é também mais viva, diante da expressão do fenômeno que me permitirei denominar "as formas da luta de
classes na sociedade pré-capitalista". É um testemunho disso
a controvérsia que opôs R. Mousnier a B. Porchnev, na
interpretação das revoltas populares da primeira metade do

século XVII francês. Para muitos, é forte a tentação para fazer dessas explosões populares sem perspectivas uma quase-constante no quadro da sociedade, em cujo conjunto imóvel, elas imprimiam e fariam repercutir, ao nível social, o impulso compulsivo da crise do Antigo Regime, portadoras porém de uma ideologia forçosamente passadista, na qual se pietendeu identificar uma continuidade desde a França da Liga até a França da Revolução Francesa.

Segundo essa leitura, o estudo da dinâmica social, ao nível das massas pelo menos, por mais importante que ela seja em certas obras (ver ainda *Les Paysans de Languedoc*), se apaga diante do estudo das estruturas; e é bem verdade também que foram as estruturas de longa duração as analisadas pelos historiadores que seguiram, a partir dos anos 1960, o programa que E. Labrousse havia apresentado ao congresso de ciências históricas de Roma, sob o título "Voies nouvelles vers une histoire des bourgeoisies occidentales" ("Rumos novos para uma história das burguesias ocidentais"). A história das estruturas sociais não foi "inventada": ela já era bem viva no mundo rural, apoiada em toda uma sólida tradição nascida na época heróica dos Loutchisky, em 1900, e afirmada nos anos trinta pela tese de G. Lefebvre, "Les paysans du Nord sous la Révolution Française" ("Os camponeses do Norte durante a Revolução Francesa"), aparecendo depois ininterruptamente de uma monografia a outra (de Roupnel a Saint-Jacob sobre a Borgonha) até as grandes sínteses modernas que renovaram o exercício de estilo (P. Goubert e M. Agulhon). Foi no domínio das sociedades urbanas, deixadas até então de lado devido à sua complexidade, que a revolução de Labrousse, nos anos sessenta, se fez sentir mais nitidamente. Para evitar, um tanto injustamente, multiplicar os exemplos, pensamos, na série dos grandes quadros urbanos, retratados durante um século ou mais, na descrição de Lyon, no século

XVIII, apresentada por M. Garden, e na de Amiens no século XVII, por P. Deyon.

História das estruturas sociais, urbanas ou rurais: nova História da longa duração e, até uma data recente, das permanências que desafiam a mobilidade da História oficial; mas, me parece também que uma das mudanças recentes, que puderam contribuir mais diretamente para projetar a nova história social na direção do tempo longo foi, provavelmente, o impulso que a levou cada vez mais nitidamente para o caminho da história das mentalidades.

As mentalidades, campo privilegiado da longa duração

Assumindo minhas responsabilidades como historiador das mentalidades, sou dos que, nesse domínio, longe de se situarem em contraste com a história social, acredito, ao invés, que a história das mentalidades é sua ponta fina e sua conclusão: nível onde as participações se manifestam em atitudes e representações coletivas. É verdade que esse terceiro nível, apoiado em fortes pressupostos, pode bem ser considerado como o das "prisões de longa duração" (Braudel) ou das "resistências" (Labrousse); e nos perguntamos sobre a "força de inércia" das estruturas mentais. Parece bem, à primeira vista, que esses fenômenos só podem ser tratados na amplitude das durações seculares onde se desenrolam para uma historiografia, pelo menos, que parece ter esquecido que uma das obras-primas na pré-história, disto que se pode denominar história das mentalidades sem ter o rótulo, foi *La Grande Peur* (*O Terror*) de G. Lefebvre, reconstituição quase policial de uma onda de pânico que atravessou a França rural e, de ricochete, pôs abaixo o antigo regime agrário em menos de três semanas.

Aparentemente, tanto a história da cultura como a das atitudes coletivas fizeram seus avanços mais proeminentes no tempo longo da sociedade tradicional do Antigo Regime. Foi dos elementos de duração muito longa dos livretos azuis da Biblioteca de Troyes — repetidos sem variação pelos séculos afora — que R. Mandrou pôde extrair os traços da cultura popular na França do século XVIII, no sentido amplo. O fenômeno dessa literatura de mascates de livros prossegue, com mudanças às vezes ínfimas, do alvorecer da idade moderna até seu final, em meados do século XIX. É verdade que, nesse primeiro momento da história das mentalidades, isto é, o da história da cultura, não se poderia escapar de certas questões preliminares, como por exemplo, a do tempo desdobrado: tempo das culturas populares, domínio da inércia e das tradições; tempos das culturas "de elite", como se diz, sede de inovações e de provocações... Cultura popular, cultura de elite: outra dialética maior, tema de interrogações atuais.

As coisas são, provavelmente, menos simples do que parecem. Para ilustrar as "prisões de longa duração" do mental coletivo, F. Braudel, há vinte anos, baseava-se na demonstração que L. Febvre apresentara em *Le problème de l'incroyance au XVI' siècle: la religion de Rabelais* (*O problema da descrença no século XVI: a religião de Rabelais*), que lhe dava a impressão da própria imagem de uma "estrutura" globalizante, visão do mundo articulada em todos os níveis, meio de exorcizar as leituras anacrônicas da História positivista. Nesta obra, L. Febvre respondia a A. Lefranc, que Rabelais não podia ser o livre-pensador que ele sonhava, em um mundo onde a religião forma a trama da vida coletiva. Essa leitura totalizante (ousamos dizer totalitária) de uma estrutura mental poderia ser defendida ainda hoje, quando o ensaio de L. Febvre, repetição das coisas, aparece ele mesmo como historicamente datado? Quem descobriu Rabelais, porta-voz de uma cultura popular bem viva ainda, através da obra de M. Bakhtine, como também dos ensaios de C. Ginzburg, ou de N. Davis, que apresentam um século XVI repleto de tensões, de conflitos, de contradições, de uma troca dialética viva ainda, e de modo algum unicamente no sentido do confronto entre a cultura popular e cultura de elite, não pode aceitar sem reservas as estruturas empobrecedoras de um L. Febvre que não via senão uma face das coisas.

Se passarmos do campo da história do pensamento claro ou das culturas aos novos campos da história das mentalidades, que operam no domínio das atitudes, dos comportamentos e do que alguns denominam "o inconsciente coletivo" (Ph. Ariès), sobressai ainda o fato de que o tempo longo se impõe sem contestação.

Nesse aspecto não existem tormentas, nem rupturas, nem mesmo de eventos propriamente ditos no sentido tradicional, desde a história da família, do amor ou do casal, das atitudes em relação à criança, até a sociabilidade coletiva ou à morte, citando quase desordenadamente as novas áreas abertas. Ph. Ariès, um dos descobridores dessa história, tanto no que diz respeito à família e à criança como à morte, afirma veementemente que se ligam a essas evoluções secretas na duração muito longa, estruturas também inconscientes, pois que não são percebidas pelos homens que as vivem. A imagem que ele nos passa, principalmente em sua recente história da morte, não é a de uma história "imóvel" (ainda que ele tenha reservado um lugar para uma história substrato, acrônica, que seria, provavelmente, a das sociedades tradicionais...), mas de grandes fases da História, sucessão de estruturas ou de modelos de comportamentos que, mais do que sucederem-se, na verdade se superpõem e se imbricam como telhas: da morte "domesticada", acrônica, que é tanto a de Ivan Ilitch como a do herói Rolando, até uma primeira tomada de consciência do "escândalo" da morte individual, desde a Idade Média à idade clássica, e depois sua transição para a morte do outro — o objeto amado — da idade romântica, esperando ainda o tabu da morte na época contemporânea. É através de grandes fases da História, em que as mutações insensíveis predominam largamente sobre aquilo que se vê (o macabro do fim da Idade Média seria um epifenômeno?) ou sobre as mudanças aparentes (em fins do século XVIII) que se faz a passagem de uma estrutura à outra.

A reconstrução que Ariès apresenta a partir das atitudes diante da morte ou da criança não é absolutamente a única a ilustrar uma das tentativas mais sistemáticas e mais sedutoras da época atual. Os historiadores da família, outro tema caro às pesquisas atuais (porém a família, a criança ou a morte não seriam feições diferentes de um mesmo fenômeno?) nos falam igualmente desse modelo de longa duração, esse *european pattern* que se constituiu na Europa ocidental ao fim do século XVI, para daí recobrir toda a Idade Clássica, até o fim do século XVIII, caracterizado pela emergência da família nuclear, o casamento tardio, uma forma de maltusianismo espontâneo antes de Malthus. Uma História assim comportaria "revoluções"? A longa discussão sobre as origens da contracepção no século XVIII, repercutindo sobre a noção controvertida daquela *sexual revolution* que E. Shorter situa nessa mesma época, levanta um problema que será preciso retomar.

Eu me sentiria mal em travar uma guerra contra essa História de movimentos lentos da mentalidade coletiva. Não dei eu mesmo o exemplo, modestamente, me empenhando em acompanhar; a partir de uma fonte iconográfica especial, os altares do outro mundo, desde a emergência da imaginária do purgatório no século XV até o seu desaparecimento no início do século XX: esse é um empreendimento que só pode ser pensado no plano de duração muito longa. Esse exemplo de pesquisa está longe atualmente de

"UM TEMPO MAIS LONGO": RESISTÊNCIAS E LONGA DURAÇÃO 275

ser único, mas convida talvez à indagação sobre o triunfo atual do tempo longo, sob uma outra perspectiva. Examinamos até aqui as conseqüências da dilatação do campo de pesquisa e da exploração de novos territórios, onde as normas tradicionais de medida do tempo histórico tornam-se inadequadas. Essa explicação, por ser fundamental, exige também ser aprofundada.

Explicação técnica: uma nova concepção de fontes

Essa modificação do tempo, ou dos tempos da História, não seria, afinal, senão o produto da mudança na própria noção de fonte histórica? Sem que seja necessário recordar que cada época se dá as fontes que respondem às suas necessidades, esta questão preliminar não pode ser descartada sem exame: ela permite, em todo caso, após ter arrumado o campo das diferentes histórias, avaliar de maneira mais sintética em que nível se situa a mudança.

Poderia-se dizer, simplificando, que a emergência da longa duração é, ao mesmo tempo, o fruto da descoberta e da experimentação de novas fontes, e o prêmio das dificuldades encontradas na exploração de domínios onde o silêncio dos documentos obrigou a uma cronologia mais ampla: duas afirmações, uma otimista, outra menos, mas que não são contraditórias senão aparentemente.

É verdade que, pela primeira vez, dispomos hoje de séries de muito longa duração com que não teríamos sonhado até há pouco tempo: por mais entediados que possamos ficar, continuamos admirados ao acompanhar em P. Laslett a curva contínua, durante mais de quatro séculos — de 1550 até nossos dias — da ilegitimidade na Inglaterra: um indicador que nada tem de anedótico, das atitudes familiares. Saltando de um pólo a outro, as curvas de variações climáticas, que já se tornaram usuais, de demografia, de preços e de produção, colocaram-nos diante de toda uma variedade de fontes que atingem os aspectos mais variados da experiência humana.

Na origem dessa revolução se inscreve, provavelmente, a emergência das novas fontes do cotidiano, do banal, do que toca à vida das massas anônimas em sua continuidade. As tabelas de preços de cereais e as séries do estado civil antigo, batismos, casamentos e sepultamentos foram as primeiras a serem exploradas e forneceram como que os princípios à filosofia da História serial atual. Porém, o aprofundamento que elas autorizam no passado permaneceu limitado pelas exigências técnicas: salvo raras exceções à parte, o século XVI representava uma fronteira além da qual era quase impossível ultrapassar na maior parte dos domínios; o século XVIII figurava como uma outra, introduzindo por etapas à modernidade, entre o primeiro terço a partir do qual os registros paroquiais se tornaram em geral confiáveis em todos os lugares, e o primeiro terço do século XIX, quando se generaliza o método estatístico nos domínios mais variados.

A partir dessas fontes, teve lugar um esforço ao mesmo tempo de sofisticação e de banalização. As frentes pioneiras da História social descobriram novas séries de muito longa duração. Assim, valorizaram-se os documentos cartoriais na profusão de suas contribuições: contratos, proclamas, testamentos e inventários. Parece-me ser este um dos processos que só parecem evidentes depois de testados, e dos que mais contribuíram para abolir as fronteiras tradicionais. Do século XI ao século XII, ou pelo menos no século XIV, quando a prática social experimenta sua primeira difusão, até o fim do século XVIII e — por que não? — na época contemporânea, o testamento, por exemplo, fornece uma base formal homogênea para o estudo dos comportamentos sociais e mentais diante da morte. Entre o historiador modernista e o medievalista, uma barreira de incompreensão obstinada ruiu: eles têm a impressão, que é mais do que uma impressão provavelmente, de tratar de um mesmo objeto.

Essa descoberta de novas fontes escritas organizáveis em séries na muito longa duração, fruto da valorização das massas adormecidas de documentos anônimos, outrora insignificantes, é ao mesmo tempo essencial e limitada. Muitos exemplos poderiam ser citados: o documento fiscal permite, até a metade da Idade Média, suplementar às vezes a ausência do estado civil antigo (desde o recenseamento dos defuntos até os cadastros, na Provença e na Itália), da mesma forma que os arquivos judiciais "ordinários" das jurisdições laicas ou eclesiásticas permitiram retrospectivamente traçar na longa duração, a curva longa da dialética entre a repressão e a contestação. Os limites porém existem, e são bem conhecidos: a valorização em todas as direções dos documentos antes considerados como insignificantes cessa no momento em que não há mais documentos escritos.

A síntese é assegurada por essas fontes diferentes, cuja natureza mesma impõe uma leitura mais ampla: o documento escrito perde seu privilégio, no momento mesmo em que se salientam a arqueologia, a iconografia e até a pesquisa oral no quadro de uma etnologia histórica. Toda uma parte dos campos atuais de estudo, desde a civilização material até os diferentes domínios da cultura ou das mentalidades populares, se inscrevem assim como uma tentativa obstinada para lidar com o silêncio das fontes, a partir de meios que antes teriam sido julgados como heterodoxos. A arqueologia da habitação ou do *habitat* introduziu à civilização material; as séries iconográficas introduzem à história das mentalidades. O inventário, e depois a análise do mobiliário religioso no interior do espaço sagrado da igreja, ou mais extensamente da paróquia, constituem, da Idade Mé-

MICHEL VOVELLE

dia até a época moderna e contemporânea, uma base para a análise das sucessivas feições da religião popular.

Sem pretender multiplicar os exemplos, escolhemos o ex-voto, atualmente em processo de inventário em todo o território francês e outros lugares. Formam uma série de longa duração: no Sul da França, os antigos ex-votos figurativos remontam ao século XVI e os mais recentes são de hoje, nos locais onde a placa votiva anônima de mármore não suplantou a técnica tradicional. É uma fonte rica e pobre ao mesmo tempo. Ela é rica na multiplicidade de suas potencialidades virtuais — da História da civilização material ou dos costumes à da doença e da morte, também das atitudes familiares e do sentimento religioso penetrado pelo sentimento do milagre obtido, da graça recebida. O documento, porém, é pobre: freqüentemente difícil de datar, exceto por referência a largos períodos históricos, registrando com inércia, na duração muito longa, representações que mudam pouco. Essas fontes privilegiam a continuidade e registram com atraso a inovação; da mesma forma que a imaginária popular reproduz com atraso, ao longo de toda a idade clássica... (até o século XIX) a silhueta estática do santo "em representação" nos retábulos medievais do século XV. Um tempo amortecido, sem rupturas nem transições bruscas: essa é a impressão com que nos deixam várias séries e não somente devido à imprecisão ou porque lhes falte a nitidez que permite escrita, mas como reflexo mais direto de evoluções lentas, que se inserem, efetivamente, em um tempo lento.

A estabilidade dos objetos, na civilização tradicional — seja da casa ou do mobiliário — confirma o que sugerem as representações da iconografia. O que vale para o documento figurativo, vale sobretudo para o oral: é um tempo bem particular aquele que Philippe Joutard e outros fizeram ressurgir a partir da pesquisa direta, à maneira dos etnólogos, resgatando os elementos da memória coletiva sobre um tema determinado. Joutard trata do imaginário da luta dos Camisards. Memória empobrecedora porém criativa ao mesmo tempo, assimilando, às vezes, em uma só lembrança, acontecimentos diversos, mas suscetível também de enriquecer a memória de estratificações sucessivas, em contato com a cultura escrita. Essa pesquisa oral, entretanto, pode também colocar o historiador em contato com o tempo do folclorista ou do etnógrafo, que ele não se recusa mais a levar em conta, como diverso do seu objeto de pesquisa, mas com o cuidado de interpor os cortes da História, datando o mais precisamente possível o que se preserva dentro de uma intemporalidade irritante, nessa duração tão essencial à compreensão das civilizações tradicionais.

Ao fim dessas leituras do tempo que dita a diversificação das fontes, ficamos com uma impressão ambígua. Mais ainda que a dificuldade técnica de uma datação, para a maior parte das massas que fizeram a História, e para uma parte importante do que consistiu a sua vida, resta a impressão de termos apreendido os ritmos e respirações diferentes. Compreendemos melhor porque uma parte da historiografia francesa, a partir de P. Chaunu e de F. Braudel sentiu a tentação de substituir à expressão da história quantitativa — excessivamente "econômica" provavelmente — a noção mais acolhedora da história serial, que supõe a organização no tempo de imagens sucessivas fornecidas por um mesmo indicador, mas não obrigatoriamente mensuráveis em sua intensidade: séries de representações da família através dos pedidos para dispensas de proclamas; visões do milagre a partir do ex-voto; o outro mundo, segundo os retábulos do purgatório; os atos de desobediência ou repressão conforme os processos judiciários. Um ideal portanto que, sem rejeitar a quantificação, se abre aos do-

MICHEL VOVELLE

mínios novos da história das mentalidades, permitindo acompanhar-lhe a aventura na longa duração. Através dessa nova metodologia, seria uma nova leitura dos tempos da História que estaria se formando?

Os tempos da longa duração

Seria cômodo, para avaliar esse questionamento dos tempos da História, partir do instrumento tradicional: o tempo curto do acontecimento histórico-político ou batalha tradicional: 1610 ou 1815... Isto, é claro, ninguém mais quer. Não atinge senão uma pequena crosta superficial da História dos homens: a verdadeira História, como a verdadeira vida, está em outro lugar. Sobre o encadeamento pobre dos acontecimentos históricos, com suas causalidades lineares, a história econômica teve o imenso mérito de superpor essa modulação de três níveis: tempo curto da crise, tempo médio do interciclo, tempo longo da mudança na longa duração. Ela é operatória em seu domínio; porém a questão que sugeria Braudel há vinte anos: pode-se esperar transpor este modelo de articulação de tempos aos outros domínios históricos — a começar pela história social... —, não recebeu absolutamente nenhuma resposta clara. Ou melhor, sim: de fato, parece que para os praticantes das histórias lentas, esse esquema, mecânico demais, seja de pouca utilidade.

Parece, portanto, que estamos na trilha da multiplicação de tempos, aguardando esse "entrelaçamento" de tempos históricos de que fala Althusser. Tempos de história econômica, tempos de história social, tempos de história das estruturas mentais: desigualmente rápidos... Quando E. Labrousse falava da história das resistências à mudança, a ser descoberta no domínio das mentalidades, ele supunha implicitamente esses ritmos diferentes, ao mesmo tempo conservando um fluxo único progressivamente abafado, do impulso inicial de ordem material ou infra-estruturas às estruturas sociais conservadoras, para terminar nas prisões de longa duração do mental... Esta leitura, referência ainda explícita demais à dialética marxista das infra e das superestruturas não está mais em moda no quadro de uma historiografia dominante, onde sorrimos à simples idéia de recair, como dizem os americanos, no "marxismo vulgar".

Preferiremos, em último caso, retomar — sem explicitá-lo necessariamente — uma leitura um pouco menos simplista, a da dialética entre o tempo das massas populares — imóvel ou quase — e o tempo das "elites": nervoso, cambiante, criador; uma crosta provavelmente superficial, porém uma boa crosta, a do pão que cresce e da História que se anima. Poderíamos dizer que uma boa parte da escola atual dos *Annales* na França reflete essa tensão, ou talvez simplesmente essa partilha de papéis: a uns (F. Furet, D. Richet), a mobilidade dos tempo das elites, aos outros (E. Le Roy Ladurie), as imobilidades da História etnográfica.

É pouco, porém, dizer que os tempos se multiplicaram: eles também se imbricam, outro aspecto desse entrelaçamento de que falávamos. Philippe Ariès mostra, em sua *Histoire de la mort* (*História da morte*), como em um mesmo domínio se estratificam durações diferentes, como dissemos, tal como telhas; o tempo imóvel, acrônico, da morte domesticada, acolhida das antigas sociedades não desapareceu, pelo contrário, e o vemos ressurgir inesperadamente de uma experiência quotidiana. Há, porém, outras atitudes historicamente enraizadas, como a tomada de consciência egoísta da "minha morte", ou sua sublimação na pessoa do objeto amado ("tua morte"), aguardando o moderno tabu sobre os mortos. Tudo isso se articula seguindo os parâmetros geográficos, confessionais, sociais... individuais. No fio direto dessas leituras, se delineia a idéia de independência dos tempos da História "sinfônica", onde esses diferentes ritmos, enfim decifrados, se entrelaçam em um todo coerente ou, ao contrário, se chocam em suas divergências. Talvez isso seja justamente a "conjuntura", reformulada em termos que ultrapassem, evidentemente, o estreito domínio do econômico.

Será essa esperança ainda a regra para muitos de nossos historiadores atuais? Dir-se-ia que eu favoreço Philippe Ariès, em contato com o qual se situa minha área de pesquisas, e que merece certamente esse interesse graças à novidade e importância de suas pesquisas. Com certeza, para ele, uma História de longa duração, tão essencial como a das atitudes coletivas diante da morte, se move dentro de uma real autonomia, tanto com relação às pressões da demografia e das estruturas como das representações sociais, e mesmo, mais curiosamente ainda, das formações ideológicas, religiosas ou filosóficas. É na autonomia de um "inconsciente coletivo", amadurecido mediante sua própria dialética interna, que Ariès acompanha as alterações na longa duração, que conferem ao fenômeno a sua respiração própria.

Será Philippe Ariès um caso extremo e original? Não creio. Ele tem o grande mérito de exprimir com clareza o que freqüentemente permanece não-formulado pelos outros. Mas não seria difícil encontrar, por exemplo, no domínio atualmente tão explorado dos historiadores da família, uma leitura enfim bastante próxima. E a etnologia histórica, assim como a História da civilização material, que procuram introduzir em sua duração uma respiração histórica fina, sentem-se bem tentadas a admitir a existência de um tempo muito longo, e, provavelmente específico...

Vê-se a que tudo isso conduz e que resumiremos em dois temas, aliás interligados. Primeiro no caso extremo, à História, dessa vez absolutamente imóvel; depois, à colo-

"UM TEMPO MAIS LONGO": RESISTÊNCIAS E LONGA DURAÇÃO   283

cação em questão da noção de mudança e de mutação brusca na História, em uma palavra, a idéia de revolução. A primeira perspectiva — para não dizer o primeiro perigo — não escapou a F. Braudel, escrevendo, é verdade, no momento em que a pressão avassaladora das ciências humanas se fazia mais forte. Podemos deixar a Pierre Vilar, que viveu essa etapa, o trabalho de evocar com um humor muito discreto esse debate interior: "Braudel queria bem se deixar seduzir. Essas novidades iam em sua direção, a direção da resistência à mudança. Mas ele ama o seu ofício. Tempo longo, como bem deseja o historiador. Tempo nenhum, enfim, ele teria que desaparecer...". Salvo por reflexo quase moral, para não dizer corporativo, Braudel teria exorcizado definitivamente a idéia de um tempo imóvel, cuja expressão se encontra em sua obra. Não parece, considerando-se o partido que dele tira E. Le Roy Ladurie em sua brilhante aula inaugural no *Collège de France* (1975) sob o título "L'Histoire immobile" ("A História imóvel"). Não façamos o historiador do Languedoc dizer mais ou outra coisa do que ele pretendeu dizer: sua História não é em absoluto cristalizada definitivamente. Há longos planos de imobilidade: do século XIV talvez ao início do século XVIII, em 1720, provavelmente, mas em seguida as coisas mudam, e os indicadores acompanham — o uso do solo, *habitat,* produção, demografia, instrumental material e mental — decolam e se mobilizam incontestavelmente. Depois, no interior da muito longa quase-estabilidade plurissecular, surgem as oscilações, às vezes lentas, freqüentemente convulsivas, no meio da fase, quer se trate das migrações populacionais, das dimensões da família ou do surto de revoltas populares. Embora Le Roy Ladurie adapte assim a noção de "estrutura" braudeliana, "provavelmente um aglomerado, uma arquitetura, porém mais ainda uma realidade que o tempo usa mal e veicula muito lentamente", um compromisso que salva *in extremis* o movimento da história, não é ele absolutamente o mestre de um jogo onde outros alcançam mais longe.

A partir da reflexão etnográfica, perguntava-se Braudel se existiriam invariantes históricos, traços elementares do comportamento que se perpetuam em uma duração tão longa (por exemplo, o tabu de incesto...), que se perdem em uma intemporalidade real, ou em origens tão remotas que significariam a mesma coisa? É instigante tentar criar neologismos para exprimir esses dados: "gustemas", "mitemas"... Quanto aos "mitemas", temos bem a impressão de que existem e de que eles foram encontrados quando nos deixamos conduzir por um dos antropólogos históricos como Claude Gaignebet, em seu ensaio sobre o carnaval: estrutura de inversão, energia oculta das saturnais populares, desde a pré-história aos nossos dias, reempregando ou redescobrindo, a serviço da conduta catártica, gestos, imagens e atitudes velhas como o mundo, ou pelo menos tanto quanto a antiga religião pré-cristã dos paganismos agrários. Charivari, festa de loucos, Valentin e Ourson, dançarinos ridículos que arrastam assim e numa farândola até as origens e mais além ainda. Eis, aí, diria Rabelais: os gestos ou mitos em migalhas, veiculados pelos séculos até o discurso dos folcloristas — mas, freqüentemente, em que estado lastimável! — mostrando as mais secretas chaves dos comportamentos ou das estruturas formais esvaziadas de sentido e de conteúdo real. Deixemos os modernos Panurge esgrimirem-se para decifrar essas palavras ou esses gestos condensados nas geleiras antidiluvianas da ilha soante: aproveitemos a ocasião. Se ao fim da viagem eles chegarem a ver, como Panurge, "a caverna de Sibila", que façam bom proveito! Melhor para eles!

O complemento, e sobretudo o reverso desse mergulho em busca das origens ou das constantes é, como enuncia-

"UM TEMPO MAIS LONGO": RESISTÊNCIAS E LONGA DURAÇÃO 285

mos, a colocação em questão não somente do evento tolo e medíocre, mas de toda mudança brusca, de toda "mutação" a quente (um termo que Braudel contesta muito justamente). Dessas estruturas tão bem fechadas e amarradas, não sabemos mais de que modo sair. A nova História se arrisca a tornar-se, também, tão embaraçada pelo movimento como a outra era pela lentidão. Admitindo que o tema "uma crise, uma revolução" remete a uma leitura mecanicista da causalidade histórica (essa leitura mecanicista, porém, não é absolutamente a de Labrousse, que comenta com uma simplicidade simulada que, ainda que existam crises decenais, não existem revoluções decenais) tornou-se tentador, para uma historiografia que não faz absolutamente distinção entre marxismo "vulgar" e marxismo propriamente dito, desembaraçar-se definitivamente, na água do banho, do incômodo bebê da Revolução.

Por ocasião de um colóquio sobre as origens da Revolução Francesa,[1] pudemos por um momento nos perguntar, em vista de certas comunicações, se ela havia realmente existido. O que é Revolução? Um mito, e na leitura tradicional que recorta a maior parte da História moderna, rompendo em dois os destinos nacionais, uma "herança ideológica" (F. Furet)? Segundo F. Furet, D. Richet e seus discípulos (G. Chaussinand-Nogaret), que desenvolveram novas leituras do fato revolucionário, a verdadeira Revolução das Luzes, a formação de uma "elite" homogênea associando nobres e burgueses em um empreendimento apenas inicial da modernização, já tinha se realizado antes de 1789. O acontecimento, ele próprio, contribuiu apenas para tumultuar as sadias perspectivas da História, tal como ela poderia ter sido, devido à intrusão incongruente e passadista das massas populares, portadoras de uma ideologia ultrapassada. Os destinos da sociedade francesa se vêem

---

[1] Colóquio realizado em Gottingen, em 1984.

286 MICHEL VOVELLE

desde então desviados (um balão de oxigênio de mais de um século para o pequeno camponês francês...) e por isso mesmo, o acontecimento ou a intromissão do tempo curto, se não é fútil, no mínimo destoa do fio certo de uma História tal como ela poderia ter sido. Foi o rumo de uma leitura da Revolução Francesa como "derrapagem", como esta proposta por F. Furet e D. Richet, que despertou a polêmica há quinze anos.

Não reanimemos as brasas: não faltam absolutamente outros exemplos menos polêmicos e por isso mesmo menos suspeitos. Tomemos uma referência saliente como a peste negra de 1348. Era entendido, segundo uma leitura tradicional, que ela recortava a Idade Média em dois planos, ascendente e depois descendente até meados do século XV. Depois, uma História que não é antiga e que esteve metodologicamente em destaque, valorizou o corte do acontecimento-traumatismo: Millard Meiss, analisando a pintura de Florença e Siena em meados do século XIV, nela distinguiu, com sutileza, as cicatrizes do traumatismo sofrido pelo mental coletivo. Desde então, e sem entrar nos detalhes, sabe-se que se retrocedeu à época a peste negra. A mudança verdadeira se situa antes (às vezes, 1315, ou mesmo o fim do século XIII); não foi ela que anulou a demografia, mas antes a recorrência próxima das pestes ulteriores. Na Itália, e às vezes mesmo em outros locais, a recuperação demográfica é intensa e a grande depressão de fim da Idade Média não existe. À força de procissões e de nuances, a peste negra não existe mais: ela é como que escamoteada em Ariès, que não admite rupturas bruscas em um modelo de duração muito longa, e se esforça como pode, em minha opinião mais mal do que bem (ver "Huizinga et le thème macabre" ("Huizinga e o tema macabro"), depois *L'Homme devant la mort* (*O homem diante da (morte)*, para assumir a incongruência do macabro no declínio da Idade Média.

Não conviria então, não redescobrir o evento, mas definir na História uma nova dialética entre o tempo curto e o tempo longo?

Uma nova dialética do tempo curto e do tempo longo

É forçoso constatar que os caminhos da descoberta histórica atual não passam unicamente pelos rumos do tempo longo, pelo contrário. Paralelamente, emerge com insistência, uma reflexão quanto à mudança, seja sob suas formas brutais ou graduais. Se tentarmos, nesse plano também, ordenar as séries nas etapas, convém partir do novo papel que em vários locais se observa atribuir ao evento.

Quando M. Crubellier, em 1965, proferiu no colóquio de História social em Saint-Cloud uma apologia para o evento, o fiz, poderia-se dizer, carregando nas tintas, como um advogado em defesa de uma causa perdida. Quando, dez anos mais tarde, Pierre Nora, na obra coletiva *Faire de l'Histoire (Fazer a História)* anunciou o "retorno do evento", foi para registrar, como historiador do presente, a violência e a força do fato específico impondo-se sem discussão, hipertrofiado provavelmente pela ênfase que os mídia trazem sobre ele, mas ilustração perfeita do poder da idéia-força que se transforma em realidade material quando penetra nas massas, segundo a célebre reflexão de Marx. A "reabilitação" de P. Nora, por mais convincente que seja, incorre no risco de ambigüidade, de uma certa perspectiva. Tomada superficialmente, em uma leitura estreita, se poderia ver aí uma das variações sobre o velho tema da aceleração da História. Este tema postula que, na época contemporânea, bastando fixar-lhe um ponto de partida, a mobilidade e o nervosismo se inscrevem nos acon-

288   MICHEL VOVELLE

tecimentos; enquanto nos períodos anteriores, observam-se longas fases de imobilidade ou de evolução lenta. Nesse nível, poderia operar um compromisso, tanto com o historiador da História imóvel (E. Le Roy Ladurie: a História começa a se mexer em 1720, após quatro séculos de oscilações em torno de um nível quase constante) como para o etnólogo. Para Varagnac, do mesmo modo que para os folcloristas, a sociedade tradicional, quase monolítica, se desestruturou em data recente, 1870 ou 1914-1918, pouco importando datas de referência, a partir das quais se afirma a derrocada de um sistema muito antigo.

Creio que seja necessário ir além dessa etapa, já importante, porque podemos constatar que, longe de ser o evento, ou (para evitar qualquer equívoco) a mutação brusca, um privilégio de época muito contemporânea, toda uma série de pesquisas dos últimos vinte anos ficaram polarizadas em torno da dialética do tempo curto e do tempo longo, do jogo entre os eventos e a longa duração. Alguns exemplos ocorrem para ilustrar as diferentes abordagens por meio das quais a História problematizada operou, procurando freqüentemente, nas pesquisas retrospectivas, a resposta para essas questões. Da estrutura ao evento, passando pela longa duração: é a tese de Paul Bois em *Paysans de l'Ouest* (*Camponeses do Oeste*); do evento à longa duração pelas vias da História retrospectiva. É isto que podemos encontrar tanto na obra de M. Agulhon como em minhas pesquisas, quer se trate da morte ou da festa... A obra de P. Bois, surgida em 1960, e cuja importância metodológica se tem consolidado desde então, abre um caminho ao mesmo tempo que representa uma demonstração quase exemplar. P. Bois parte, de maneira clássica, do quadro de um departamento do Oeste da França, Sarthe, em fins do século XIX. A situação que ali se encontra nada tem de inédito: ela reflete, a partir das idéias recebidas do célebre *Tableau politique de la France de l'Ouest sous la III' République* (*Quadro político do Oeste da França sob a III República*) de A. Siegfried, os traços do tempo curto do sociólogo e ao mesmo tempo muito longo. Em outras palavras, essas realidades estruturais consideradas como heranças de longa duração e até determinismos sem idade: o pequeno bosque, o *habitat* disperso, a dupla dominação da Igreja e do castelo... A pesquisa logo demonstra ao autor que essa História não é imóvel senão na aparência.

Uma fronteira existe, subdividindo em duas essa rusticidade camponesa: branca ou de Chouan a oeste, e republicana a leste. Para essa fronteira, os elementos enumerados mais acima — o bosque, o cura e o mestre... — não oferecem uma explicação empírica válida. O autor a procura na História, remontando até o episódio preciso quando se deu a ruptura, isto é, sob a Revolução Francesa. Duas rusticidades, dois modos de vida camponeses diferentes em suas estruturas e, sobretudo, em seu dinamismo e sua agressividade, condensaram então duravelmente suas opções coletivas.

Sente-se, mesmo por este resumo muito breve, em que medida este estudo exemplar é portador de uma mensagem rica e ambígua: ele justifica de um lado a metodologia de longa duração, o mergulho no passado mais que secular de onde foram transmitidos os traços de um comportamento que perdura, com inércia real até nossos dias, quando as próprias condições iniciais desapareceram. Uma peça de peso no dossiê da "inércia das estruturas mentais". Porém, inversamente, ou complementarmente, o tempo curto reassume toda a sua importância: é o tempo do trauma inicial, da ruptura propriamente revolucionária a partir da qual, por muito tempo, uns se tornaram chuanos, e outros se tornaram jacobinos, separados por uma fronteira que nossos mapas eleitorais atuais eternizam. Tempo curto ou tempo longo? Essa arbitragem, que não é um compromisso burguês, situando um e outro em seu lugar, exorciza ao menos uma das formas da duração muito longa, a dos velhos determinismos intemporais, para privilegiar o que denominaremos, junto com P. Vilar, o tempo "medianamente longo": uma expressão que não aspira à elegância, mas exprime, talvez, aquela duração onde o historiador se sente certamente melhor.

Faltava provavelmente a P. Bois ter dado a resposta a uma das interrogações que sua pesquisa suscita: a das modalidades mesmo por intermédio das quais se efetua a transmissão das atitudes, para não dizer da mensagem. Lemos nesse autor o ponto de chegada e remontamos ao ponto de partida; entre os dois situa-se outro problema; isto é, o trabalho da memória coletiva, consciente ou não. Ph. Joutard, empenhando-se em acompanhar, tanto nas fontes escritas como na pesquisa oral direta atual, as metamorfoses de uma memória enraizada — de outro evento traumatizante — a guerra dos Camisards em Cévennes — aborda, se assim se pode dizer, de um outro extremo, uma problemática idêntica, revertendo os dados (ele sabe de onde parte) e a metodologia de análise: mas chega-se bem a tentar subestimar na duração longa, o peso de um acontecimento que expressou uma mudança essencial.

P. Bois partiu de uma estrutura e encontrou o acontecimento; sem que nada haja de contraditório, outros partem do acontecimento para redescobrir a estrutura. M. Agulhon, no conjunto bem articulado de suas pesquisas sobre a Provença oriental, partiu do fato específico do sublevamento provençal do Sul, em 1851, para a defesa da República. Em outras palavras, partiu da emergência inesperada daquela província "vermelha" do Sul, desde então duravelmente em contraste com o Sul "branco" da primeira metade do século XIX. Uma pesquisa sociológica

"UM TEMPO MAIS LONGO": RESISTÊNCIAS E LONGA DURAÇÃO 291

aprofundada no meio social dessas vilas urbanizadas, da qual não tomaremos para simplificar senão um aspecto, conduz à reconstituição dos "cubículos" — sociedades secretas republicanas — até as estruturas de sociabilidade que ele irá pesquisar sob o Antigo Regime, passando pelos clubes revolucionários da Primeira República, até descobrir, no século XVIII, a densidade das formas de associações masculinas, entre as quais as confrarias de penitentes, como a mais espetacular das suas expressões. Porém, estrutura formal estável recobre de fato uma mobilidade real, pois o autor, em sua obra-prima magistral *Pénitents et Francs-Maçons* demonstrou como, na segunda metade do século XVIII, as elites provençais haviam abandonado as confrarias para se encontrarem nas lojas maçônicas, mais adequadas às suas novas aspirações. A dialética do tempo curto e do tempo longo afirma-se aqui particularmente rica, fazendo redescobrir, a partir de um aprofundamento regressivo na (medianamente) longa duração, uma evolução lenta. O invariante, aqui, pode ser esse traço de "sociabilidade", do qual o autor ao mesmo tempo reconhece a importância e os limites, como suporte formal da História que se move.

A metodologia que apliquei à análise do fenômeno de descristianização, da idade clássica até a Revolução Francesa, procede da mesma perspectiva. O fato específico inicial é o surto espetacular de descristianização do ano II,* analisado e cartografado em seus principais traços em toda a área Sudeste da França. Tipo propriamente de acontecimento não só "patético"... mas também escandaloso, ao ponto mesmo de toda uma historiografia ter pretendido ignorar essa excrescência da História. Não encontrando nos determinismos do tempo curto revolucionário — política

* Ano II da Revolução Francesa. (N.T.)

MICHEL VOVELLE

geral, iniciativas locais de representantes em missão ou de clubes — explicação suficiente para um mapa tão contrastado e estruturado, foi na duração do século das Luzes, amplamente compreendido, que segui, a partir de um indicador valioso e rico — os milhares de testamentos provençais —, o apogeu, a desestruturação e finalmente a derrocada do sistema da prática e da religiosidade "barroca" no Sul da França, verificando objetivamente aquela mudança que, em 1750, afetou a sensibilidade coletiva a partir dos comportamentos diante da morte.

O modelo verificado em Provença se revela operatório, faltando confirmá-lo mediante comparação com outros locais. Isto foi feito com *La Mort à Paris* (*A morte em Paris*), fruto de pesquisas de P. Chaunu e sua equipe. Depois, tomando o sistema de pompas barrocas em seu apogeu, em 1680, acompanhamos sua curva descendente: a pesquisa parisiense vai mais além, mostrando como configura o modelo, da segunda metade do século XVI a meados do século XVIII. A noção de estrutura, tal como a utilizam na pesquisa de campo os historiadores sociais e das mentalidades, perde toda a sua rigidez e monolitismo: exprimindo um encontro de traços que se organizam provavelmente em um sistema coerente, porém no quadro de um equilíbrio incessantemente reposto em questão e de uma respiração que é própria da História.

Receio aparentar alguma autocomplacência, apresentando a partir de minhas pesquisas um outro exemplo desta conduta dialética, que une o tempo curto e o tempo longo. Foi uma curiosidade semelhante que me fez analisar *Les métamorphoses de la fête en Provence de 1750 à 1820*, para traduzir claramente o encontro do sistema festivo estabelecido, popular, profuso, vivo e "folclórico" em pré-estréia, com a festa revolucionária, nacional, cívica, res-

"UM TEMPO MAIS LONGO": RESISTÊNCIAS E LONGA DURAÇÃO 293

pondendo a todo um outro código. Entre as duas, teria ocorrido uma contaminação, coexistência ou rejeição mútua? O balanço é sutil: a festa revolucionária, especialmente, dá possibilidade local a uma herança festiva antiga e rejeitada, isto é, a festa carnavalesca, que domina as grandes mascaradas do ano II. Minha conclusão não se opõe em nada, até pelo contrário, à de Mona Ozouf em *La fête révolutionnaire* (*A festa revolucionária*): as liturgias revolucionárias, na encruzilhada entre o passado e o futuro, assistem à emergência e experimentação de um novo sagrado, que dominará as formas de religiosidade cívica e patriótica do século XIX. Não se pode, nesse ponto de argumentação, evitar a objeção que, com nuances, F. Braudel havia previsto em seu artigo de referência: admitamos a mutação brusca e o acontecimento explosivo, mas é ele verdadeiramente criador? Não se limita ele a sancionar e exprimir, necessariamente em termos exacerbados, o resultado de uma evolução surda da longa duração? Um ensaio como o de M. Ozouf sobre um ponto preciso, responde parcialmente à questão. Há, aparentemente, fenômeno mais incongruente, "sem passado" e "sem futuro", que o Ser supremo da canção ou a festa revolucionária? No entanto, ei-la portadora do futuro, expressão privilegiada e densa de todo um discurso ideológico. Para além do acontecimento catalisador, ou simplesmente como eco, existe a criatividade súbita do instante? Volto a ouvir o eco, mais do que acadêmico, do debate que travei com A. Soboul a propósito dos primeiros resultados de minha pesquisa sobre a descristianização do século XVIII, na longa duração. O historiador do jacobinismo me contrapôs os exemplos de criatividade a quente da religiosidade revolucionária: santos patriotas, mártires da liberdade, litanias do coração de Marat... todas essas sendo manifestações que, mesmo sem futuro, significam mais que curiosidade de um momento.

Quem tinha razão? O certo é que nenhum dos dois estava errado.

Entretanto, para chegar a uma conclusão provisória sobre esse problema essencial da dialética entre o tempo curto e a longa duração, que me permitam, antes de fechar a porta de meus campos familiares, relembrar um velho conhecimento: a História da morte. Ela é um bom teste para essa História da longa duração, sendo a morte, dito sem humor macabro, um invariante ideal... Creio tocar uma das dificuldades fundamentais do problema quando me irrito (amistosamente) ao descobrir em P. Ariès esses longos planos de evolução, sem choques e sem incidentes. Da mesma forma que o macabro do fim da Idade Média foi, enfim, escamoteado, também não teremos direito aos calafrios do barroco, entre 1580 e 1630, como também não ao retorno das idéias negras e da poesia dos túmulos no crepúsculo das Luzes. Quanto à transição trágica que se denomina *Belle Époque,* o autor escreveu que um dia o macabro se tornou então uma curiosidade de alguns artistas belgas e alemães... Uma curiosidade, na época dos simbolistas e decadentes, de Huysmans, Munch, Ibsen, d'Annunzio ou Thomas Mann...! Pessoalmente, fico impressionado com a importância dessas grandes crises de sensibilidade coletiva que não são absolutamente simples curiosidades literárias, e que vêm golpear rudemente, paroxisticamente, as etapas de uma história das sensibilidades, que nada tem de imóvel. A morte não é aqui senão um exemplo, ou um elemento em um conjunto. Em uma recente síntese ("The prerevolutionary sensibility") ("A sensibilidade pré-revolucionária"), coloquei uma questão, aparentemente simples: o que se passou em 1750? Questão muito antiga (dir-se-ia que a história literária clássica já a respondeu há muito tempo) e, entretanto, recorrente em todos os estudos recentes da história serial. Existe aqui uma multiplicidade de curvas de uma variedade rejubilante: ilegitimidade, concepções pré-nupciais, delinqüência, movimento de livraria, encomendas de missas ou ordenações... Na França de 1760, a visão do mundo mudara, e não somente para as elites. Como no curso de acústica de nossa infância, um ritmo se desenha, com impasses e projeções de crises no sentido mais amplo do termo, e que não são absolutamente o resultado da aceleração contemporânea da História, como também não são a espuma superficial de uma História imóvel no todo... Penso ser necessário redefinir essa dialética do tempo curto e do tempo longo: um exercício sem maiores segredos para o historiador economista e para o demógrafo, mas que o pesquisador nos campos da história social e das mentalidades deve enfrentar. Mas, uma das razões do bloqueio — provisório, possivelmente — não seria precisamente a dificuldade de encontrar a concordância de tempos entre os diferentes domínios?

No fundo do problema: a concorrência de tempos

Realmente, acredito que dentro de pouco tempo o problema da dialética do tempo curto e do tempo longo parecerá ultrapassado e, é provável, historicamente datado. Datado como um certo voluntarismo jacobino talvez, datado certamente como um determinado "revisionismo" bem de nosso tempo, que pretendeu exorcizar a imagem "caduca" da Revolução ("herança ideológica", segundo F. Furet): não haverá compromisso burguês, mas superação dialética. Finalmente, ainda que esse diálogo possa parecer um exercício de estilo acadêmico, é preciso convir, diante dos exemplos que acabamos de discutir, que foi estimulante, permitindo promover todo um outro nível de reflexões.

Será muito mais difícil, parece-me, chegar a um consenso sobre o que intitulo um tanto comodamente "a concordância" de tempos, isto é, segundo a expressão de

Althusser, o "entrelaçamento de tempos". Sinto-me, como P. Vilar, atingido pela observação de Althusser, formulada ao mesmo tempo muito superficialmente e, no fundo, pertinente, sobre os atrasos na reflexão dos historiadores "empíricos": "Os historiadores começam a se colocar questões. Mas se contentam em constatar que há tempos longos, médios, curtos e de registrar as interferências como produto de seus encontros, e não como produto do todo que os comanda: o modo de produção...".

A discrição, provavelmente censurável, dos historiadores, e particularmente dos que se reconhecem marxistas, decorre talvez, na expansão atual, da ciência histórica em todas as direções (do porão ao sótão) daquilo que freqüentemente os encerrou na prisão (de longa duração!) e que se denomina marxismo vulgar, no qual uma dialética mecânica liga a infra-estrutura às superestruturas ideológicas, como por um passe de mágica. Essa leitura, que tende a ser refutada à medida que a descoberta de novos campos complexifica os tempos da História, é facilitada talvez pela dificuldade, até data recente, dos historiadores marxistas em abordar o "terceiro nível" de explicação histórica reservado aos especialistas mais "preparados". Destaca-se nessa conjuntura historiográfica a clarividência do apelo de Labrousse em 1965, incitando os historiadores a abordarem o estudo do terceiro nível, que estamos habituados a denominar a "história das mentalidades". Provavelmente, nessa etapa onde, somente ainda, ou quase, a tese de P. Bois, (*Paysans de l'Ouest* (*Camponeses do Oeste*)) expõe a tentativa de uma abordagem global, desde as estruturas sócio-econômicas até as atitudes coletivas e sua dialética no tempo, poderia Labrousse definir essa relação de outro modo senão história das "resistências" ou das "inércias"? Mesmo que essa História pareça hoje uma leitura bastante pobre das trocas que têm lugar no quadro do que se pode denominar, como diz Althusser, o "sobredeterminante" do modo de produção?

Porém, P. Vilar, nesse aspecto ainda, nos recorda como Marx — menos dogmaticamente do que se diz! — lembrou aos historiadores as suas responsabilidades definindo o modo de produção como uma "luz geral, éter particular que determina o peso específico de todas as formas de existência que resultam dele..." (isto não é, diz Vilar, retoricamente, "do melhor Marx"). Convenhamos que tal definição deixa esse "todo sobredeterminante" com uma certa largueza, ao mesmo tempo lhe impondo a tarefa real de precisão e de invenção, no reconhecimento dos laços complexos que unem hierarquicamente os diferentes níveis.

Existem tentações: para a historiografia que se recusa as tarefas do método marxista, desde que não se procure mais a panacéia universal de um outro fio diretor da História (nas minas do Peru, ou nas manchas do Sol), o risco pode ser o tempo longo, embebido em uma História imóvel, ou uma etnografia cada vez menos histórica, como pode ser a da multiplicidade e especificidade dos tempos, e onde cada História ficaria à sua vontade. Tentação atordoante: é a nave dos loucos. Philippe Ariès faz mover seu colchão de ar da evolução das atitudes diante da morte em função do dinamismo próprio a um "inconsciente coletivo", que não é definido de outra forma.

Tranqüilizem-se! Não pretendo substituir a nave dos loucos com este "Grande Círculo" encerrando em um quadro empobrecido todo esse desabrochar. Eis porque penso que Chaunu (que ele me desculpe por tomá-lo tão paradoxalmente como exemplo), ao avançar a hipótese de uma evolução na longa duração das atitudes diante da morte como uma "derivada da expectativa de vida", reduziu certamente a uma dimensão demográfica demais um fenômeno mais complexo, que associa inércias e criações fantásticas. Mas a solução, para mim, dessa multiplicidade de tempos da História, das séries de longa duração que nos são oferecidas, atualmente, reside em correlacionar, confrontar, hierarquizar. Com isso, a longa duração, fruto objetivo do progresso metodológico, não será nem um engodo nem um mascaramento ou abdicação, mas antes um meio de afirmar uma revitalização do tempo histórico.

Não há, de resto, razões maiores para pessimismo: desde o artigo de Fernand Braudel, dizíamos, a invasão estruturalista aconteceu e a História não desapareceu absolutamente. Além disso, a dependência que ela refletia em relação a outras ciências humanas foi substituída por uma segurança real. A consciência da "longa duração", noção ainda mal dominada, mas que tentamos analisar em seus aspectos ambíguos, não é talvez estranha a essa retomada de controle sobre o campo histórico em sua especificidade.

História das mentalidades, história das resistências ou das prisões de longa duração*

O colóquio realizado em Aix, em 1980, abrigava-se sob a dupla caução de Ernest Labrousse e de Fernand Braudel, dos quais tomou de empréstimo as frases de seu título. Mas uma reflexão toda atual orientava essas duas fórmulas precursoras: tentar, conforme propus no texto de apresentação aos participantes daquele encontro, apreender o que muda a partir da resistência, ou da inércia.

O Centre Méridional d'Histoire Sociale des Mentalités et des Cultures propôs-se, em 1978, a tratar dos "intermediários culturais", isto é, dos personagens situados entre duas culturas, por intermédio dos quais se opera a mudança, e através dos quais chega-se também, às vezes, ao escândalo. Ao formular essa questão, pretendíamos romper o diálogo, atualmente esterilizante, confrontando cultura popular e cultura de elite, com essa guerra de posições que as opõe, para reintroduzir a noção de dinamismo e de trocas.

---

* Publicado sob forma de artigo em *Le Monde Alpin et Rhodanien* (junho 1980) e reeditado em *Review of European Studies* (1981).

MICHEL VOVELLE

Colocando atualmente a questão da História das mentalidades como "história das resistências", poderia parecer que estamos retornando a essa guerra de posições ou de trincheiras. Mas isso, contudo, é só na aparência, pois por esse título, à primeira vista esotérico, refletimos de fato sobre a questão de identificar o que resiste nas mentalidades coletivas, o que lhe constitui o freio, o que denominamos algumas vezes "a força da inércia" das estruturas mentais, um termo que, como se vê, corre o risco de não ser mais que uma explicação verbal. Perguntando-nos o porquê e o como das resistências, colocamos, provavelmente, uma das questões essenciais à definição dos métodos e das perspectivas do que se convencionou denominar a "nova história" das mentalidades.

Emergência de uma noção

A noção não é totalmente nova, e se tentarmos datá-la mais precisamente, poderemos dizer que a história das mentalidades se confunde, pelo menos parcialmente, com a das resistências, e que nasceu nos tempos heróicos dessa nova História, isto é, entre os anos 1950 e 1960. Foi Fernand Braudel, em seu célebre artigo de 1958 sobre a longa duração, o primeiro a definir a história das mentalidades como o lugar privilegiado das evoluções lentas ou das inércias, descrevendo as mentalidades como "prisões de longa duração". Pouco depois, porém, Ernest Labrousse concluía o colóquio de história social realizado em 1964, na Escola Normal Superior de Saint-Cloud, com um convite à exploração do campo da história das mentalidades, que ele definia explicitamente como história "das resistências". Essas duas profissões de fé entravam de fato em um contexto histórico onde precisamente as pesquisas, freqüentemente estimulantes, começavam a descobrir, ou a redescobrir, a noção de

"UM TEMPO MAIS LONGO": RESISTÊNCIAS E LONGA DURAÇÃO 301

mentalidade em pesquisas de campo. Foi então que lemos apaixonadamente a obra de Eric Hobsbawn sobre os "rebeldes primitivos", os primitivos da revolta na Europa moderna. Esses indivíduos são revoltados, mas não revolucionários, e sua característica seria estar a reboque, ou na contramão, ou pelo menos à margem do que se convencionou chamar "a marcha da História". Em resumo, na conjuntura histórica à qual nos referimos, via-se surgir a idéia de um outro tempo da História, absolutamente diverso da herança das Luzes, da idéia de um progresso ou de uma marcha definitiva adiante, nem o da História voluntarista, ou seja, daquela que é de bom-tom atualmente denominar "marxismo vulgar".

Essa descoberta, que conduzia a um certo número de constatações, tal como a "força da inércia das estruturas mentais", correspondia a várias abordagens ou várias vias de emergência. Em Ernest Labrousse, certamente, o encaminhamento foi feito de uma História dos movimentos nas sociedades modernas, e particularmente do movimento operário, para a história do que o freia, a história dos obstáculos contra os quais ele esbarra. Ao contrário, em Fernand Braudel, esta descoberta se enraizava na consciência dos condicionamentos geográficos, das heranças de longa duração e se enriquecia também com os contatos interdisciplinares com a etnografia e com a sociologia, das quais seu artigo sobre a longa duração constituía um reflexo ambíguo.

Além dessas descobertas no plano abstrato, ainda que nutridas de uma reflexão específica, um certo número de monografias ou de estudos delimitados, que se multiplicaram então, testemunham a riqueza de um tema que se impunha aos pesquisadores. Parece-me significativo que isso tenha ocorrido no período em que se viu aparecerem estudos sobre a "Contra-Revolução" a partir da investigação da

302   MICHEL VOVELLE

Revolução Francesa. Essa é a época em que Paul Bois, em sua tese sobre os camponeses do Oeste, formulava o problema de saber não somente "por que mudança?", mas também "por que resistência à mudança?", a partir da identificação de uma fronteira obstinada de temperamentos políticos na França, nos bosques franceses do departamento de Sarthe; é a época também em que se interrogou sobre a Vendéia, como por exemplo na análise que dela fez Tilly. Através dessas pesquisas, se delineava, por sucessivas abordagens, a idéia de que, para compreender o que muda, uma volta essencial seria exatamente começar por compreender o que não muda.

Paralelamente a essa reflexão, ou a essa corrente da história social, esta problemática não escapava também a outros domínios da História ou da sociologia. Penso, para não multiplicar os exemplos, no domínio da sociologia religiosa histórica, que passava então, na herança de Gabriel Le Bras, de uma certa ótica do voluntarismo pastoral à atitude das constatações de fato. Ora, a constatação, tal como a formulavam historiadores como Pérouas em sua tese sobre a diocese de La Rochelle no século XVII, ou sociólogos como o cônego Boulard, revelam a importância das heranças de longa duração e das inércias, à primeira vista, incompreensíveis. Analisando os resultados apresentados por esses pesquisadores, Pierre Chaunu se perguntava o porquê das fronteiras enraizadas, e podia ocorrer a tentação, nesse período de pesquisas, de se perguntar se haveria uma herança de calcários assim como do granito; e se, para retomar sua expressão, "o habitante dos bosques" e o "habitante das planícies" não eram senão tipos abstratos, não apenas na História religiosa mas também na história dos temperamentos coletivos. O cônego Boulard, em obras que continuam extremamente sugestivas, como sua reflexão sobre a noção de "regiões culturais", formulava essa interrogação.

"UM TEMPO MAIS LONGO": RESISTÊNCIAS E LONGA DURAÇÃO 303

A partir dessas questões específicas, elaboradas dentro de campos determinados da História, nos anos de 1960 a 1965, a escalada atual de métodos e de problemas da história das mentalidades reforçou a importância desse questionamento. Passando de uma história das elites para uma história das massas, e passando da história das idéias e das culturas para uma história das atitudes coletivas, os historiadores das mentalidades, inevitavelmente, passaram de uma história do movimento a uma história das inércias. Em certos historiadores, a ênfase foi levada muito particularmente sobre a noção de inércia ou da herança como fato da História, concebida como recuperação de gestos antigos. No ensaio recentemente publicado sobre a Revolução Francesa, François Furet e Denis Richet não hesitaram em interpretar o movimento popular das atitudes de massas como retomada quase inalterada de pulsões passadistas, vindas, senão do fundo dos séculos, pelo menos reconduzidas quase sem alteração desde os furores da Liga e da Fronda.

A noção e o termo mesmo de "furor", que Roland Mousnier empregava então para evocar as emoções populares do período anterior à Revolução Industrial, testemunham bem a ótica de uma História concebida como resgate. Enfim, pode-se dizer que parte da interpretação que Emannuel Le Roy Ladurie faz dos levantes ou dos motins populares do tipo encontrado em Languedoc, pertence a essa leitura global. No fundo, se encontra a contestação, consciente ou não, declarada ou não, da noção de "revolução", cuja pertinência era então contestada por toda uma corrente da historiografia francesa e internacional.

Paralelamente, na constituição do campo da história das mentalidades, o triunfo da longa duração reforçava a impressão de lentidão do movimento e até de imobilidade, enquanto o contato e a contaminação com os outros campos das ciências humanas, tal como a antropologia, acentuavam essa impressão, à medida que a história das mentalidades se inseria de maneira privilegiada, não na História atual sobre o século XVIII e século XIX, absolutamente, mas em uma História moderna onde essas atitudes e comportamentos do antigo estilo prevalecem. Compreende-se porque pôde Robert Mandrou definir, então, o tempo da história das mentalidades como "um tempo mais longo", concordando nesse ponto com Braudel e muitos outros.

Se a emergência da noção que nos interessa se inscreve assim em um contexto histórico preciso, convém hoje, quando dispomos de informações talvez mais amplas, indagar sobre sua pertinência e sua significação. Para isso, vale partir muito simplesmente de algumas constatações.

Algumas constatações

Proponho, para abrir o debate, uma série de mapas como meio de perceber objetivamente, em sua distribuição geográfica, o fenômeno da inércia ou da resistência. Os mapas de que dispomos atualmente, graças ao progresso ao mesmo tempo longínquo, obstinado, mas às vezes também recente da pesquisa histórica, são à primeira vista de uma diversidade rejubilante. O primeiro é o mapa do cônego Boulard que localiza, na França do século XX, as áreas de prática religiosa. Um mapa historicamente datado, baseado em enquetes diretas ou indiretas da sociologia religiosa dos anos 1950. Agora que renunciamos a registrar o número de presentes à saída das missas, essa pesquisa seria, é possível, inteiramente impossível. Resta-nos um monumento em termos de instantâneo da prática religiosa da França em meados do século XX, e que não cessou de nos trazer toda uma série de interrogações sobre as realidades de muito longa duração, que se refletem por sua vez sobre os "temperamentos coletivos", a partir dos quais o autor, passando do mundo rural ao mundo urbano em sua obra sobre as áreas

"UM TEMPO MAIS LONGO": RESISTÊNCIAS E LONGA DURAÇÃO 305

culturais, comprovou o mimetismo entre as sociedades urbanas e as sociedades rurais. Esse mapa, tão rigidamente estruturado, identificando as zonas de praticantes fortes — o mundo do Oeste, a França do Nordeste, a parte Sudeste do Maciço central — em contraste com as áreas descristianizadas, nos provoca diretamente, tanto mais que ele não deixa de ter equivalentes em outros domínios. Observou-se (é um simplismo ingênuo recordá-lo, mas a simplicidade pode ser útil) sua semelhança com o mapa da sociologia eleitoral tal como se foi configurando ao longo dos grandes escrutínios do final do século XIX até os nossos dias: a mesma distribuição de zonas conservadoras e zonas engajadas no processo de mudança. Essa similitude ou essa simpatia leva a perguntar até quando remonta a origem dessa bipartição do espaço francês, sendo que algumas pesquisas recentes parecem confirmar a antiguidade dessa paisagem contrastante. Para citar apenas alguns exemplos, remeterei ao mapa que eu mesmo apresentei em minha obra sobre a descristianização do ano II, os sucessos e fracassos da toponímia revolucionária na mudança dos nomes de lugares sob a Revolução Francesa. Um mapa que surpreende por sua extraordinária coerência, registrando o contraste entre as áreas de aceitação e assimilação das modificações trazidas pela Revolução e áreas onde as modificações da toponímia foram ínfimas, índice de uma rejeição coletiva. Ora, as áreas relacionadas, de um lado nos dois mapas da prática religiosa e de outro, sociologia eleitoral, evidenciam fatos sugestivos demais para que se possa dispensá-los de uma interrogação fundamental. Às áreas de rejeição, a oeste, nordeste e retaguarda do Maciço central, se opõe de maneira flagrante esse espantoso baluarte do jacobinismo rural e ao mesmo tempo da descristianização precoce que é o maciço central e suas fraldas, de Morvan até Nivernais, e de Berry a Limusino, descendo em direção ao sudoeste aquitano, para daí se prolongar até uma parte do Sul no Languedoc e na

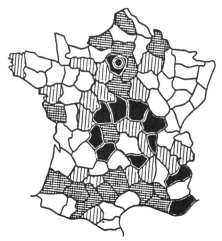

A toponímia revolucionária do ano II (em preto: os sucessos dessa toponímia).

(Mapas extraídos de *Atlas de la France rurale* (Atlas da França rural) por J. Dupleix, Paris, Armand Colin, 1968.)

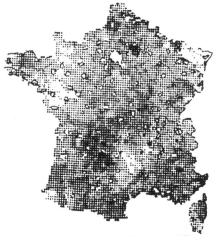

Os votos de esquerda nas eleições de 1962.
(Mapa extraído de *Atlas de la France rurale.*)

Uma França em transformação... ou um outro sistema de fidelidades? Continuidade do jacobismo rural na distribuição das vozes dos votos de esquerda do século XX.

Provença. Pode-se encontrar o eqüivalente desse mapa da toponímia revolucionária, de maneira ao mesmo tempo muito global e desarticulada, frouxa mas sugestiva, em outras áreas de expressão das mentalidades coletivas sob o Antigo Regime. Penso particularmente nos mapas que foram apresentados por Brancolini e Bouissy sobre a divulgação das reedições semipopulares, segundo as estatísticas da produção regional do livro no século XVIII: o mapa da literatura profana, em contraste com a literatura de devoção, aclara fatos, do mesmo modo que os antecipa sobre a prática religiosa no século XX e sobre os temperamentos políticos.

A partir desses estudos macroscópicos, que retratam uma realidade global, não devemos nos surpreender que eles não tenham se refletido tal e qual, mecanicamente, ao nível dos estudos microscópicos de distritos ou cantões, mas que se configuram em conjuntos globais de atitudes. Convém, todavia, passar a uma reflexão sobre a noção de "fronteira". Fronteiras entre temperamentos coletivos: foi este o problema formulado na tese de Paul Bois ao analisar Sarthe, um departamento da zona florestal ocidental, no limite que separa a opção republicana, do domínio de Chouan e da fidelidade conservadora. Essas fronteiras não são unicamente políticas. Poderiam-se propor outras verificações e abordagens: penso particularmente na noção de "sociabilidade" que foi tão adequadamente explanada nas obras de Maurice Agulhon sobre a Provença oriental.

Desenvolvendo a problemática apresentada por M. Agulhon, perguntei-me qual poderia ser o limite dessa sociabilidade meridional e tentei explicitar, a partir de um certo número de indicadores, como o mapa de densidade de confrarias religiosas, seguido do mapa da densidade de sociedades populares e de clubes durante a Revolução Francesa, ou da densidade de lojas maçônicas em fins do século XVIII. Esse tipo de reflexão nos sugere uma série de representações

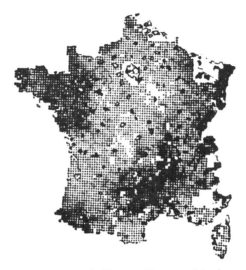

A comemoração da Páscoa na França rural do séc. XX (segundo os trabalhos de F. Boulard).

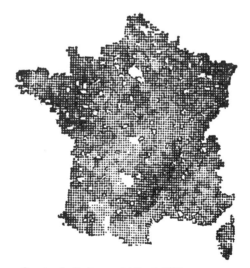

Os votos de direita nas eleições de 1962.
(Mapas extraídos de *Atlas de la France rurale*, por J. Dupleix, Paris, Armand Colin, 1968)

"Conservatórios" de fidelidades religiosas e conservatórios em questões políticas...

sobre as áreas onde se registram a distribuição, a continuidade e mais simplesmente ainda a realidade de temperamentos coletivos.

Nessa primeira rede ou nessa primeira série de mapas, não seria difícil justapor outras distribuições espaciais, que me parecem exprimir outras realidades, onde a paisagem coletiva, cuja recorrência nos tem afetado até agora, não resulta provavelmente de um outro determinismo. Cito, para não multiplicar os exemplos, o mapa de alfabetização nas obras de Maggiolo, atualizados por meio de técnicas modernas, que revelaram o contraste maciço entre as duas Franças: a França "erudita", que ocupa a parte Nordeste de uma linha que se estende de Mont Saint-Michel a Genebra; e a França "ignorante", por outro lado, cobrindo o Sul e o Oeste do país. Há uma outra França, talvez dupla, se acreditarmos nas sofisticações mais recentes dos documentos que mostram a França do Sudeste, dos Alpes à Provença, em vias de recuperação desde fins do século XVIII, enquanto a França atlântica do Oeste permanece em sua estagnação e subdesenvolvimento contumaz. Da mesma maneira, poderíamos confrontar, nesse jogo de contas, os mapas da antropologia histórica, conforme apresentados por Emmanuel Le Roy Ladurie em sua monografia sobre o recruta do serviço militar francês com base nas inscrições do século XIX. Essa lista nada tem de limitativa se a ela acrescentarmos, por exemplo, o mapa das estruturas familiares, conforme levantadas pelos pesquisadores americanos de Ann Arbor, demonstrando em meados do século XX, na França, áreas muito contrastadas de predominância de famílias nucleares ou famílias extensas. Quer se trate de famílias do Sudeste ou de famílias extensas na França central, em certas regiões de montanha, reencontramos um perfil ou uma paisagem que não deixa de relembrar por vezes a França da sociologia religiosa ou política, dentro de todo um jogo de harmonias, que provocam profundas interrogações.

É de fato uma impressão de perplexidade que podemos sentir à primeira vista, quando confrontamos e superpomos os elementos desse jogo de cartas. Perplexidade que se exprime nos escritos do cônego Boulard, perguntando-se por que aquele que nasce em Angers tem de três a quatro vezes mais chances, em sua herança ou em seu patrimônio, de ir à missa do que o nascido em Marselha. Perplexidade em termos muito diferentes e próximos ao mesmo tempo, expressa por Peter Laslett quando, confrontando sua curva de longa duração sobre nascimentos bastardos na Inglaterra do século XVI até a atualidade, com um mapa dos lugares onde a ilegitimidade é particularmente acentuada, ele põe em evidência a realidade obstinada de regiões, e até de vilas, decididamente desviantes e até heterodoxas. Dessa impressão inicial de perplexidade, poderíamos, em um primeiro balanço parcial, passar a uma reflexão. Como se explicam esses fatos? Aparentemente, não faltam explicações, mas elas nos colocam diante de sistemas bem diferentes e freqüentemente contraditórios.

A primeira vertente explicativa é a que nos remete a um determinismo social ou sócio-econômico, como justificação última daquilo que se revela na paisagem geral. Esse elemento de determinismo, certamente essencial, para muitos pesquisadores se reveste de primordial importância, embora muitos tenham observado até que ponto ele está longe de ser mecanicamente reproduzido. As atitudes coletivas empiricamente verificadas não obedecem como um passe de mágica, muito pelo contrário, às exigências das estruturas sócio-econômicas. Algumas explanações são um pouco menos rústicas na busca de um determinismo material. Penso nas explicações que já estiveram em moda, sobre os temperamentos religiosos por calcário ou por granito, o que remete a um determinismo pobre e, no limite, mágico, ainda que essa fronteira, seja no Maine-et-Loire ou em qualquer outra região da França ocidental, se desenhe nitidamente. O determinismo geográfico existe e não se deve tratá-lo com desprezo: mas quando ele não é formado de calcário ou granito, mencionará planície, montanha, a importância das vias de passagem. . .

Quem trabalhou com os traços de atitudes coletivas em estabilidade ou em movimento, não pode deixar de se sentir tocado pela importância dos conservatórios que são ao mesmo tempo isolados ao nível das possibilidades de contatos e de comunicações. Seguindo a prática religiosa do século XVIII a partir das cláusulas testamentárias, pude pôr em evidência a importância desses santuários ou "conservatórios" de gestos e práticas barrocas nos vales alpinos de Ubaye, em Vallouise, e em outros locais. Sabemos também que esse contraste simples, planícies/montantas, regiões abertas/regiões fechadas, não é um contraste imperativo. A partir do estudo que apresentei sobre a descristianização do ano II, os mapas realçam bem que há montanhas jacobinas e malpensantes como há também planícies que são refratárias à mudança, muito profundamente. Ainda neste caso, mesmo que essa série explicativa com base no determinismo geográfico seja significativa, ela não nos dá a chave última para decifração do problema. Por isso, se deve levar em conta os determinismos ou os fatalismos espirituais que respondem a um temperamento enraizado. A noção de "região cultural", conforme foi elaborada pelo cônego Boulard, entra nessa categoria. Todavia, estamos conscientes de que essas explicações, embora essenciais visto que se referem a constatações indiscutíveis, podem também ter tanto de mistificante ou de mágico, como de simplesmente verbal. Enfim, elas não explicam nada; de qualquer modo, não mais que a própria noção de "força de inércia das estruturas mentais", a que já fizemos alusão.

312   MICHEL VOVELLE

Para ultrapassar essas contradições, os pesquisadores foram levados a propor outras explanações, mostrando o papel da História e o peso do legado histórico. Penso, particularmente, na noção que se poderia denominar — simplificando — de "trauma histórico", atuando em momento determinado das mentalidades coletivas de uma região, e perpetuando-se em seguida, além mesmo da consciência clara que os homens têm dele. Essa noção foi ilustrada de maneira brilhante e demonstrativa pela tese de P. Bois sobre os camponeses do Oeste quando ele se enveredou pelo sentido contrário aos estereótipos consagrados desde André Siegfried. Bois mostrou que o determinismo sociológico, pobremente inserido seja no tempo curto do sociólogo como na intemporalidade de uma herança de muito longa duração — na ocorrência da dupla presença da aristocracia (not'maître) e da Igreja (influência do cura), não explicava absolutamente a realidade das fronteiras entre as opções políticas observadas empiricamente. Ele demonstrou, por isso mesmo, a necessidade de remontar, mediante uma conduta regressiva, até o momento histórico quando se realizou a mudança de rumo. A eclosão da Revolução Francesa, onde se reflete o antagonismo ao mesmo tempo muito vivo mas diferentemente formulado segundo as regiões, se calca na memória coletiva, justamente quando as próprias estruturas sociais, engendradas pela sua evolução posterior, tenderiam a misturar e apagar esses contrastes.

A demonstração que Paul Bois propõe para os camponeses do Oeste pode ser aplicada a outros quadros de referência e a outros acontecimentos fundadores. Assim, pensamos na importância da censura confessional ou da clivagem religiosa para explicar os temperamentos coletivos no Sul da França e, particularmente, em Languedoc. Esse tipo de explicação se apresenta exatamente como uma espécie de compromisso, se pensarmos bem, entre uma explicação mecanicista ainda, a partir dos condicionamentos sócio-econô-

"UM TEMPO MAIS LONGO": RESISTÊNCIAS E LONGA DURAÇÃO 313

micos que se refletem na gravidade com que atuam em um determinado momento e, de outro lado, o que denominarei uma explicação idealista, que registra a sobrevivência na duração muito longa das representações coletivas, além de toda pressão imediata dos condicionamentos que haviam feito nascer essas atitudes. Essa abordagem não está, absolutamente, livre de problemas: até quando se preserva a memória coletiva? Se quisermos dar um exemplo, até quando a realidade do Sul da França como vermelho, que vimos nascer em torno de 1848 a partir de uma reviravolta espetacular do Sul branco da primeira metade do século XIX, resistirá, nos mapas da sociologia eleitoral, à erosão que é fruto da evolução sócio-econômica atual? Deserção dos campos abandonados pelo campesinato do século passado, repovoamento das vilas por um fluxo alóctone... Para dar um exemplo específico, Lawrence Wylie, apresentando em sua monografia do Roussillon o tipo ideal da vila meridional francesa, se vê hoje diante de uma imagem bastante modificada de um povoado cujo hoteleiro se tornou prefeito e cujos habitantes são residentes secundários vindos da França meridional ou do Benelux. Até quando a memória, tão como se exprime ela na opção coletiva, sobreviverá à erosão da História?

A geografia nos mostrou uma série de abordagens explícitas mas ao mesmo tempo toscas, porque globalizantes, de atitudes muito mais diversificadas nos detalhes. Por isso mesmo, as sugestões às quais conduz a abordagem macroscópica geográfica são estimulantes, mas podem ser mistificadoras. É preciso ir mais longe: atrás dos contrastes observados no próprio campo, entra em consideração a realidade dos grupos sociais. Encontramos, nesse caso, grupos que são igualmente centros da resistência à mudança, e não seria difícil estabelecer uma articulação desses isolados geográficos aos isolados sociais. Ela poderia se exprimir em termos de quarteirão urbano, abrigando grupos homogêneos e"reacionários", quer seja de caráter étnico, de caráter profissional ou simplesmente fundados na endogamia. Para não multiplicar os exemplos, e inspirando-me em minhas pesquisas pessoais, poderia citar, nessa perspectiva, os núcleos formados pelos italianos no século XVIII em Marselha, já uma grande cidade cosmopolita então. Essa comunidade, composta em parte de piemonteses, mas também de ligúrios vindos de Gênova e da Riviera, forma aí um conjunto estruturado, fechado em suas tradições e em suas atitudes coletivas. Da mesma forma e no mesmo quadro, se poderia citar, ao final do século XVIII, também o grupo dos carregadores, vários milhares de pessoas unidas pelas estruturas de um ofício jurado, onde se conservam as tradições e onde uma coesão social muito sólida é mantida ao mesmo tempo pela endogamia e pela transmissão quase hereditária das funções. Os carregadores constituem eles também um elemento de tradição e de conservação, exatamente quando poderiam ser levados a se tornarem agentes violentos da mudança, como durante a Revolução; porém, a imagem do carregador legitimista, do carregador branco do período da Restauração, continua bastante representativa de um perfil de conjunto. Assumindo essa perspectiva, poderá parecer que o tipo ideal de grupo social muito amplamente recortado, concebido como refúgio de resistências à mudança, poderia se encontrar no mundo rural: imagem certamente mítica, porque recobre com um rótulo muito amplo, realidades múltiplas. Mas esse campesinato que a imagem preconcebida, talvez desde a experiência de 1848 e do voto camponês, nos faz facilmente imaginar como conservador, representa provavelmente o protótipo mesmo do conjunto que abriga os traços de uma civilização tradicional, da qual ele é o conservatório. O folclore ou a loja de acessórios das artes e tradições populares, no domínio rural confirmaria, em uma visão inicial, um pouco preguiçosa provavelmente, essa imagem recebida.

Na outra extremidade da pirâmide social, seria tentador lembrar os conservatórios representados pelos grupos superiores, as aristocracias mais que as "elites", no vocabulário da história social, que estabelece uma distinção entre as elites móveis, abertas à mudança e as aristocracias conservadoras, exprimindo, provavelmente, um contraste percebido. É de fato nesses cenáculos da aristocracia, da idade clássica à época contemporânea, que se mantém todo um conjunto de tradições, de gestos, de atitudes e de defesa, sendo que essa noção mesma de aristocracia necessita ser relativizada, não se aplicando unicamente à casta nobiliária. No mundo camponês também, dentro do que se pode denominar uma "aristocracia camponesa", a dos grandes trabalhadores da França do Norte e dos empresários da França meridional, é que são mais fortemente mantidas as tradições e as resistências à mudança.

A partir do que se pode considerar como uma segunda série de constatações, dando continuidade às sugestões do estudo geográfico, podemos passar a um outro nível de hipóteses explicativas, e nesse aspecto também não nos faltam absolutamente idéias nem sugestões. Diz-se que os grupos conservadores se explicam por referência ao que poderíamos denominar o dinamismo ou sentido de história: são grupos perdendo a velocidade, grupos em posição defensiva, diante de uma evolução que os ultrapassa tornando-se grupos tradicionalistas. Essa assimilação ou essa extrapolação, por mais caricatural que seja, não carece de confirmações ou de exemplos. A aristocracia nobiliária forneceria mais que uma ilustração disso; da mesma forma que o campesinato, segundo vários autores. F. Furet, por exemplo, nos apresenta esse campesinato durante a Revolução Francesa como ligado a conceitos, e mais ainda gestos, atitudes e formas de sensibilidade passadistas. Mais precisamente, não seria difícil, analisando um meio social concreto rural ou urbano, de-

MICHEL VOVELLE

tectar, atrás do tradicionalismo de certos grupos, o mal-estar que o atinge em suas estruturas e em sua vitalidade. Os carregadores marselheses, lembrados acima, tanto mais se obstinam em um tradicionalismo cada vez mais vivo ao longo do século XIX, quanto mais se encontram em con-corrência com o exército de reserva dos *dockers* (estivado-res) ou de seus predecessores do século XVII até a primeira metade do século XIX, ou seja, os indivíduos que o voca-bulário meridional denomina *robeyrols*, plebe de trabalho não-qualificado, rival da aristocracia muscular que repre-sentavam os carregadores e que triunfarão sobre ela depois de 1860. Triunfo amargo provavelmente, pois que ele re-sulta materialmente em um recrudescimento da exploração da força de trabalho não-qualificada. Porém, compreende-se, face a concorrência desse exército de reserva, o conjunto de atitudes e comportamentos defensivos dentro dos quais se fecha o grupo do ofício jurado de carregador.

No mesmo quadro geográfico, não será também difícil dar como exemplo os mestres ou patrões pescadores locais, sob jurisdição de seus lugar-tenentes, opondo sua forte coe-são e sua tradição não somente institucional e religiosa, mas também familiar, à concorrência de recém-chegados, os *squatters* do mercado de trabalho que representam, por exemplo, os catalães. Essa explicação, em termos de dina-mismo social, é provavelmente mais forte. Não em contraste, mas muito mais como complemento que se pode propor a outros sistemas explicativos de base sócio-demográfica. À endogamia de grupos voltados para si mesmos, encerrados em sua produção fechada, se oporia a mobilidade e a mescla de recém-chegados, de inesperados: uma mobilidade ou uma mistura que se encontra nas duas extremidades da escala social. Isto é, ao nível mais frágil do assalariado urbano, como ao nível dos comerciantes ou dos membros de profis-sões liberais e atividades terciárias — burocratas ou outros — que representam, na cidade do século XVIII e mais

"UM TEMPO MAIS LONGO": RESISTÊNCIAS E LONGA DURAÇÃO 317

ainda dos séculos XIX e XX, os grupos mais largamente abertos e móveis.

Permitam-me ainda mais um exemplo meridional: nessas abordagens, ao mesmo tempo demográficas e sociológicas das comunidades provençais de que dispomos atualmente, os grupos mais amplamente mesclados das vilas são, de um lado, os trabalhadores agrícolas e, de outro, os artesãos e varejistas do povoado. Em contrapartida, os diques de estabilidade, que se tornaram conservatórios da tradição na época de Mistral, se encontram justamente nos grupos de pequenos proprietários rurais e de "burgueses" do antigo estilo dessa sociedade de burgos urbanizados.

Mobilidade e mistura, em contraponto com a endogamia, também essa explicação não é desprezível. Ela não exclui, todavia, uma outra rede de fatores explicativos essencialmente baseados nos dados culturais, e que reside nas heranças culturais ou ideológicas de poderosos elementos de resistência à mudança e ao que se denomina aculturação. Religião popular, "mágica", como se diz, às vezes, de maneira um tanto simplificadora: ela se perpetuou apesar das ofensivas da Contra-Reforma e da aculturação do século XIX, até o declínio do sistema folclórico que coincidiu com a morte da sociedade tradicional. Da mesma forma, a religião no sentido estrito — e não a religião popular — foi considerada, à base de fortes pressupostos, como um elemento favorecendo o tradicionalismo e a continuidade. Os conservatórios do Oeste da França, ou certos locais montanhosos, por exemplo, são simultaneamente lugares de prática e perseverança religiosa muito fortes, e ao mesmo tempo de tradicionalismo. Eu pareceria estar forçando um paradoxo se escolhesse um outro exemplo aparentemente mais intrigante, o da relação entre o analfabetismo e uma certa tradição de jacobinismo rural, como sugerem os mapas que se mencionaram há pouco, na França central, que vai de Morvan a Limusino: uma espécie de atraso na aculturação por via da alfabetização esteve longamente associada a essa tradição de jacobinismo rural que, ao seu modo, pode ser expressão das atitudes defensivas de um campesinato frágil.

Através de todas essas observações, compreende-se como e por que a história atual das mentalidades, tanto quanto a história demográfica, atribui hoje uma importância considerável à família. A família parecia ao cônego Boulard, em seu ensaio sobre as regiões culturais, como o lugar privilegiado de transmissão direta da fidelidade e como que o cadinho no qual se formam as continuidades históricas em matéria religiosa, ou, ao contrário, onde se perpetuam as tradições de recusa e desobediência. O que diz Boulard sobre a religião se repete em domínios, ao mesmo tempo bem diferentes e bem próximos, como o domínio da sexualidade, dos costumes matrimoniais e dos comportamentos coletivos. Assim, Laslett, estudando a ilegitimidade na Inglaterra desde a época pré-industrial à atualidade, acentua não somente a continuidade de localidades que parecem predispostas a esse tipo de atitudes, mas também a importância das continuidades familiares diretas. Compreende-se, sem dificuldade, a importância da família, ao mesmo tempo como lugar de aculturação privilegiado e como quadro de resistência às aculturações impostas. Sentimo-nos tentados a extrapolar o que nos mostra o estudo da família para outras noções vizinhas, sobre as quais a história das mentalidades tem recentemente dedicado sua atenção. Penso particularmente nessa noção de sociabilidade tão bem redescoberta recentemente por M. Agulhon. A sociabilidade, tal como a encontramos no Sul da França, e também em outros locais, será efetivamente um elemento de mudança ou de continuidade? Os estudos realizados em Provença e em outras localidades ilustram bem a ambigüidade dessa noção em relação à problemática que nos interessa. A sociabilidade pode representar ao mesmo tempo um invariante ideal e a base formal das realidades que evoluíram profundamente no tempo: das confrarias de penitentes aos franco-maçons, e daí aos democratas sociais, em 1848, utilizando o quadro de cubículos republicanos, a sociabilidade é uma estrutura de resistência coletiva, ao mesmo tempo que um elemento permeável às novidades e um meio para sua difusão.

Sublinhando, ao longo mesmo de suas sucessivas transformações, a obstinação das estruturas formais como também as estruturas de sociabilidade na longa duração plurissecular, procuramos, porém, passar a uma nova etapa na escalada de estudos que desenvolveremos, e refletir se a ponta final dessas resistências do mental coletivo não nos faria desembocar nos "invariantes", sobre essas constantes que a História há longo tempo se tem recusado a tomar de empréstimo à antropologia estruturalista.

Ponta final deste encaminhamento à procura das resistências, o historiador vai-se chocar contra o sistema de coisas que, segundo afirmam alguns, não mudam ou então que só mudariam através de patamares de duração muito longa, isto é, as constantes da História humana. O que poderia parecer um arrebatamento quando foi escrito por Braudel, mas que era já fruto dos contatos interdisciplinares que o fazia sensível às contribuições da antropologia estruturaiista, adquiriu uma importância crescente nos campos da nova história das mentalidades. Atualmente, pode-se dizer que os historiadores não estão mais desatentos nem menosprezam as lembranças atuantes, nem as ideologias em migalhas que encontram ao longo de uma História cada vez mais próxima da etnografia histórica. O historiador pode se perguntar legitimamente o que fazer com esses traços que ele encontra, não somente entre os folcloristas, mas nos documentos enraizados na História, que são seu campo próprio de exploração. Mencionando apenas alguns exemplos intencionalmente desconcertantes, quando um historiador encontrar de repente em um texto ou em um folclorista como van Gennep, um detalhe acerca da batida ritual no pórtico da igreja por um cortejo fúnebre em uma série de comunas bretãs, com variações de um lugar para outro, mas que se mantiveram inalteráveis no essencial até há pouco, pode perfeitamente indagar-se o que significam esses detalhes. São eles insignificantes ou, se não, como interpretá-los?

Outro exemplo, dentro de uma multiplicidade de detalhes possíveis, quando um viajante, ainda hoje, encontra nos primeiros dias de novembro, nas ruas de um vilarejo inglês, um grupo de meninos cercando o boneco grotesco do *guy*, ele fica ao mesmo tempo maravilhado com a persistência de uma lembrança plurissecular, e também pode perfeitamente se perguntar o que isso representa na mente das crianças que entram nessa brincadeira para ganhar alguns trocados. Quantos dentre eles seriam capazes, fossem eles ingleses ou jamaicanos, de explicar que o *guy* é uma sobrevivência da conspiração do talco, do perigo papista e uma expressão grotesca de um lembrança histórica remota? Mesmo este, não seria, senão um primeiro nível de leitura de um fenômeno histórico que enraiza-se muito mais profundamente ainda. A história das mentalidades atualmente tenta aproximar esse boneco ridículo e carnavalesco das manifestações encontradas na Escócia ou a Nordeste da América anglo-saxônica, que celebram na mesma época o *Halloween*. O *guy* das pequenas cidades inglesas, como os personagens grotescos, as máscaras e os fantasmas do *Halloween* são todos, para a história das mentalidades, com toda evidência, a imagem da "morte dupla", herança da antiga religião popular exorcizada pela Reforma, nesses países protestantes que pretenderam proscrever o purgatório católico e por isso mesmo não puderam absolutamente reter

"UM TEMPO MAIS LONGO": RESISTÊNCIAS E LONGA DURAÇÃO 321

ou naturalizar os mortos duplos hostis no local do resgate a prazo. Assim, o *guy* representaria a lembrança extremamente longínqua de uma tradição que remonta bem além da conspiração dos talcos... Acreditamos, porém, que seria ilusório esperar, não somente das crianças das esquinas das ruas, mas também da maioria dos ingleses ou americanos de hoje, que compreendessem essas referências longínquas que exigem uma decifração profunda.

A questão, portanto, é saber o que representam e que peso têm essas ideologias em fragmentos. Certamente, há nas atitudes e nos comportamentos coletivos e na forma como se configuram as resistências que me ocupam, o peso de lembranças que atuam com intensidade, embora inconscientemente. Assim, por exemplo, nas fronteiras de atitudes políticas da França contemporânea opera o peso de um passado que está longe de ser objetivado nos traços da herança da qual ele é o reflexo. Quantos habitantes do Oeste da França se referem conscientemente à herança do choque revolucionário que modela duravelmente, ainda hoje, os mapas de seus costumes? Quantos habitantes da Vendéia provençal, entre Aix e Arles, que votam tradicionalmente na direita ou na extrema direita conhecem as condições históricas dentro das quais se fez essa partilha sob a Revolução Francesa? Essas lembranças inconscientes são, certamente, um dos fatos mais obscuros e enraizados que nos esforçamos por apreender. A mentalidade coletiva se apresenta como que constituída de estratificações inconscientes da memória: inconscientes, porém operatórias. Passando a um outro domínio, foi no nível do que se denomina "inconsciente coletivo", um termo que precisa ser discutido, que Philippe Ariès e outros analisaram as atitudes coletivas diante da morte, que se exprimem fora de qualquer referência a um discurso construído, controlado e mais objetivado, mas não menos essenciais por esse motivo. No caso extremo, pode-se mesmo perguntar se existem gestos que sejam verdadeiramente sem significado, como se gesto algum pudesse ser insignificante para o historiador! Quero dizer com isto gestos cuja significação seria tão oculta que se tornaria totalmente incompreendida. Penso nas manifestações de *Halloween*, de que acabei de falar, penso no carnaval, que o ensaio do antropólogo Claude Gaignebet procura decifrar, tomando suas formas mais insólitas como herança de duração muito longa das quais o Carnaval é reflexo. *Halloween* ou o carnaval, reduzidos hoje ao nível de manifestações ridículas ou infantilizadas, como também são menos o reflexo, não só da obstinação da memória, mas de uma presença inconsciente e de uma necessidade coletiva.

Ao fim do caminho, arriscamo-nos a esbarrar no tema da "História imóvel" que os escritos de Emmanuel Le Roy Ladurie destacaram recentemente, e de nos encontrarmos igualmente ao nível onde o tempo do historiador se confunde com o do antropólogo, para resgatar noções que percorrem a História sem mudanças, os "invariantes", que Lévi-Strauss ilustrou a partir de exemplos como o tabu de incesto. Acredito não ser necessário tratar com intransigência a reflexão que nos coloca a antropologia estruturalista, mas antes tentar, como acaba de fazer — de maneira brilhante e demonstrativa — Georges Duby em sua última obra sobre o imaginário do Feudalismo (que se confronta com o tema sobre a tripartição da sociedade tanto em sua formulação histórica como em sua perenidade paradoxal) aplicar uma leitura histórica a esse tipo de fenômeno. Parece-me perfeitamente que toda uma parte dos estudos que lidam atualmente com o difícil problema da cultura popular tem a ver com uma indagação desse tipo. A cultura popular é provavelmente a expressão mais complexa, porém ao mesmo tempo mais forte, da resistência à mudança, sob a

"UM TEMPO MAIS LONGO": RESISTÊNCIAS E LONGA DURAÇÃO 323

forma de aculturação imposta pelas elites. Na cultura popular, que podemos definir como um corpo de crenças insólitas, muitos descobrem atualmente um sistema de representações: o alto e baixo, a inversão, o riso e o ridículo, que constituem um conjunto de mecanismos defensivos e subversivos para lutar contra as formas de aculturação mutilantes e mistificadoras. Desde Bakhtine a Ginzburg e Nathalie Davis, novos historiadores analisam essas estruturas ou essas condutas de rejeição que perduram com obstinação através da História. Essas abordagens podem, às vezes, como em Gaignebet, conduzir a esquemas de leitura nos quais a própria História dificilmente se reconheceria; em todo caso, eles nos ajudam a tentar analisar, ou simplesmente a digerir, os mecanismos, as formas e as estratégias de resistências à mudança.

Tentar passar em revista as dificuldades específicas de um estudo como pretendemos, é ir além das explicações verbais, cômodas porém mistificantes, como a da "inércia: das estruturas mentais". Inércia bem real, mas que remete a uma dimensão oculta da qual é preciso dar conta. Nessa tarefa, o historiador se verá diante de um certo número de problemas, alguns dos quais eu desejaria lembrar, sem pretender com isso ser exaustivo.

O primeiro ponto, ou a primeira dificuldade, consiste provavelmente em lidar com mentalidades que se apresentam dissimuladas, estratificadas, objeto de uma História, digamos assim, por etapas. Isso tanto nas atitudes coletivas como nas sensibilidades individuais de cada um de nós. Como se pode ser católico e polonês, como se pode ser italiano, comunista e crente? Essas contradições objetivas existem, e não apenas nesses exemplos simples demais. As mentalidades, não ao nível do pensamento manifesto, mas das atitudes coletivas, se imbricam em forma de telhas, como nos chamou a atenção Ph. Ariès nas obras sobre a morte. Em diferentes tipos de atitudes no curso de uma evolução de longa duração, ele insistiu justamente sobre a coexistência de diferentes formas de representações coletivas e sobre a superposição de diferentes sensibilidades. É, provavelmente, essa característica que explica em parte a espécie de viscosidade na evolução das mentalidades, que fazem dela um dos setores de maior reação, é possível, contra a mudança brusca, ainda que a sua possibilidade não possa ser descartada.

O segundo ponto que me parece notório é provavelmente a necessidade de pesquisar o segredo ou a explicação das resistências, através das fontes que nos levam além das expressões habituais da cultura ou da aculturação dominante ou hegemônica em determinada época. Eis porque, nesse domínio, como em muitos outros da História das mentalidades, as fontes clássicas escritas cessaram de ser predominantes, e mais do que nunca será necessário tentar uma investigação árdua sobre o silêncio das... maiorias silenciosas, analisando gestos aparentemente insignificantes, dados da pesquisa oral, testemunhos inconscientes prestados pela iconografia ou por objetos da cultura material. Outro meio de lidar com o peso do silêncio das resistências, que se fecham tão freqüentemente na recusa a falar, é, provavelmente, ligar-se, voltar-se, como se tem feito cada vez mais, para a história das marginalidades, história dos desvios e transgressões atualmente em moda, porém uma boa moda.

Isto se aplica às investigações sobre o tema das resistências enraizadas, "em latência", se poderia dizer, mas nem é preciso comentar que a rejeição pode-se exprimir de maneira explosiva, e não simplesmente nos pequenos atos das formas miúdas de marginalização, mas também por meio das expressões de revolta. É nesse nível que importa deter-se sobre as formas da contestação e lutas, principalmente das que não acompanham o sentido da História.

Em uma palavra, aprofundar o estudo dos "rebeldes primitivos" que foram postos em destaque pelas obras sempre, essenciais de Eric Hobsbawn.

Ao fim dessa discussão, nos defrontamos com noções das quais a História provavelmente abusou, como "temperamentos" e "personalidades coletivas". Palavras detestáveis, concordo, e (usando um termo que apliquei à descristianização) também "falsas idéias claras", ou idéias enganosas pela inconsistência e sentido vago. Ao mesmo tempo, porém, quem negligenciar essas realidades estará se arriscando a deixar de levar em conta dados importantes. Que me desculpem dar exemplos contemporâneos demais talvez, mas que serão mais expressivos. Creio, por exemplo, que a esquerda francesa atual vem há muito tempo interpretando erroneamente a importância dos fenômenos regionais, não vendo neles senão realidades insignificantes ou lembranças fúteis. O despertar atual do fenômeno regional, ao nível das idéias-forças mobilizadoras, demonstra bem a influência das memórias históricas, enquanto ancoradas em um contexto sócio-histórico preciso. Para não nos prendermos a limites muito exíguos, teríamos provavelmente que meditar muito amplamente sobre a importância de um fenômeno como o Islã e seu renascer em um certo número de movimentos de liberação atuais. O exemplo do Irã de 1979 se impõe com intensidade à nossa mente. O melhor meio, parece-me, de exorcizar a indefinição ou a falta de clareza de noções como temperamento coletivo, é provavelmente analisar muito precisamente seus componentes, formas de contextualização histórica e, eventualmente, de revitalização. Por isso mesmo, essa história das resistências me parece passar inevitavelmente — através de um retorno necessário — por uma interrogação sobre a história do movimento e da mudança.

MICHEL VOVELLE

A história das resistências remete à história do movimento

Convém, para perceber a natureza do "movimento", tal como este foi concebido, situar-se de uma ótica genética ou histórica. Em primeiro lugar, veremos a herança que se poderia denominar das "Luzes", se ela não fosse ao mesmo tempo a da reconquista pós-tridentina e da centralização absolutista, tanto quanto do despotismo esclarecido. Essa leitura apresenta a imagem de uma aculturação triunfante, em oposição a uma rede de resistências definidas em termos maniqueístas, sucessivamente como superstição, fanatismo e incultura; essa incultura que se atribui às massas rurais ou aos grupos populares urbanos.

Ao longo de ideologias sucessivamente afirmadas em suas pretensões hegemônicas da Contra-Reforma, das Luzes e da burguesia triunfante do século XIX — se define uma imagem em negativo das resistências da mentalidade coletiva e, inversamente, o ideal de um progresso contínuo do espírito humano e da maturidade cultural das massas. Nas sucessivas formas dessa leitura, pode-se ver, como traço comum, a idéia da degradação progressiva de um sistema muito antigo de mitos, crenças e pensamentos mágicos violentamente repudiados, que são por fim revalorizados, ao final do século XIX, no quadro da redescoberta do folclore. Essa leitura linear das lutas da resistência e do que cada período concebe como o progresso gerou um certo número de esquemas explicativos que descrevem as formas de degradação das crenças antigas. Assim, fala-se, a partir de referências tomadas de empréstimos à sociologia e à antropologia, de condutas de imitação descendentes, que fazem com que as representações coletivas, uma vez elitistas, se refugiem nos grupos inferiores (estou pensando nas formas de sociabilidade meridional analisadas por Maurice Agulhon). Mencionam também o processo de "infantilização" dessas heranças, não faltando exemplos dados tanto pelo folclore como pela História, tais como os fantasmas errantes do *Halloween* no mundo anglo-saxão.

A leitura do movimento não está, portanto, invalidada, podendo-se afirmar que corresponde a toda uma parte das interpretações que estão hoje reconhecidas. Parece-me, todavia, que, ao longo da História, uma imagem mais dialética e ao mesmo tempo mais dinâmica foi progressivamente se produzindo. Se a Revolução Francesa é vista como etapa essencial na luta aberta contra as resistências ao progresso, tanto em sua ofensiva contra os dialetos, como em seu combate contra a religião dominante, sendo todos esses, traços que a apresentam como uma verdadeira revolução cultural, a experiência revolucionária mostra, entretanto, como a Revolução secreta, seu complemento dialético sob a forma de Contra-Revolução ou resistência pôde tomar formas e faces que não são simplesmente larvárias, passivas ou ocultas, mas que podem ser portadoras de um dinamismo real. E afinal, a evolução posterior, no século XIX, fez emergir o caráter ambíguo da noção de resistência, freqüentemente valorizada em termos de descoberta ou de defesa das tradições; os tradicionalistas aristocráticos formaram então seu corpo de doutrina, enquanto o movimento das nacionalidades, sob todas as suas formas, entre as quais a descoberta dos folclores, não é de menor importância, valorizando a tomada de consciência dessas heranças como positivas. As resistências à mudança aparecem desde então como dotadas de significação ambígua: elas podem ser passadistas e por isso mesmo nocivas, mas podem ser também consideradas como defesa de um tesouro ameaçado. Podemos acrescentar que a emergência da noção de cultura popular na historiografia contemporânea reflete a ambigüidade de uma herança que está longe de ser simples, mas ao contrário exprime a sensibilidade de um dado momento.

A cultura popular, para muitos que a estudam, representa a imagem de uma defensiva positiva, de uma vida subterrânea que nos recusamos doravante a tratar com desprezo, como se fazia ao tempo das Luzes e da Contra-Reforma, onde a ela se negava todo o direito de uma personalidade autônoma. Esse reconhecimento de que existe "alguma outra coisa" e de que essa alguma coisa não é absolutamente incultura, é provavelmente um dos traços maiores da evolução que tratamos de descrever, e que justifica ao seu modo a nossa problemática. Essa reflexão, porém, sobre o significado do movimento no pólo oposto às resistências da mentalidade coletiva engloba uma reflexão sobre a dialética do tempo curto e do tempo longo na história das mentalidades. Tema imenso que mereceria ser tratado por si mesmo, mas que levo em conta aqui apenas na medida que nos interessa diretamente. Haverá nessas atitudes, nesses comportamentos e, em resumo, nessas mentalidades coletivas, possibilidade de saltos, de mutações bruscas... de revoluções? Esta questão recebeu inúmeras respostas sucessivas. Assistimos hoje aos historiadores da Revolução passar da atitude de outrora, isto é, da História chamada "revisionista", repudiando a noção mesma de mutação brusca em matéria de história das mentalidades, tanto do ponto de vista de E. Le Roy Ladurie como de F. Furet, à redescoberta da idéia de uma revolução criadora mais do que herdeira, dando origem de forma violenta a um novo sistema de valores. Nisso consiste a transferência de sacralidade de que fala M. Ozouf no quadro de seu estudo sobre a festa revolucionária, como também a "transferência de legitimidade", de que F. Furet faz a chave mestra de sua recente reflexão sobre a Revolução Francesa, com o título: *Penser la Révolution* (*Pensar a Revolução*).

Essa indagação nos interessa diretamente na medida que a dialética do tempo curto e do tempo longo, a possibilidade de uma revolução como se dizia outrora "nos costumes", introduz a noção de uma revolução cultural, que poderia ao mesmo tempo modificar a paisagem coletiva das opções assumidas, e secretar e reativar formas de resistência aberta. Por aí, passa-se a uma outra problemática fundamental: a da pluralidade ou unicidade de tempos da História e particularmente da História das mentalidades. É evidente que o que as resistências do mental coletivo exprimem é a defasagem que existe entre o tempo das "elites" — queremos dizer os grupos hegemônicos — e o tempo de uma parte importante das massas populares.

Entre os diferentes níveis da consciência ou da tomada de consciência, existe um tempo de latência bem real e, para dar apenas um exemplo significativo, é uma discrepância desse tipo que tentei analisar em meu estudo das cláusulas dos testamentos meridionais na época barroca. O abade Brémond, em sua célebre *Histoire littéraire du sentiment religieux* (*História literária do sentimento religioso*) havia falado da "invasão mística" que teve lugar entre 1620 e 1640, no grande século dos santos na França: Berúlio, Arnaldo, Cirano e Vicente de Paula. Para mim, não se trata propriamente de uma invasão mística, mas do que denominei "invasão devota", miudeza da precedente, que identifiquei em 1650 e mais ainda 1680 e 1720, período em que culmina em Provença o sistema barroco das práticas e das atitudes diante da morte. Cinqüenta anos de latência ou de inércia permitem avaliar em negativo, a partir da lentidão na propagação do movimento, o peso ou o poder das resistências. O tempo de latência se pode operar em sentidos diversos, não necessariamente de resistência à conquista, mas de resistência à desestruturação de um sistema. Quando Daniel Roche, por exemplo, em recente artigo sobre a memória da morte, tratando das *artes moriendi* na França dos séculos XVII e XVIII, observa uma inflexão em torno de 1700 na curva em ascensão contínua de produção de preparativos para a morte, e quando ele nos diz que o século XVIII, privado da criatividade anterior, foi antes de tudo "o século das reedições", ele está nos mostrando uma curva geral das atitudes diante da última passagem que antecipa em cinqüenta anos sua ruptura ou declínio, que de minha parte diagnostiquei em Provença, a partir das cláusulas de testamentos nos meios senão populares, pelo menos de mentalidade mediana. Ainda nesse caso, trata-se de um fenômeno de resistência que mostra amortecido um processo de declínio do qual a produção literária havia dado o sinal eletroscópico.

Como se vê, as "resistências" aparecem a partir desses exemplos como expressão de discordâncias, pelo menos momentâneas mas às vezes muito duráveis, na pluralidade de tempos da História e, sobretudo, de tempos da história das mentalidades. Desses estudos ou dessas sugestões resulta, ao contrário, a idéia de que a história das mentalidades não só não se confunde unicamente com a história das resistências, tomadas como inércias ou tempos de latência, como também que existe uma real possibilidade de mutações bruscas, de criatividade no calor dos acontecimentos e de momentos em que se cristaliza brutalmente uma sensibilidade nova.

Em conclusão, me parece que a problemática que tentei apresentar poderá se revelar fecunda se a abordarmos dentro de uma ótica resolutamente dinâmica. Se essa análise não chegar senão a exumar em termos de isolados geográficos ou de grupos sociais murados em sua inércia e individualidade, no seu tesouro ou conservatório de gestos inalterados, museu de heranças incompreendidas, essa pesquisa seria provavelmente interessante, mas permaneceria pobre e não desembocaria em uma problemática sobre o futuro. De meu ponto de vista, é preciso definir um caminho para uma abordagem aprofundada do entrelaçamento dos tempos da História, no sentido que Althusser dá ao termo, no quadro desse "todo sobredeterminante" que é o modo de produção. É nesse quadro que se pode chegar, me parece, a uma aproximação refinada da noção de mentalidades coletivas, conseguindo talvez romper o círculo vicioso de noções consagradas atualmente e de sua facilidade verbal. "Força da inércia das estruturas mentais", "inconsciente coletivo", tantos conceitos que são talvez operatórios atualmente, mas que não dispensarão por muito tempo uma análise explicativa em profundidade.

Quinta Parte

Existem revoluções culturais?

As interrogações às quais nos conduziram os desenvolvimentos precedentes introduzem diretamente à questão: há lugar nas mentalidades para o tempo curto das rupturas bruscas, e sob que formas? Foi em torno da Revolução Francesa que escolhemos articular essa indagação. Não sem audácia, se pensarmos o quanto este acontecimento parece a toda uma historiografia francesa e anglo-saxã contemporânea, senão incongruente, pelo menos dilatado de maneira desproporcionada devido a toda uma herança jacobina. Abordar a Revolução sob o ângulo das mentalidades seria incorrer em risco de incompreensão por muitos lados. Aceitamos esse risco, pois 1789 nos parece um terreno de experimentação excepcional para dar conta do que decorre do tempo curto, o próprio surto convulsivo, que subverte radicalmente a vida das pessoas, impondo-lhes uma leitura totalmente renovada da vida inteira, ao contrário do tempo "medianamente longo" de uma evolução de meio século, mais ou menos, que prepara os caminhos.

O que se passou em torno de 1750, às vezes antes, às vezes depois, mas com uma notável convergência em todos os índices da sensibilidade coletiva? O tema me atraiu por ocasião de minhas pesquisas sobre os testamentos provençais do século XVIII, que refletiam, uma mutação profunda das atitudes diante da morte. Eu o ampliei até as dimensões do que parece ser uma crise da sensibilidade coletiva nos decênios pré-revolucionários. O problema estaria resolvido, e o acontecimento revolucionário reduzido às dimensões de uma simples sanção ou de uma conclusão catalisadora de evoluções surdamente perseguidas durante o século precedente. Sim e não: e foi isso que tentei verificar sob o tema "La Révolution Française, mutation ou crise des valeurs" ("Revolução Francesa, mutação ou crise de valores"). Pois, no fogo da explosão revolucionária uma maturação a quente se produziu, dando lugar a um certo número de seqüências, como a descristianização do ano II. Cisão maior, a Revolução, que redescobrimos hoje como acontecimento fundador, assume, em minha perspectiva, o duplo aspecto de herança e de antecipação.

Será a Revolução Francesa um bom referente para uma reflexão geral? Talvez o tema possa ser considerado excessivamente carregado de paixão na historiografia francesa. Por isso mesmo, me proponho — à guisa de conclusão — a apresentar, em termos mais gerais, o problema do acontecimento na história das mentalidades, a partir do "acontecimento-traumatismo". Campo aberto para novas reflexões.

A sensibilidade pré-revolucionária*

Se eu tivesse que dar um novo título à análise que propus em 1976, no colóquio realizado em Göttingen, sobre as origens da Revolução Francesa, não sei se recorreria ainda ao termo "sensibilidade", com receio de multiplicar esses conceitos-chave, ao mesmo tempo cômodos mas indefinidos. Se esse rótulo pode ser contestado, o conteúdo, porém, não contém ambigüidade: o que se passou em torno de 1750 nas mentalidades coletivas de uma França em profunda mutação?

Da sensibilidade revolucionária à sensibilidade pré-revolucionária

Ainda que o domínio das mentalidades coletivas não seja, até pelo contrário, dos campos mais explorados dentro

---

* Comunicação apresentada em 1976, em Göttingen, publicada na obra coletiva *Vom Ancien Régime zur französischen Revolution* (*Do Antigo Regime à Revolução Francesa*), sob a direção de Ernst Hinrichs, Eberhard Schmidt, Rudolf Vierhaus (Göttingen, 1978). Tradução inglesa e italiana.

338 MICHEL VOVELLE

da História da Revolução Francesa, dispomos atualmente de estudos, alguns importantes, do que se pode definir como sensibilidade revolucionária. São às vezes grandes clássicos, surpreendentemente modernos em sua perspectiva, como *La Grande Peur* (*O Grande Medo*) de Georges Lefebvre, e, por outro lado, estudos recentes como o retrato do *sansculotte* parisiense traçado por Albert Soboul, as análises das massas revolucionárias tanto em seu comportamento como em sua sociologia apresentadas por G. Rudé, e os estudos da festa realizados por M. Ozouf. Eu mesmo participei desse movimento de investigação, tanto em *Les Métamorphoses de la fête en Provence, 1750-1820* (*Metamorfose da festa em Provença, 1750-1820*), como em *Religion et Révolution: la déchristianisation de l'an II dans le Sud-Est* (*Religião e Revolução: a descristianização do ano II no Sudeste*) que procura, guardadas as devidas proporções e transposições, aplicar ao movimento, não mais pânico mas semi-espontâneo ainda da descristianização, a abordagem que G. Lefebvre desenvolveu para *La Grande Peur* (*O Grande Medo*).

Campo já aberto, portanto, e me parece em vias de ressurgimento. Mas o pesquisador, trabalhando no tempo curto da chama revolucionária, se vê incessantemente remetido de volta ao problema das origens, da contextualização em uma evolução de longa duração, cujos comportamentos revolucionários poderiam não ser mais que a resultante ou a cristalização "a quente". Citando mais uma vez a minha problemática, foi isso justamente que me levou a passar da descristianização específica e explosiva do ano II à descristianização das Luzes, como também o que me fez perguntar sobre a ligação e a separação, na Provença, entre a festa tradicional e "folclórica" de um lado e a festa revolucionária de outro.

Em que medida se pode encontrar as raízes dos comportamentos revolucionários ou, ao contrário, medir as rupturas, no recurso a uma duração mais longa; senão no tempo longo, onde as coisas mudam apenas muito lentamente, pelo menos no tempo médio de alguns decênios e até de um século? Reportando-nos aos dados de que dispomos, podemos afirmar que ou essas raízes são pródigas ou são escassas: é preciso antes chegar ainda a um acordo preliminar sobre o que se deve denominar "sensibilidade pré-revolucionária".

Uma primeira leitura e seus limites: o clima pré-revolucionário

Podemos fazer uma primeira delimitação do conceito, considerando aquilo que os antigos manuais denominavam as causas "imediatas" da Revolução: isto é, aos anos que a precederam e prepararam diretamente.

Esse estudo do clima revolucionário em suas manifestações espetaculares ou cotidianas, a partir de 1774, é provavelmente muito importante, ainda que ele incorra na falta cômoda e um tanto gasta de reconstruir o passado com os olhos do futuro e de profetizar sobre obras prontas. Da guerra das Farinhas, aos negócios do Parlamento, à questão do colar da rainha ou o motim do Ano Novo, para ficarmos apenas no lugar comum de um catálogo de imagens recebidas, pode-se acompanhar a maturação de uma inquietude coletiva, que procura e encontra suas formas de expressão, ora nas vias mais antigas da contestação social, ora no quadro de uma opinião amadurecida e progressivamente politizada. É um clima, mais do que uma sensibilidade coletiva, que se prepara então, e no qual não nos deteremos — não por falta de interesse, pelo contrário — mas porque ele é, provavelmente, o melhor conhecido, em seu caráter episódico pelo menos.

Essa procura dos sinais premonitórios da explosão revolucionária não deixa, contudo, de colocar questões maio-

340 MICHEL VOVELLE

res. Deixando de lado o episódio da guerra das Farinhas, a Revolução, conforme observou E. Le Roy Ladurie em seu estudo "Les révoltes et contestations rurales en France de 1675 à 1788" ("As revoltas e contestações rurais na França de 1675 a 1788"), eclode ao final de um século que no essencial havia ignorado as explosões espetaculares do período precedente: os "furores", segundo a expressão de R. Mousnier, as emoções populares reiteradas e dilatadas até os limites de uma província, mostram bem o caráter do "trágico" século XVII.

Paradoxo aparente de um século "sábio", antecipando as explosões violentas da época revolucionária. E. Le Roy Ladurie propõe, a esse respeito, várias hipóteses interpretativas, que conduzem a uma geografia diferenciada dos confrontos, conforme se encontrem na França do Sul ou do Norte e Nordeste. Em nossas pesquisas sobre o Sul da França, ressaltamos também as formas menos espetaculares mas obstinadas e graves da luta nas pequenas cidades, conforme podem ser percebidas através das fontes judiciárias (mordomias, cursos de água e florestas).

Essa primeira exploração no domínio das sensibilidades coletivas é importante: ela evita o perigo por demais freqüente de uma História das mentalidades concebida como um fim em si mesmo, sem referência às exigências da História das estruturas sociais e da conjuntura econômica. Critica-se, todavia, que ela atinge apenas um único nível — essencialmente popular — das sensibilidades coletivas, que se exprime nos gestos de contestação social, cotidiana ou explosiva.

Um outro nível da sensibilidade pré-revolucionária

É forte a tentação para identificar um outro nível mais secreto dessa sensibilidade que, além dos gestos já propriamente revolucionários, seria reveladora de uma visão transformada das coisas e do mundo. Semelhante, provavelmente, à ambição que se propusera, em um outro quadro, H. Brunschwicg, tratando de *La crise de l'État prussien à la fin du XVIIIe siècle et la genèse de la mentalité romantique* (*A crise do Estado prussiano em fins do século XVIII e a gênese da mentalidade romântica*) (1947), uma obra que não alcançou talvez a repercussão merecida. Mais exatamente, passar dos quadros de Estado à dimensão humana e das relações de classe, até uma sensibilidade coletiva que se exprime em termos de crise, do *Sturm und Drang* (Titanismo) ao Romantismo, utilizando para isso, fontes anônimas de balanços, semi-anônimas das gazetas e dos tratados, reflexos de opinião, para daí se elevar até ao nível das expressões estéticas ou literárias: eis aí a ambição de um encaminhamento contínuo, do qual estamos longe de ter e, até hoje, o eqüivalente para a França do século XVIII.

Isso não significa lançar um olhar crítico às sínteses atualmente aceitas, mas de assinalar no capítulo "quadro da França em fins do Antigo Regime", ou "causas remotas da Revolução", a inexistência relativa ou absoluta de um estudo das mudanças na sensibilidade coletiva durante a segunda metade do século XVIII. Dentro de uma síntese muito entulhada, J. Godechot não pôde encontrar lugar para ela em seu manual, *Les révolutions* (*As revoluções*) em meio à importância que ele atribui justamente à economia, à sociedade e à demografia de um lado e o movimento das idéias de outro. Na síntese de A. Soboul, *La civilisation et la Révolution Française* (*A civilização e a Revolução Francesa*), um vasto espaço está reservado, ao longo de um raciocínio analítico, aos comportamentos coletivos: mentalidade camponesa, ideologia aristocrática, espírito burguês, "cultura e mentalidade popular". Esse estudo porém não favorece uma percepção global do problema. P. Chaunu, em sua *Civilisation de l'Europe des Lumières* (*Civilização na Europa das Luzes*) situa justamente os fatos das mentalidades — juntamente com outros — no curso de um movimento secular (o que falta talvez a A. Soboul), situando-se a mudança, para ele, em crescendo, entre 1680 e 1720, no apogeu do século das Luzes que se identifica com o barroco. Interpretação corrosiva, se dirá, para nós jacobinos, que fazemos tudo confluir para 1789: mas não temos certeza de encontrar ali o nosso acerto de contas.

Se a História reconhece nesse caso suas hesitações, uma outra História, mais literária, marca há longo tempo os elementos de uma periodização. História literária entendida no sentido amplo, que engloba a História da arte e todas as formas de expressão estética.

Não cometeremos o simplismo de recordar o esquema clássico desde os trabalhos de D. Mornet (*Les origines intellectuelles de la Révolution Française* (*As origens intelectuais da Revolução Francesa*)) ou de P. Hazard (*La pensée européenne ao XVIIIe siècle, de Montesquieu à Lessing* (*O pensamento europeu no século XVIII, de Montesquieu a Lessing*)) sobre a periodização da mudança das Luzes, estimado a partir de fontes literárias. Esses balanços estão longe de terem caducado. Foi D. Mornet quem propôs, relacionando as obras inventariadas nas bibliotecas do século XVIII, uma verdadeira história da difusão das Luzes, e insistiu sobre a importância da mudança de 1760. Com esses autores, a história literária se abriu à do sentimento e das sensibilidades coletivas, em um campo de estudo depois explorado por R. Mauzi (*L'idée de bonheur* (*A idéia de felicidade*)), J. Ehrard (*L'idée de nature* (*A idéia de natureza*)) e J. Deprun (*L'inquiétude* (*A inquietude*)).

São pelo menos sensibilidades coletivas de elite. Lendo esses autores, a curiosidade do historiador atual resulta espicaçada, mas não totalmente satisfeita. Aos triunfos da razão no sistema de *Aufklärung* (Iluminismo), sucedem-se

EXISTEM REVOLUÇÕES CULTURAIS? 343

as recaídas na irracionalidade no crepúsculo das Luzes; desde Rousseau ao teatro sadista da crueldade ou ao romance negro, outras correntes se formaram, sugerindo mutações profundas nas formas de pensar e de sentir. A questão essencial é saber como correlacionar essas formas de expressão literária e artística às atitudes coletivas das grandes massas.
A história da cultura ou das culturas, seria o meio para esse fim?

Transição: da história literária à história da cultura

Recordar a contribuição da história da cultura ou das culturas ao estudo dos decênios pré-revolucionários não é ainda entrar diretamente no campo da história da sensibilidade, pelo menos como a entendemos. Essa é a razão porque nos contentaremos com uma definição intencionalmente sumária: o objetivo é pelo menos nos aproximar da questão, encaminhando através do estudo dos níveis do pensamento manifestado ou das ideologias, o estudo do inconsciente coletivo.

Aprendemos há uns dez anos a quantificar, no movimento "editorial" do reino, o processo como as mutações internas que afetam as concessões públicas ou tácitas se ligam às reedições provinciais; ou, por meio de procedimentos mais sofisticados, o estudo da opinião pública a partir de relatórios de certas gazetas. Na História de uma evolução secular, os decênios pré-revolucionários afirmam sua originalidade: derrocada da literatura teológica, nas concessões públicas, substituída pela rubrica das ciências e artes, que toma, nas concessões tácitas, sua "feição pré-revolucionária" (F. Furet) devido à multiplicação de livros sobre política; invasão das concessões tácitas pelo romance que, na categoria de "belas letras", afirma sua nova importância. Essas evoluções não são sempre linearmente perceptíveis: mascaramentos e desvios fazem com que seja "possível ler o *Journal des savants* (*Jornal dos letrados*) entre 1785 e 1789, sem pressentir um instante sequer que a França irá fazer uma Revolução" (Ehrard e Roger).

Incontestavelmente, uma mudança ocorreu pelo menos no pico: porém, todo o problema continua sendo o de saber em que medida essa mutação, que implica ao mesmo tempo a cultura e a afetividade, ou mais amplamente a sensibilidade, repercutiu ao nível dos grupos populares. Não nos aventuraremos nesse terreno — que demandaria por si só um amplo desenvolvimento — senão na medida que contribui para situar uma periodização que veremos em seguida. Isso significa que nos abstemos de indagar sobre o próprio conteúdo da cultura popular, inventariada em seus temas assim como em suas permanências pelos estudos de Robert Mandrou. Do ângulo das relações entre cultura de elite e cultura popular, nos contentaremos com uma referência ao progresso da alfabetização, cujo censo da capacidade de assinar o nome nos formais de casamento revela difusão e progresso. Campo de estudo antigo, pois a coleta desses dados fora iniciada no século passado pela célebre pesquisa do reitor Maggiolo, entre 1870 e 1880, e revitalizado por sua redescoberta em data recente, e atualmente reexplorado por meio de técnicas mais elaboradas. C estudo da alfabetização está de novo na ordem do dia: áreas regionais (Champagne, Bretanha) espelham os trabalhos das equipes parisienses. De nossa parte, sintetizamos os resultados obtidos para a Provença sob o título certamente presunçoso: "Há uma revolução cultural no século XVIII?"

Apesar do risco de empobrecer ainda mais os dados de um indicador por si mesmo pobre, resumiremos em alguns tópicos o que os trabalhos de L. Stone, da equipe de Furet-Ozouf e os nossos permitem afirmar. Tratamento diferente

EXISTEM REVOLUÇÕES CULTURAIS? 345

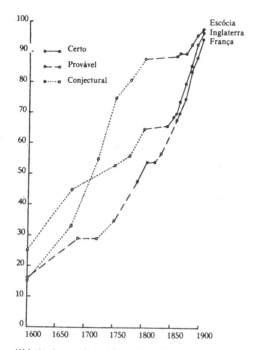

Alfabetização masculina adulta na França, Escócia e Inglaterra (inclusive País de Gales), 1600-1900.
Fonte: L. Stone, "Literacy and education in England, 1640-1900", Past and Present, fev. 1969.

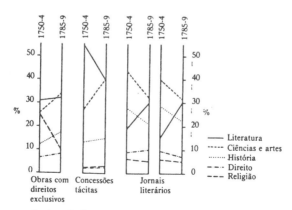

A cultura da elite: estimativa global dos livros impressos na França entre 1750 e 1789.
Fonte: Roger e Ehrard, Livre et société, vol. 1. Paris/Haia, Mouton, 1970.

das estatísticas de Maggiolo ou novas pesquisas de campo confirmam, *grosso modo*, a validade de uma visão de conjunto conhecida: o contraste das duas Franças, letrada ao nordeste de uma linha que passa por Mont Saint Michel-Genebra, ignorante a sudoeste, confirmada por um dimorfismo sexual pronunciado. Interessa-nos aqui, mais ainda que as constâncias, o movimento. É incontestável o movimento secular de 1680 a 1789, elevando as porcentagens globais de menos de 30% ao fim do século XVII até quase a metade às vésperas da Revolução. F. Furet traz informações mais precisas sobre essa curva. No tempo, a verdadeira "decolagem" se situa no século XIX; no espaço, a oposição simples demais entre a França letrada do Norte e a França ignorante do Sul é substituída por um recorte em três seções: a França altamente alfabetizada do Nordeste, que acentua seu avanço até maximizá-lo na segunda metade do século; a França "atlântica", da baixa Normandia ao Limusino, estagnada em seu analfabetismo; e, enfim, as regiões meridionais, nas quais se inicia um processo de recuperação a partir do século XVIII.

Em que ritmo se efetuou essa relativa recuperação? As fontes provençais sugerem uma curva de três segmentos *grosso modo*: ascensão de 1680 a 1710 ou 1720, correspondendo ao ativismo máximo da pastoral pós-tridentina; patamar de 1720 a 1750 ou 1760; nova subida, em geral muito acentuada, a partir de 1760, sem interrupção pelo episódio revolucionário. Talvez seja justamente isso a verdadeira revolução cultural das Luzes... Pode-se generalizar a partir do exemplo provençal? Certamente não, ainda que o nosso esquema de conjunto se aproxime muito afinal da curva proposta recentemente para a França por Lawrence Stone, comparada às da Inglaterra e Escócia (*Past and Present*, 1969).

Por todas as interrogações diante das quais ela nos coloca e, sobretudo, devido ao problema da divulgação po-

EXISTEM REVOLUÇÕES CULTURAIS?

pular das Luzes, essa curva nos convida a avançar mais adiante, passando do domínio da cultura ou das culturas ao das atitudes coletivas.

**Da vida à morte, passando pela família:
algumas séries significativas**

Do investimento maciço feito há alguns anos no domínio das atitudes e dos comportamentos coletivos por meio das técnicas de seriação aplicadas às fontes anônimas da história das mentalidades, resultou a vantagem de dispormos atualmente de todo um conjunto de curvas e, para não exasperar ninguém, de evoluções verificadas em domínios tão diversos como: as atitudes diante da vida, estruturas familiares, atitudes diante da morte, prática religiosa, relações de sociabilidade; e, inversamente, violência, patologia social e contestação da ordem estabelecida.

Seria legítimo tratar globalmente o conjunto desses indicadores e supor alguma cumplicidade entre eles. Isso, porém, só poderá ser confirmado após exame, tanto dos dados quantitativos como das contribuições qualitativas.

Se abordarmos o domínio das atitudes diante da vida em seu primeiro nível, o mais elementar e ao mesmo tempo essencial, a vida dada ou recebida, dispomos de uma quantidade de curvas afinal espantosamente convergentes, para muitos dados tão específicos quanto significativos: contracepção, ilegitimidade, concepções pré-nupciais ou abandonos de crianças. Tantos problemas que receamos não ter nem a intenção nem a competência para verificá-los a fundo, mas sobre os quais é legítimo lançar um olhar, em atenção mesmo ao número de pesquisas específicas reunidas até agora. É para essa tarefa que nos convidam numerosos estudos recentes, entre os quais destacamos J. L. Flandrin, desde

348 MICHEL VOVELLE

Amours paysannes (*Amores camponeses*) até a conclusão de sua história da sexualidade.

Das origens da contracepção, tema largamente debatido tanto na Escola francesa como em outras, podemos dizer, em poucas palavras, duas ou três certezas ou pressupostos atuais. Eles são de natureza tal a reforçar a importância que somos levados a atribuir à segunda metade do século XVIII no conjunto dessas evoluções concordantes. Não se encontra em nenhum lugar da França o equivalente da precocidade de Colyton e dos lugares britânicos onde essa evolução se fez sentir desde o século XVII. Não é senão no meio muito limitado dos duques e pares que se encontra o equivalente do maltusianismo familiar precoce do patriciado genovês. Inversamente, a excepcional fidelidade a um modelo tradicional, do qual o Canadá francês fornece o padrão de comparação, não é, salvo algumas províncias, o caso geral. Acontece, portanto, alguma coisa na França nos comportamentos referentes a procriação: quando e como?

Alguns trabalhos, como o de E. Le Roy Ladurie sobre o Languedoc nos *Annales historiques de la Révolution Française*, 1965, sugerem que a verdadeira mudança na França rural não seria anterior à Revolução, ao decênio de 1790. O diálogo recentemente travado entre A. Chamoux e C. Dauphin de um lado e J. Dupâquier e M. Lachiver de outro, (*Annales ESC*, 24, 1964) permite matizar a situação geral tal como se interprete atualmente: nas vilas, mesmo medíocres, é justamente em meados do século XVIII — o decênio 1740-1750 — que aparecem os indícios de um controle voluntário da natalidade; mas Dupâquier e Lachiver, considerando uma evolução menos linear em outros locais (Meulan), distinguem dois tipos de maltusianismo: um, bastante generalizado mas difuso e limitado quanto ao número de famílias; e outro, sistemático por parte de um certo número de famílias "contraceptivas", em torno de

EXISTEM REVOLUÇÕES CULTURAIS? 349

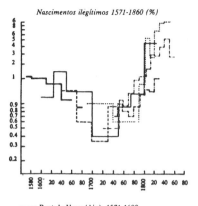

Nascimentos ilegítimos 1571-1860 (%)

— Pont-de-Vaux (Ain), 1571-1680
— Isbergues (Pas-de-Calais), 1601-1825
--- Tourouvre-au-Perche (Orne), 1640-1769
····· Sainghin-en-Melantois (Nord), 1690-1849
-··- 7 vilas próximas de Boulay (Moselle), antes de 1760 (=1720?)-1859
-··- 21 paróquias da Bretanha e do Anjou, 1740-1829

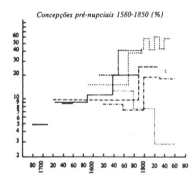

Concepções pré-nupciais 1580-1850 (%)

— Pont-de Vaux (Ain), 1581-1610 4,8%, 1641-1660 8,7%
— Tamerville (Manche), 1624-1690 9%, 1691-1740 11,3%, 1740-90 20,0%
--- Isbergues (Pas-de-Calais), 1620-1789 9,8%, 1790-1825 24,8%

Em alta
-··- 7 vilas próximas de Boulay (Moselle) antes de 1760 (= 1720-60 ?) 8,6%, 1760-99 7,4%, 1800-29 18,4%, 1830-62 18,2%
····· Sainghin-en-Melantois (Nord), 1690-1769 15,2%, 1770-99 42,9%, 1800-09 55,6%, 1810-19 41,2%, 1820-29 58,1%, 1830-39 42,6%, 1840-49 54,8%

Em baixa
····· Serignan (Herault) 1716-50 20%, 1751-92 40%
Bilhères-d'Ossau (Basses-Pyrénées) 1740-79 12,9%, 1780-1819 7,7%, 1820-59 2,8%

Fonte: J.-L. Flandrin, *Amours paysannes*, Paris, Archives, 1975.

10% talvez. À base de uma tipologia mais diferenciada, a curva proposta pelos autores sugere não uma mudança, mas uma "sinuosidade" em 1740, um "lento mas seguro progresso da contracepção entre 1765 e 1790", situando-se a "grande ruptura" em 1790, com o desaparecimento total do antigo comportamento demográfico. Compartilhamos da prudência dos pesquisadores que insistem sobre a necessidade de se recorrer a métodos de abordagem diversificados, notando os contrastes sensíveis entre campo e cidade, mas também de uma área rural para outra, do Quercy em relação ao Oeste florestal. Persiste um esboço de periodização, e que reencontramos ao nos voltar para os índices que nos mostram as taxas de nascimentos ilegítimos, bem como os de concepções pré-nupciais. Nos dois feixes de curvas que reagrupa J. L. Flandrin didaticamente, delineiam-se tendências muito acentuadas. É mais freqüentemente a partir de 1750-1760 que começam a se elevar, às vezes sensivelmente, as taxas de nascimentos ilegítimos no pequeno número de áreas rurais que ele compara, dentro de limites de fato modestos, em contraste com as áreas urbanas então conhecidas, de Paris até Lille, Nantes, Bordéus, Toulouse e Grenoble, onde essas porcentagens alcançam de 15% a 30%, e até mais, refletindo a um só tempo a evolução interna e as conseqüências do afluxo de mães solteiras camponesas. Menos decisivas são as informações das curvas de concepções pré-nupciais: para seis curvas ascendentes, contra somente uma em baixa, a tendência não se define para metade dos casos, senão entre 1740 e 1780, para aparecer, aliás, em outros lugares como posterior ou sincrônico à mudança revolucionária.

Antes de indagarmos sobre o significado desses gráficos, observemos que a série de indicadores escolhidos não é limitativa. A esses, poderíamos acrescentar também a das crianças abandonadas, sobre as quais um sensível estudo de

F. Lebrun sobre o Anjou (nos *Annales ESC*, 1972), que assinala na cidade de Angers o mesmo surto na segunda metade do século, leva a pensar que ela não se confunde mecanicamente com a curva das crianças ilegítimas, mas pode ser mais amplamente o reflexo da miséria urbana.

A convergência desses dados, impressionante demais para não ser destacada, exige explicações, e elas não faltam. Trata-se da desestruturação do modelo europeu de continência coletiva que, segundo P. Chaunu e A. Burguière, predomina na época clássica, e do qual o casamento tardio é um dos traços originais? Trata-se, como disse Ph. Ariès, das conseqüências de uma nova visão da família, marcada pela tendência da descoberta da criança ou, enfim, da "revolução sexual" que Edward Shorter situa nesse período carnal? Adiemos por enquanto nossa escolha, e lembremos no mínimo que o conjunto dessas mudanças na segunda metade do século XVIII passa por uma leitura modificada das estruturas da família.

Dessa mudança, mais perceptível através das fontes qualitativas do que pelas quantitativas, um certo número de temas maiores foram antecipados pelas obras de Ph. Ariès. Graças a ele, o Rousseau de *Emile* se encontra recolocado no contexto de uma mutação muito ampla da sensibilidade coletiva, condicionando uma família, concentrada em suas dimensões e no olhar que ela dirige aos seus, a valorizar a presença da criança em torno da qual ela se organiza. Dir-se-ia que a cronologia de Ph. Ariès, mais fluida devido à própria natureza de suas fontes essencialmente qualitativas, não dá a esta segunda metade do século XVIII a importância que os estudos precedentes lhe atribuíram. Para ele, o aval da filosofia de Rousseau põe antes um ponto final na evolução de longa duração que perdura por toda a idade clássica, desde a invenção do colégio e do "internato" de crianças no início do século XVII. O autor tem, no entanto, viva consciência das mutações nas estruturas, assim como no sentimento de família nesse período, e insiste sobre o clima de afetividade inteiramente novo no qual mergulham as relações ao final do século.

Mutação ou coloração nova que não é absolutamente unívoca: um novo estilo de tensões internas coexiste com o fechamento sobre si mesmo do grupo familiar, na dialética de uma contradição perfeitamente explicável. Vemos essas tensões aparecerem em conclusão a análises muito penetrantes da sociedade camponesa de Languedoc, conforme as dissecou Y. Castan em *L'honnêteté et les relations sociales en Languedoc au XVIII*e *siècle* (*A honestidade e as relações sociais no Languedoc no século XVIII*), dentro das modificações na relação pai-filho: filho mais velho primogênito, ao mesmo tempo privilegiado e dependente, no seio da família de origem, filhos mais jovens excluídos da herança, e na segunda parte do século XVIII, liberando-se às vezes brutalmente das tutelas familiares, no quadro de uma mobilidade intensificada e de uma relação definida diversamente entre os grupos de idade.

A relação pai-filho ou pais-filhos modifica-se: não é preciso dizer que o mesmo, provavelmente, ocorre na relação homem-mulher. Para Shorter, em seu estudo da revolução sexual, assim como para Depauw em sua pesquisa sobre a ilegitimidade em Nantes, a união livre urbana de tipo moderno, que estava surgindo então, é bem diferente da brutalidade desigual das "conjunções passageiras" (R. Mandrou) do período precedente, dominadas pela relação senhor-servidora. O ideal que de Rousseau a Marat e a certos *sans-culottes* de A. Soboul se forja: um casal pensado em termos novos surge então. Não tiremos uma conclusão excessivamente rápida quanto à equalização das posições: na dialética homem-mulher nos círculos populares ou da pequena burguesia, se as estatísticas de alfabetização mostram a mulher beneficiada na cidade e em vias de alcançar seu esposo, o dimorfismo de atitudes se acentua e toma uma coloração nova, assim como também aparece nos gestos da prática religiosa: o devoto de Molière era o devoto, e foram devotos assim que açoitaram os *sans-culottes* debochados de 1792.

Atitudes diante da vida e relações familiares sofrem, portanto, uma mutação profunda. Pressente-se isso pela leitura de fontes literárias bem como pelas descrições de Restif e de Sébastien Mercier, porém com a devida suspeita que inspiram esses testemunhos. O mesmo se aplica, mais amplamente, às atitudes diante da morte, meio privilegiado de abordar os gestos da prática e os comportamentos religiosos.

Atitudes diante da morte, atitudes religiosas: inquietude ou serenidade

Será conjuntamente de nossos estudos e dos de F. Lebrun (*Les hommes et la mort en Anjou* (*Os homens e a morte em Anjou*), Paris, 1971) que partiremos para resumir em alguns temas e etapas, a mudança que afetou as atitudes diante da morte, no essencial, durante a segunda metade do século XVIII. Em *Piété baroque et déchristianisation en Provence au XVIIIe siècle* e sob uma forma ainda mais sintética em *Mourir autrefois,* partimos da análise do sistema extraordinariamente globalizante que se formou em Provença no contexto das pompas barrocas, e que veio culminar em quase todos os lugares da cristandade católica póstridentina, naquilo que denominamos o "grande cerimonial" da morte: morte preparada, temida, exercício de toda uma vida, dando lugar a um cerimonial púbiico e ostentatório, seguido de todo um conjunto de ritos e prestações destinadas, pelas obras, pelas missas e orações, a assegurar a salvação ou a redenção a termo dos pecados do defunto. Uma fonte privilegiada por seu assentamento social, o testamento serviu de base à nossa demonstração, ampliada em seguida pelo uso de fontes semi-anônimas da pequena literatura profana ou sagrada — dos sermões às *artes moriendi* — como também da literatura erudita. Esboça-se um *continuum* de atitudes, provavelmente moduladas segundo os locais ou grupos sociais, mas ao mesmo tempo extraordinariamente homogêneas como testemunho do sucesso da ação da Igreja pós-tridentina sobre as atitudes perante a morte e a vida, conduzida segundo a doutrina da salvação.

As poucas curvas às quais restringimos voluntariamente nossa argumentação testemunham a desestruturação, no século XVIII, daquele sistema cujo ritmo é dado pelo fluxo de missas encomendadas como seu teste mais significativo: após uma fase de ascensão ou de consolidação até meados do século, não cessa o declínio, fazendo cair até quase a metade a porcentagem dos testamenteiros ansiosos por solicitar os serviços *de mortuis* para salvação de sua alma. A essa tendência global podem-se, como o fizemos, acrescentar várias modulações: temáticas (o fim das escolhas de sepulturas, as obras de caridade, da filiação às confrarias, o cortejo fúnebre); geográficas (mobilidade das vilas e certas áreas rurais, estabilidade de outras); ou, sobretudo, sociológicas: a acentuação do dimorfismo segundo o sexo, a mobilidade das elites mas também da pequena burguesia e de uma parte dos pequenos produtores urbanos, futuros quadros dos *sans-culottes*...

Resta a segurança e a homogeneidade de uma curva que, no essencial, põe em destaque a importância da segunda metade do século XVIII, a partir de 1750, acelerando-se depois em 1760 e 1770: ainda que em alguns lugares, sobretudo os focos de jansenismo ou de contato confessional, apresentem casos de evoluções prematuras desde 1730. Pode-se generalizar partindo do exemplo provençal? Mesmo que François Lebrun não tenha recorrido a uma técnica comparável, os dados qualitativos extremamente ricos que

Encomendas de missas na Provença, no século XVIII

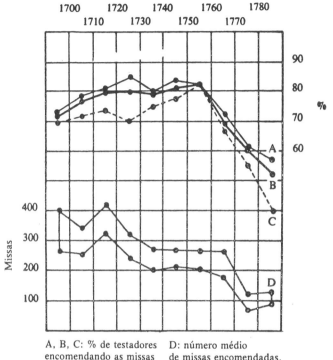

A, B, C: % de testadores encomendando as missas
D: número médio de missas encomendadas.

Fonte: M. Vovelle, *Piété baroque et déchristianisation, les attitudes devant la mort en Provence au XVIIIe siècle*, Paris, 1973.

ele apresenta sobre as atitudes diante da morte em Anjou confirmam claramente a periodização apresentada em outro lugar completamente diferente. É certo que estudos posteriores trouxeram mais do que pequenas nuances: a reprodução de nossa pesquisa por P. Chaunu e seus alunos no meio parisiense testemunhou um avanço notório, na capital, do processo de dessocialização da morte, instigando a investigar outro abalo da sensibilidade coletiva situado na transição do século XVII ao século XVIII, em plena "crise do pensamento europeu"... Mas Paris, com sua precocidade, não corresponderia por isso ao papel da exceção que confirma a regra? Os estudos monográficos que se multiplicaram nas áreas provinciais rurais parecem sugeri-lo. Desde as atitudes diante da morte ao conjunto de comportamentos religiosos, a transição é natural e, provavelmente, poderíamos ser criticados por ter posto a charrua adiante dos bois, tratando de um antes do outro.

"Eclipse do sagrado?"

Descristianização das Luzes? Não tentaremos resolver a questão de uma só vez. Recordemos sucintamente como se apresenta atualmente o problema. Não há mais historiadores que acreditam que a França era totalmente cristã em 1789 e que o choque revolucionário foi a única origem da descristianização contemporânea. No máximo, há os que relembram a universalidade de certos gestos da prática dentro de um mundo de "cristandade", onde a separação de gêneros não era feita e havia forte impregnação da vida cotidiana pela dimensão religiosa. França incompletamente cristianizada em certas áreas rurais (Le Bras), e já descristianizada a partir das elites das Luzes, segundo uma outra interpretação, que não está longe ela própria de colocar problemas. Vários estudos recentes trouxeram os elementos para resposta e realizaram curvas sobre certos gestos da prática facilmente comparáveis às que já havíamos reunido em outros domínios. A partir de nível muito alto de prática e talvez de cristianização, que parece ter sido atingido entre 1680 e 1750, delimitando aproximadamente, os gestos mais substantivos da prática quase não se modificam, segundo o atual estado das pesquisas: sacramentos "sazonais", zelo pelo batismo e mesmo pela prática pascal (exceto em certas vilas) são ainda freqüentemente rigorosos, o que explica o relativo fracasso dos que pretenderam aplicar regressivamente àquela época, as estatísticas da sociologia religiosa contemporânea da escola de G. Le Bras. Outros índices, porém, chamam a atenção. Sabe-se de longa data da deserção dos conventos na segunda metade do século XVIII e do envelhecimento de sua população. As curvas das ordenações e dos títulos clericais assinaladas para um certo número de dioceses (Reims, Autun, Rouen, Bordéus, Aix...) por diferentes pesquisadores (Berthelot du Chesnay, Julia, eu mesmo, e mais recentemente T. Tackett) evidenciam a crise de vocações que se faz sentir às vezes muito precocemente em áreas jansenistas (Autun), em geral em 1750 ou 1760... ainda que se assinale uma ligeira recuperação no último decênio do Antigo Regime. Evidentemente, as vocações decrescem, sobretudo nas cidades (Marselha) e em regiões inteiras (Bassin parisiense, Baixa Provença), que recrutam sacerdotes naquelas que continuam como reservatórios de vocações excedentes (Bocage normanda para Paris, zona alpina para o Sul da França) e aparecem, junto com outros santuários, sugerindo os futuros contornos do mapa da prática religiosa no século XX.

Foi essa mudança, sem que seja necessário insistir sobre esse ponto, que encontramos na maioria das curvas que o exame dos testamentos provençais permitiu estabelecer: missas, escolha de sepulturas, legados ou filiação a confrarias. Mais profundamente, surpreendemo-nos com a laicização das próprias fórmulas e a redução, nesses atos, da invocação à Virgem e aos santos protetores.

Outros índices e outras investigações confirmam o que essa constatação única poderia ter de vulnerável: a análise das representações sobre o outro mundo no contexto dos altares de almas do purgatório confirma o empobrecimento da constelação de intercessores tradicionais. Nesse aspecto, dispomos de um rico conjunto de pesquisas desenvolvidas por M. Agulhon sobre a laicização das confrarias meridionais, expressão tradicional não apenas de sociabilidade como também de religiosidade. A migração que se opera nas elites provençais, a partir de 1760 e sobretudo 1770, das gazetas de penitentes para as lojas maçônicas, é um dos elementos maiores a serem considerados nos relatórios. O debate está aberto quanto à interpretação que convém dar a essas mudanças. Para o abade Plongeron, comentando os trabalhos de M. Agulhon, é mais que uma laicização que está em andamento, mas os primeiros indícios de uma verdadeira descristianização. Para Ph. Ariès, a laicização dos testamentos na segunda metade do século XVIII não seria ainda sinal do recuo da religiosidade, porém de uma modificação no sentimento de família: o testador, na época de uma afetividade à Rousseau, confiava em seus herdeiros para as prestações espirituais que eram antes exigidas por ele, sem que por isso o sentimento religioso fosse posto em causa... o que não explica, porém, por que os padres e religiosos escasseiam cada vez mais no círculo familiar.

Parece-nos um tanto discutível que o processo de descristianização que tomou forma explosiva em 1793, tenha sido posto em marcha na segunda metade do século: o que deixa intocado em grande parte o problema das origens.

Antes de encerrar esse tema, convém demarcar seus limites conhecidos. Nas categorias populares, sobretudo rurais, seria falso acreditar que tenha desaparecido completamente uma religiosidade "pré-tridentina" à base de práticas folclorizadas e freqüentemente mágicas. A ofensiva de prelados da idade clássica não a desenraizou de todo, em absoluto, e acreditar nisso seria impedir-se de compreender mais uma das formas de religiosidade marginal na época revolucionária. Não se pode esquecer a fortíssima impregnação religiosa nas cidades e junto à pequena burguesia, mais ainda entre as mulheres do que nos grupos masculinos. Teria sido, como sugeriu E. Le Roy Ladurie, a ação terrorista de confessores indiscretos no capítulo dos segredos funestos o que preparou o contraste dominical subseqüente: as mulheres na igreja e os homens no cabaré?

No quadro das elites — um termo que usaremos por comodidade — há também mais de uma distinção a ser feita. Surpreendemo-nos, ao longo dos testamentos provençais, com a continuidade da prática religiosa por uma aristocracia que se compraz em dizer-se frívola e desabusada no vocabulário dos clichês preconcebidos; em contraste com o abandono muito pronunciado da religião, que caracteriza a burguesia comercial e os profissionais liberais.

Significaria isso que, nesses meios, o panorama da sensibilidade coletiva de novo feitio se exprimiria nos termos da leitura serena de um Buffon, ou dos enciclopedistas? Não poderíamos encerrar essa discussão sem fazer alusão; a uma última realidade que seja, talvez, privilégio da elite, mas que parece substituir bem a religiosidade confiante que prevalecia antes: é a inquietude.

Seria errôneo não reconhecer à inquietude o papel que lhe cabe nesses decênios pré-revolucionários. A abordagem é difícil, talvez porque a profusão de fontes literárias bastante conhecidas desde Hazard, Mornet ou mesmo os clássicos da História literária (van Tieghem), e renovadas em seus conhecimentos por pesquisas recentes (J. Deprun), se prestem muito mal ao tratamento histórico serial. Encontramos os seus sinais referentes ao sentimento da morte nas crônicas e nas memórias. Mas apreciamos ainda mais, dentro de um domínio que ainda está no essencial para ser decifrado, as poucas pesquisas recentes feitas sobre o irracionalismo no século das Luzes: por exemplo, o estudo de R. Darnton sobre o "mesmerismo". Inquietude, instabilidade: podem essas histórias ser escritas? Elas são, no entanto, essenciais ao nosso propósito.

Da sociabilidade à agressividade: relações coletivas

Solidariedades e tensões: são dois domínios complementares, ambos renovados há pouco por uma série de estudos que permitem acrescentar à perspectiva aqui experimentada, uma série de características. A noção, senão o termo sociabilidade foi cunhado dentro da historiografia tradicional. Foi esse o mérito de M. Agulhon: a partir de um local, de fato privilegiado, no Sul mediterrâneo da França, redescobrir e atualizar a pesquisa segundo uma ótica moderna. Ele apresentou nesse quadro a articulação dos diferentes elementos em torno dos quais se estruturava a vida coletiva masculina, desde as confrarias institucionalizadas ou municipalizadas, até os agrupamentos de jovens e confrarias de penitentes. Reteremos aqui, de toda a riqueza de *Pénitents et francs-maçons*, a idéia — já abordada a propósito da vida religiosa — da mudança maior na segunda metade do século XVIII. Institucionalização, municipalização, evolução profana e laicização... Mutação, aliás, de ordem qualitativa: as confrarias declinam e freqüentemente desaparecem, mas a sociabilidade se conserva bem. As elites, sem esfacelar-se brutalmente, transportaram seu local de encontros para as lojas maçônicas. As regiões de penitentes vêem-se "democratizadas" em seu recrutamento durante o declínio. Os encontros, porém, são ainda mais freqüentes: a festa anual se torna hebdomadária e, sobretudo, múltipla. A unanimidade é substituída por uma configuração com características de classe, freqüentemente reveladoras de tensões e confrontos.

Não será essa evolução a mesma que, em termos diferentes, se revela na recente tese de Y. Castan sobre as relações sociais no Languedoc? Ao final do século XVIII, a crise e o retrocesso das comunidades se fazem sentir aí: bandos de jovens avançando de sua parte, deixando de lado o mundo dos pais e das garantias. Evolução das comu-

EXISTEM REVOLUÇÕES CULTURAIS? 361

nidades, por longo tempo pontos de ancoragem maior das solidariedades rurais, dos vilarejos: o estudo de seus conflitos — comunidade contra comunidade ou, mais freqüentemente, comunidade contra senhor — resulta aclarado de alguns estudos como o de F. X. Emmanuelli (*Revue Historique*, 1974), que propõe em Provença, não uma curva ascendente e nem mesmo em declínio na segunda metade do século, mas muito sensível à conjuntura.

No estudo que fizemos sobre *Les Métamorphoses de la fête en Provence, 1750-1820*, a mesma mudança se esboça tanto nas formas desse encontro especial, como nas representações sobre ele. A festa muda e isso se torna perceptível desde meados do século. A romaria ou a festa patronal jamais prosperou tanto, prolongando-se por todo o fim da primavera e início do outono, mas se acentua também a evolução profana transcorrendo dentro de seus quadros herdados. Modifica-se, sobretudo, a festa urbana: a alegria tradicional do tipo dos jogos da Festa de Deus em Aix, ou da Tarasque em Tarascon, começa a parecer exótica aos viajantes que leram Rousseau, descobrem-na sem simpatia, e pensam nos jogos dos antigos gregos e romanos... Mas esse retrocesso ou essa fossilização são compensados pela atomização da festa que se torna espetáculo permanente, ou pelo menos hebdomadário; dos passeios nas calçadas às saídas dominicais e daí aos cafés ao ar livre e os "trens" do terror.

Crise de comunidades, evolução profana, fim da unanimidade tradicional: quantos traços que comprovam a festa de novo estilo.

Entre solidariedades e tensões, a sociedade da idade clássica reservou para aqueles que ela desejava excluir de sua vista as "grandes prisões" de loucos, doentes e mendigos, cujo modelo Michel Foucault nos tornou familiar. Os decênios das Luzes, ao nível da prática social que nos interessa aqui, se apresentam em posição ambígua porém, mas muito mais como herdeiros ou adaptadores do que inovadores. O sistema herdado não é posto em questão, mas ele revela sua idade e suas fraquezas. Pudemos, ao longo dos testamentos provençais, estudar, a partir de 1750-1760, a crise da caridade de tipo clássico, aquela que carreava tradicionalmente as doações de fiéis aos hospitais urbanos. A subscrição de Natal para o hospital Saint-Jacques, em Aix-en-Provence, revela uma tendência bastante aflitiva... No entanto, é então que a noção burguesa e laicizada de assistência se introduz na redação mesmo das atas, para conservar, pelo menos verbalmente, uma caridade em declínio, que assume feições burguesas.

Após o encontro vem o conflito, isto é, as formas múltiplas de contestação ou de ruptura com a ordem social, que vão da delinqüência ou furto, ou mais tolamente da rixa, do cabaré e altercações de comadres... até as formas de ruptura mais elaboradas, seguindo diversas tendências: dos que boicotam os avisos régios no grupo dominante, como também dos que conduzem os pobres às galeras, ao patíbulo ou à roda por crimes, sedição e tumulto.

Mudaram as realidades nos decênios pré-revolucionários. Podemos escrever essa história da "maldade" — como reclamava Lucien Febvre com uma falsa simplicidade? Há pelo menos esse surto da agressividade, por meio do qual a sensibilidade coletiva se ligaria ao "clima" social de que falamos mais acima. Lendo os cronistas do período, sentimo-nos tentados a responder sim. É um quadro carregado que Sébastien Mercier apresenta em seu *Tableau de Paris* (*Quadro de Paris*), como também Restif em seu *Nuits* (*Noites*). O jornal do tabelião Barbier é dividido entre o humanitarismo das Luzes e o pessimismo do burguês bairrista. Confrontar essas observações impressionistas com os

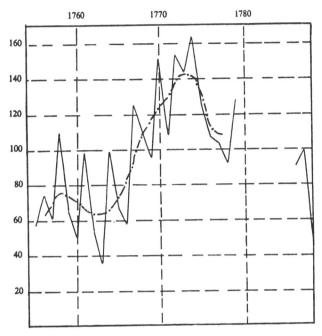

Curva de delinqüência e de criminalidade na Provença do século XVIII.

Na escala graduada: número de casos anuais reportados no Livro das Prisões de Aix.

—— freqüência anual
—·— média móvel sobre 5 anos.

dados quantificados, que fornecem os estudos em grande número realizados recentemente nos arquivos judiciários da repressão em todos os níveis, conduz a matizar. Duas variáveis devem ser levadas em conta na interpretação das curvas: índice de delinqüência, mas também intensidade desigual da repressão. A ferocidade é compartilhada.

Em um artigo sobre a delinqüência e a criminalidade em Provença do século XVIII, segundo os registros de presos nas cadeias de Aix, insistimos sobre a mudança pronunciada que faz culminar a curva entre 1772 e 1774, com índices médios superiores ao dobro dos de 1750, assistindo-se, ao contrário, se distender a tensão no decênio pré-revolucionário. Os estudos realizados em uma escala mais ampla pelas equipes parisienses ou regionais dão testemunho de uma curva igualmente nítida: com certa constância, de 430 a 530 pessoas são julgadas anualmente no grande foro criminal de Châtelet de Paris entre 1750 e a Revolução Francesa, com uma severidade que é de fato desigual; e a estatística anual dos crimes ocorridos em Paris oscila entre 276, em 1755 e 216, em 1785 (com uma ponta, entretanto, de 290, em 1775). O declínio no número de demandas judiciais no último decênio, tanto em Paris como no Sul da França, não significaria uma mudança na própria visão do juiz sobre o culpado?

Que conclusões tirar desses dados voluntariamente limitados a algumas sondagens apenas? Não se pode deixar de pensar no velho esquema herdado dos fantasmas de M. Taine e de alguns outros sobre as ligações entre a agressividade renovada e os furores revolucionários vindouros. Logo se constatam seus limites. Se a Revolução dos miseráveis e das camadas mais baixas tivesse que eclodir, sabe-se, há muito tempo, que isso teria ocorrido em 1774... o que não quer dizer absolutamente que a miséria popular não tenha desempenhado um papel na explosão de 1788-1789, como aliás já se sabe. Mas, ainda que parecendo ir em reforço de uma vitória já assegurada, subscreveremos a interpretação que P. Pétrovitch dá aos estudos de G. Rudé: a população miserável de delinqüentes de todos os matizes não é a que constitui o essencial das tropas revolucionárias. O que não significa também que, ao nível dos mitos e das imagens mobilizadoras, o *brigand* não continue sendo uma das figuras impressionantes da mentalidade coletiva, como se verá durante o Terror.

Isso se aplica à delinqüência ou a criminalidade populares. Assumindo o que há de arbitrário em uma clivagem pedagógica, podemos comparar a curva de transgressões e desvios na camada das "elites", tal como F. X. Emmanuelli apresenta a partir das cartas régias: estável na Provença visivelmente tensa e constantemente litigante no próprio seio das famílias; em declínio em Paris, por relaxamento, talvez, da convicção daqueles que detêm o poder... Conforme conclui o autor, o conjunto constitui, tanto pela geografia das zonas de inquietação crônica como pela sua cronologia, uma contribuição indispensável à história da inquietude que abordamos acima.

Reunir e interpretar: um balanço provisório

Quisemos apresentar aqui algumas séries significativas como balanço provisório das pesquisas nos últimos anos. Essa conduta reconhece seus limites: pode causar surpresa termos privilegiado a massa anônima de testemunhos em grandes números para assuntos onde a facilidade levaria a valorizar o documento literário ou artístico, em todo caso qualitativo. Fizemos intencionalmente essa opção e a explicamos. Resta o trabalho sutil de reconstituir as expressões individuais elaboradas, a partir das atitudes e comportamentos inventariados, levando em conta que, se nossas fontes privilegiam de fato os comportamentos populares, pelo simples peso do número, ocorre diversamente quando se trata de fontes literárias.

Um panorama coletivo se esboça nitidamente a partir da aproximação aos dados estudados: é a imagem de um mundo modificado em suas atitudes coletivas que nos deixam os últimos três decênios que precedem a Revolução:

abalado — como se diz — em seus valores coletivos, a religião, as estruturas de família, as relações sociais entre os homens. Quer se trate da sociabilidade, da festa ou de seu reverso e complemento, a agressividade; nos valores individuais ou afetivos: o amor, as relações no interior do casal ou a relação com a criança, o sentimento de morte enfim, esvaziado e depois reintroduzido de forma diferente. Essa sensibilidade de transição não está simplesmente justaposta às certezas do sistema de *Aufklärung* à francesa, e à nova invasão de afetividade, a importância crescente da inquietude e das tensões ressentidas.

Pode parecer difícil, até artificial, integrar em um ritmo comum o conjunto de evoluções registradas; da mesma forma, nos surpreendemos nos casos limites, com as evidentes convergências. Provavelmente, verifica-se a superposição de mudanças de amplitude diferente, as quais, sem tentar um plágio ingênuo, nos vemos inclinados, como os economistas, a tratar em termos de ciclos seculares, interciclos e crises cíclicas. Ciclo de duração plurissecular, muito longa, que a mutação das atitudes familiares a partir de uma visão modificada sobre a criança, segundo Philippe Ariès, que lhe acompanha as etapas desde o século XVII; ciclo de muito longa duração também, segundo o mesmo autor, que a modificação das atitudes diante da morte, em termos de individualização crescente mediante uma consciência maior da "minha morte" (a morte egoísta na obsessão da salvação), antes do retorno romântico à "tua morte". Os decênios pré-revolucionários aparecem nessa leitura como ponto final e coroamento, como ponto de inflexão também para início de uma sensibilidade renovada.

Mais nítida nos parece a mudança geral que se situa entre 1750 e 1770: bela descoberta, se dirá, que confirma Mornet e as leituras mais clássicas da História literária. Mas é em outro nível que nos situamos: o dos comportamentos de massa, onde certos encaminhamentos, em curso nas elites desde as transformações do século XVII, se expandem maciçamente. A curva de nascimentos ilegítimos e a das práticas religiosas testemunham eloquentemente a desestruturação da visão de mundo na idade clássica, prolongada no *Aufklärung*. Superamos melhor, acompanhando-as, a impressão de paradoxo com que nos deixa P. Chaunu em seu *Siècle des Lumières*, associando essas duas transformações à era do Absolutismo. O movimento de desestruturação observável através da maioria dos indicadores a partir dessa data mostra piques e acidentes, que são como "crises": basta citar como exemplo o surto dos anos 1770-1775. Não nos façam dizer, porém, que a Revolução Francesa é uma dessas crises.

Ao longo dessa evolução e acima de um sincronismo de conjunto surgem diferenciações: cidade-campo, conservatórios isolados de antigas atitudes em contraste com regiões dinâmicas; sobretudo, diferenciações sociais entre grupos que mudam (burguesia e pequenos produtores urbanos) e grupos que ficam aparentemente no mesmo lugar, prontos para inventar em segredo novas maneiras de evitar bebês.

Nem causa primeira nem epifenômeno: a sensibilidade pré-revolucionária em seu lugar

Não nos deixemos arrebatar: através dessas leituras e de algumas certezas, a questão é reformulada a fim de determinar o peso real que têm esses fatos de mentalidade no encaminhamento que conduz à Revolução Francesa. Em resumo: em que medida essa sensibilidade é exatamente pré-revolucionária?

Podemos convenientemente partir — ainda que reforçando os contrastes — antigas interpretações que, em sua

368 MICHEL VOVELLE

visão unificante, associaram sem dificuldade os diferentes indícios obtidos para fazer deles uma das causas maiores da Revolução. Relendo De Ribbe ou qualquer outro autor conservador de fins do século passado, verificamos que, segundo eles, a alteração dos valores tradicionais — religião, família, autoridade — figuram no rol das seqüelas da difusão da filosofia que causou a queda do Antigo Regime. Essa leitura que valoriza ao extremo a importância dos fatores espirituais — nós diríamos, superestruturais — tem, aliás, seu decalque, ou seu negativo, na leitura liberal: o progresso do individualismo e o recuo da superstição como frutos da difusão das Luzes, preludiando as emancipações revolucionárias.

Seria fácil demais contrapor a essas leituras historicamente datadas, os problemas mesmo técnicos que elas suscitam. Qual é a responsabilidade de Voltaire e qual a culpa de Rousseau em uma sociedade com mais de 50% de analfabetos, ou sobre a décima parte dos defuntos abastados de Châlons-sur-Marne, cujo inventário demonstra que um décimo deles possuía bibliotecas com mais de cem obras? Toda a questão da difusão popular das Luzes se torna reformulada a partir dessa interrogação falsamente inocente.

Insiste-se, hoje, sobre a gravidade dos fatores materiais que afetam as mutações da sensibilidade coletiva. A evolução demográfica exerce, então, seus efeitos de múltiplas formas: pondo em questão o equilíbrio familiar no mundo rural, mobilizando uma parte dos excedentes rurais para as cidades, afastando um pouco a obsessão de uma morte de estilo antigo... Não é fortuitamente que o tema da cidade da perdição — já — detém em S. Mercier e em outros um lugar quase obsedante. A evolução das relações sociais, nas vilas e cidades, situa em termos novos as ficções unânimes a respeito do equilíbrio no passado. Sobre o pano de fundo de um desenvolvimento global nos grupos dominantes, os progressos da burguesia das Luzes de um lado, e a crise nobiliária de outro, secretam atrás de uma aparente linguagem comum, formas de sensibilidade diferentes, onde o moralismo se encontra entre efusões à Rousseau e o heroísmo neoclássico, enquanto o declínio da nobreza se projeta nas revoltas explosivas de um Sade ou de um Mirabeau. Sabemos de tudo isso, pelo menos, *grosso modo,* e por isso não é necessário nos demorarmos demais. Por prudência, aliás, porque sabemos também que as relações dialéticas que unem os diferentes níveis não se definem em termos de processos mecânicos. F. Lebrun provou justamente, em sua pesquisa sobre a morte em Anjou, como pôde mudar a representação coletiva sobre a morte em uma província onde a punção não se modifica no século XVIII e permanece estagnada no antigo estilo de morrer... Antecipações às vezes, inércias e latências o mais frequentemente: esses exemplos reforçam que não se pode reduzir o papel das sensibilidades coletivas a uma função de epifenômeno, mas que elas têm, no seio das superestruturas ideológicas, um lugar de destaque.

Comportamentos, sensibilidades e ideologias

Adotando esses pressupostos, o *como* parecerá aqui mais importante ainda do que o *porquê.* Isto é, se admitirmos o princípio de uma relação global entre evolução das estruturas tomadas como relações sócio-econômicas e as estruturas de representações coletivas. Resta ainda, antes de chegarmos ao nível das sensibilidades, a interposição da tela da cultura e da ideologia, das quais as mentalidades e sensibilidades não seriam senão o reflexo.

Quanto as que nos interessam concretamente, a questão consiste em indagar qual é a parte desempenhada na modificação das sensibilidades coletivas durante o século XVIII, pela difusão do modelo cultural das elites burguesas, consubstanciado na filosofia das Luzes.

Parece-nos incontestável que, por caminhos a serem ainda definidos, foi em parte por meio de uma leitura diferente e aprendida que se propagaram inúmeras mutações que pudemos acompanhar. Por exemplo: a modificação das práticas diante da morte cuja evolução rastreamos, abrangendo desde os negociantes e procuradores marselheses aos artesãos e comerciantes, a partir de 1730, e depois suas esposas entre 1750 e 1770. É por essa razão que, com toda a cordialidade, nos permitimos exprimir nosso desacordo com a interpretação apresentada por Ariès, exemplo típico de análise esvaziada da ideologia, quer seja ela filosófica... ou religiosa, para se prender às aventuras de um "psicológico coletivo" dotado de uma respiração própria e quase autônoma...

Isto não significa que para nós, tudo que esteja relacionado às modificações da sensibilidade coletiva, entre 1760 e 1789, possa se explicar pela adoção ou transmissão vertical de um modelo elitista. Podemos indagar se não se elaboram no interior mesmo dos grupos populares específica e localmente, os elementos de um novo modelo de comportamento coletivo. A "revolução sexual" discutida por E. Shorter e o retrato típico do *sans-culotte* segundo A. Soboul parecem, entre outros exemplos, sugerir uma adaptação pelo menos livre da visão da burguesia das Luzes. Nesses traços de comportamento persistem muitas sobrevivências tomadas de empréstimo de um, fundo antigo no qual, certamente, a burguesia não se reconheceria. Os representantes em missão, materialistas das Luzes, recuaram, às vezes, assustados diante da festa carnavalesca descristianizadora de 1793... Isto é, inversamente, os comportamentos populares revolucionários e em sua continuidade, poderiam ser assimilados aos comportamentos pânicos e passadistas das massas imutáveis em suas maneiras de sentir, como também em suas reações, desde a Fronda ou a Liga. Isto seria esquecer que, também para essas massas, a visão de mundo havia mudado.

A Revolução Francesa: mutação ou crise de valores?*

Uma reflexão ininterrupta? Há uma incontestável continuidade entre a contribuição proposta em Göttingen, em 1976, e essa que a seguir em Bamberg, em 1979, no contexto de um encontro sobre o tema: "A Revolução Francesa: fenômeno necessário ou contingente?" Seguimos nesse caso a passagem do tempo "medianamente longo", dentro do meio século durante o qual se preparou a Revolução, no tempo curto da própria explosão revolucionária. Revoluções culturais, mutações rápidas das visões do mundo: qual é a importância dessas seqüências, herdeiras e criadoras a um só tempo?

Abordar a Revolução Francesa como crise ou transferência de valores requer uma justificativa preliminar. Pode-se ver nisso, e talvez justamente, uma grande ingenuidade: forçar uma porta escancarada de longa data, recordando

---

* Comunicação apresentada no colóquio de Bamberg, "La Révolution Française, événement nécessaire ou contingent?" ("A Revolução Francesa, fenômeno necessário ou contingente?"), em junho de 1979. A ser publicado nas atas.

que a visão de mundo que emerge da crise revolucionária não é absolutamente a do Antigo Regime. Igualmente, no pólo extremo, é uma leitura um tanto "retrógrada", pois toda uma historiografia tradicional, nascida no dia seguinte mesmo à Revolução, e desenvolvida no século XIX, concentrou sua leitura do fato revolucionário na derrocada dos valores tradicionais do Antigo Regime. Desde então, os caminhos para aprofundamento da problemática revolucionária tomaram outro rumo, e devemos nos rejubilar por isso: é sobre a mutação das estruturas da sociedade e sobre a dinâmica social dessa transição que a História tem trabalhado.

Para mim, não significa retroceder, mas retomar em bases novas a abordagem do que denominamos atualmente as representações coletivas durante o episódio revolucionário. É, ao contrário, responder às curiosidades da História atual, aplicando a uma crise essencial, uma indagação que se formula, muito freqüentemente ainda, apenas nas amplas fases da duração longa.

Parece ponto pacífico que a crise de valores, tal como se reflete na sensibilidade coletiva, seja anterior ao próprio episódio, cujos traços ela modela. Tentei, na formulação precedente sobre a sensibilidade pré-revolucionária, responder, à luz dos avanços atuais de pesquisa, a questão impertinente e simples: o que se passou em 1750?

Algumas questões me foram então colocadas, algumas cruciais: os "indicadores" escolhidos (religião, atitudes diante da vida e da morte, sociabilidade...), seriam eles os mais congruentes ou significativos? Depois, a pesquisa prosseguiu até recentemente, concentrando-se não mais sobre as origens, mas sobre o momento revolucionário mesmo, abordado a partir da festa, da cultura, da língua e da descristianização do ano II. Ao nível ainda da conceituação mais que da pesquisa, redescobrimos, às vezes, a existência do fato revolucionário como trauma essencial, não exatamente como herdeiro, mas como fundador, lugar de uma "transferência" de sacralidade ou de legitimidade. Quaisquer que sejam as reservas que se possam contrapor a essa leitura feita por F. Furet, sua problemática continua essencial; e acredito que seja necessário atualmente transferir-se para o núcleo do episódio revolucionário para avaliar o abalo que provocou nas representações coletivas. Mas o farei à minha maneira, como historiador de campo, isto é, a partir dos campos de pesquisa atual, estejam eles em curso ou ainda nas perspectivas a serem exploradas, que se abrem para esse tema.

Valorizar novas fontes

Situar a pesquisa da mutação dos valores coletivos hegemônicos ou recebidos, em termos de crise vivida intensamente, não ao nível dos princípios, mas da prática social, é recorrer a toda uma bateria de fontes aparentemente disparatadas: fontes de proclamação ou do discurso, pelas quais a Revolução apresentou sua nova visão de mundo; fontes de iconografia "nobre" ou popular através das quais se cunham as idéias-forças e por onde se exprime sua representação simbólica em imagens; fontes musicais, e sobretudo, da canção, que refletem, como a imaginária popular, mais a maneira como esses valores foram recebidos do que a sua formulação em um nível mais elevado. Transição por isso mesmo a uma última série de dados que refletem a prática vivenciada dessas idéias-forças novas: as do relato, da cena de gênero tal como se pode encontrar tanto nas prestações de contas como nos comunicados, ou menos enfaticamente nos relatórios dos observadores da polícia e nos documentos judiciários. Secundando a fonte escrita, o canto, a imagem, o gestual têm, nesse período demonstrativo, uma importância essencial. A festa revolucionária, proclamação organizada como espetáculo total, duplica, explicitando-o, o discurso das proclamações oficiais, mas introduz também, às vezes, mais em contraste do que como complemento, a expressão das aspirações populares.

Microcosmo no qual se reflete, sob forma concentrada mas singularmente sugestiva, o universo de representações coletivas, a festa atraiu muito justamente a atenção dos pesquisadores contemporâneos. Mais secretamente, é na intimidade mesma dos gestos e dos comportamentos, conforme se inserem por exemplo na demografia, que se pode apreciar de modo ao mesmo tempo muito direto e oblíquo *como* e *até que ponto,* para os que viveram então, se transformou a face do mundo.

Tudo isso nos deixa em mente uma quantidade de informações e traços sobre os quais é preciso notar que conduzem a níveis de realidade ou de percepção diferentes: entre a proclamação direta ou o discurso voluntarista por meio do qual se exprime a visão de mundo da burguesia revolucionária, e a maneira pela qual são recebidos ou vividos esses novos valores, emerge toda uma dialética sobre a qual devemos meditar, mas que podemos, em um primeiro estágio descritivo, perceber a partir de um certo número de variáveis significativas.

Certamente, na segunda etapa, impõe-se um trabalho de hierarquização dos dados coletados. O novo sistema dos valores proclamados ou vividos não se apresenta idêntico, segundo o abordemos ao nível das proclamações — isto é, discurso, imagem, canção —, expressões de um sonho, tanto ou mais que da realidade, por meio dos quais os valores burgueses, transigindo com as aspirações populares, abrem-lhe caminho; ou quando abordados a partir dos gestos ou das expressões da prática social — fontes demográficas, relatórios. listas ou observações policiais. Há, entre esses dois domínios, o nível intermediário, do qual a festa revolucionária seria a expressão exemplar mas não única (pensamos nas formas de religiosidade espontânea), nível este em que se inscrevem o jogo e as transações entre as impulsões voluntárias e a acolhida que lhes está reservada, inclusive as traduções que delas são feitas. Neste campo fechado de confrontos essenciais situa-se um dos temas ainda menos conhecidos da revolução "nos espíritos e nos costumes", como se dizia na época.

Um inventário de novos valores. A família em questão

O inventário que vamos propor a respeito dos novos valores no calor da ação não deve ser lido, sob pena de se tornar mistificador, como expressão de um novo consenso, mas como reflexo de uma luta e de uma elaboração progressiva.

Poderia parecer cômodo dentro de uma leitura maniqueísta, em preto e branco como foi a da época, partir da grande desobediência. Isto é, daquilo que a Revolução, em seus discursos e proclamações, pretendeu exorcizar e proscrever, e o que ela definiu contrastivamente como sendo os valores abominados do Antigo Regime. Como pudemos recensear, de maneira ainda rústica mas já sugestiva, a partir do corpo de discursos descristianizadores no ano II no quadrante Sudeste da França, esse domínio é ao mesmo tempo substancioso e pobre: ele engloba as duas maiores estruturas que sustentam o Antigo Regime político e social: a feudalidade e a "superstição". De um lado, a escravidão, o orgulho e a opressão, enfim, tudo que evoca ao mesmo tempo hierarquia, submissão e arbitrariedade. De outro, o nebuloso complexo que associa fanatismo, superstição, erro, mentira, hipocrisia, idolatria, dogma e absurdo, com seus complementos: a ignorância e a credulidade. Mas esse mundo convulsionado se definia também em termos de condenação moral: é o da impostura, da corrupção, do egoísmo e da crueldade. Uma carga de reprovação radical envolve o universo das trevas que se acabava de abandonar. Em contrapartida, definir o novo sistema de valores positivos aos quais remete a Revolução Francesa supõe, no estágio exploratório em que nos encontramos, uma simplificação pedagógica na exposição das idéias-forças vivenciadas, explícitas ou não.

Talvez pareça artificial partir da noção de família, quando a referência ideológica esperada seria a de indivíduo, conforme é afirmada e reconhecida tanto na Declaração de Direitos como no novo Código de Direito. Mas a noção complementar de "família", encaminhada por toda a ênfase que o período complementar de Rousseau havia colocado sobre ela, impõe-se complementarmente em seu significado linear ou extenso. "Não há mais Bastilha, há apenas uma família", canta-se em 1790, no tempo em que a unanimidade ainda era regra. A família, como estrutura elementar de referência, acentua o contraste com a condenação do celibato desencadeando o ataque contra o celibato dos religiosos desde 1790, que chega até o paroxismo no ano II. Lembramos, no imaginário popular, a evocação da dupla fila de cônegos e de religiosas, saindo do claustro, unidos muito laicamente em casamento pelo cidadão de Gogue que vê nele um meio, como diz ele, de garantir os cornos. E na bela definição do *sans-culotte* por si mesmo no ano II, sob o título "Réponse à l'impertinente question: qu'est-ce qu'un sans-culotte?" ("Resposta à impertinente questão: O que é um *sans-culotte*?"): é um pai de família preocupado com a subsistência de sua mulher e de seus filhos e que se apresenta como herói. O que corresponde justamente ao que nos mostram os estudos sociológicos do *sans-culotte* parisiense ou marselhês: pais de família de quarenta anos, em seu perfil típico e como que estereotipado.

Modifica-se a imagem do casal? Começamos, com esse teste, ao mesmo tempo ingênuo e essencial, a medir a dificuldade para avaliar o jogo entre as proclamações e as realidades vividas. Institucionalmente, a laicização do casamento, a supressão dos períodos de abstinência, o debilitamento das interdições de consagüinidade e, certamente, a introdução do divórcio não podem ter deixado de modificar muito sensivelmente a percepção das coisas. É preciso, no entanto, para avaliá-lo, dispor de estudos mais numerosos sobre o impacto do divórcio, tanto no campo como na cidade. Durante uma certa época, o divórcio foi considerável nas grandes cidades (qual foi porém a parcela de regularização das situações antigas?), mas freqüentemente ínfimo em outras áreas. Quanto à imagem da união livre do *sans-culotte*, confirmada às vezes nos meios parisienses estudados por Soboul, reflexo popular do casal de J. J. Rousseau e Thérèse Levasseur, mas enraizada também em uma prática popular urbana formada na segunda metade do século XVIII, ela carece também de ser avaliada em sua extensão verdadeira: seria uma curiosidade parisiense ou, mais amplamente, das grandes cidades que viviam então sua "revolução sexual"?

A prática e o discurso revolucionários se afirmam assim em sua ambigüidade: as festas do Diretório colocam na relação de suas festas morais a celebração dos esposos. Na verdade, essa não foi absolutamente uma das mais seguidas, a se acreditar nos índices de difusão e freqüência que coletei em Provença: uma liturgia urbana efêmera, ainda que ocorrendo por curiosidade, em algum burgo meridional pronto a festejar um casal de velhos que em cinqüenta anos de casamento "jamais se disseram uma palavra um mais alto que o outro".

A celebração do casamento e do casal não é absolutamente uma redescoberta do Diretório; é traço de uma moral burguesa preocupada com um retorno à ordem. Ela se inscreve na linha direta do moralismo do período e da mentalidade jacobinos, para os quais a depravação dos costumes e a libertinagem são aristocráticas. Maria Antonieta ou a princesa de Lamballe tornam-se, assim, os símbolos da "mariposa", da grande prostituta e de um mundo corrompido. E, provavelmente, a alusão de Hébert ao processo de Maria Antonieta, que chocou como um golpe odioso "o pudor das mães" e soou pelo menos como prova de mau gosto, pode ser compreendida nesse contexto. Um contexto no qual um fundo de misoginia constitui um componente importante. Misoginia popular ou pequeno-burguesa, dir-se-ia, imprimindo suas marcas na desconfiança jacobina em relação ao engajamento revolucionário das mulheres. Mas ainda era pouco se comparada ao desprezo cortante e até mesmo ódio mortal da aristocracia e da burguesia contra-revolucionárias diante das "amazonas" ou "fúrias" que, como militantes, deusas da Razão ou simplesmente participantes das multidões, escaparam do papel que lhes era tradicionalmente imputado.

Aprofundar o estudo da nova imagem da família através do casal suscitaria inúmeros caminhos que poderíamos aqui apenas sugerir. O das feições e expressões de amor sob a Revolução — entre o amor platônico e adiado na versão de Robespierre ou, à maneira de Buzot ou Madame Roland, a ânsia de regozijo dantonista: um terreno sobrecarregado demais de imagens preconcebidas e de clichês, para que aí nos demoremos, talvez erradamente. Um rumo mais austero a partir das estatísticas demográficas, tentando verificar ou matizar, em múltiplos lugares, a hipótese de trabalho avançada recentemente por E. Le Roy Ladurie em seu ensaio "Démographie et funestes secrets" ("Demografia e segredos funestos") em Languedoc. Estaria a verdadeira Revolução ao nível da contracepção camponesa maciça, que se traduz sem apelação em uma queda das taxas de natalidade ao redor de 38% a 32%? Não desconhecemos absolutamente as raízes mais remotas do movimento — desde 1770 e até antes — em outros lugares até, nas vilas e em certas áreas rurais; a importância da mudança revolucionária, imediata ou ligeiramente atrasada, não fica por isso diminuída, enquanto mutação essencial que ela sugere com respeito à vida dada, como também em vista das prescrições religiosas.

Homicídio do pai

A representação da família que se impõe ao imaginário coletivo revolucionário encontrou expressão em um certo número de temas: assim, a ênfase posta sobre a simbologia das idades na festa, sobre a qual Mona Ozouf chamou a atenção. Tema mistificador (simplificando muito), consciente ou inconscientemente destinado a mascarar as censuras verdadeiras da sociedade de fato? Nele se refletem, pelo menos de uma maneira alusiva e seletiva, os reajustamentos profundos das relações familiares que ocorreram nessa época. No que se deve tomar como um programa de interrogações a cumprir, há uma pista essencial para acompanhar a representação do pai sob a Revolução, nos diferentes níveis onde essa pode ser percebida. Essa revolução de pais de família de quarenta anos se projeta ao nível simbólico em termos de homicídio do pai, representado por duas imagens até então esmagadoras: o rei e, pelo menos durante uma certa época, o próprio Deus.

Desde o rei-pai protetor, ao qual se dirigem com deferência e docilidade os relatórios de queixas, até o suspeito que se tornou Sr. Veto; e, depois, o inimigo cuja morte simbólica, antecipando a verdadeira, está provavelmente expressa no silêncio glacial do retorno de Varennes, antes de se tornar, diante da Convenção, objeto de um debate a fundo, se revelam as etapas de uma emancipação gradual, vivida pelos próprios atores como uma experiência trágica.

Deus, o Deus-Pai, punidor dos castigos eternos, cuja imagem aterradora Manon Roland conservou desde a infância, também sofreu um eclipse: e não seria pedir demais das imagens, perguntar o porquê de sua substituição momentânea pela imagem feminina da deusa da Razão, mesmo que não haja respostas simples para esse jogo de variações do imaginário coletivo e, sobretudo, se Deus-Pai, desembaraçado de seu aspecto terrorista para distribuir recompensas aos bons e aplicar castigos aos maus, seja reintroduzido na figura de Ser supremo "Pai do universo, suprema inteligência...".

Retornando, o que não é nada fácil, do nível das representações simbólicas para o da prática social vivida, podemos sublinhar, ainda a partir do exemplo cenográfico da festa, a coexistência de suas imagens sobre o homem feito: o adulto e o velho. Esse momento, devido às próprias imagens que ele comporta, não privilegia a imagem do velho patriarca.

O imaginário espartano faz do velho o detentor de uma sabedoria e de uma experiência que ele transmitirá aos jovens e aos guerreiros, sendo levados aos lugares públicos, dignos de respeito, portanto, simbolizado na festa dos anciãos no período diretorial. Símbolo vivo da tradição e da continuidade, o ancião está presente para transmitir a chama e presidir a formação dos jovens em armas. Mas é o guerreiro, o homem na força da idade, que impõe a sua figura: é Brutus, para quem, no quadro de David, os guardas romanos levam o corpo de seus filhos. Como surpreender-se com isto, em um mundo e um tempo nos quais Roland é visto como um velhote nas assembléias, e o acontecimento revolucionário se projeta como conquista das massas, com toda uma plêiade de jovens de dezoito a quarenta anos nas frentes interiores e exteriores?

Conquista, ou triunfo momentâneo pelo menos, da juventude, a Revolução teve seus generais juvenis — Hoche, Marceau, Kléber — cujos nomes são continuamente dados às crianças, desde o século XIX até o início do século XX. Ainda que o herói juvenil se revele, sobretudo a partir do momento em que se torna guerreiro, isso não justifica menos o extraordinário investimento da Revolução Francesa sobre a juventude, portadora de tantas esperanças: o lugar dos jovens e das crianças amplia-se nas festas a partir de 1792, sob feições diversas é verdade: dos batalhões juvenis de 93-94 até as festas escolares durante o Diretório, ordenados em uma posição mais subordinada.

Através desse exame dos valores familiares, a mutação revolucionária aparece já em toda a sua complexidade; e também nos seus limites, suas contradições e suas flutuações. Conviria, a seguir, prolongar a investigação à família invisível, à cadeia de gerações, à tradição ou à herança. Só faltava esperar o mau gosto empolado de Maximin Isnard para ver os marselheses serem aconselhados no ano III a desenterrarem os ossos de seus ancestrais a fim de se armar contra os terroristas. Em seu paroxismo, a Revolução exumou os ossos — em Saint-Denis e em outros lugares — mas para dispersá-los. Aqui se coloca o limite extremo do que a Revolução investiu na família como elemento de continuidade. Acontecimento fundador, ela começa brutalmente por rejeitar a herança. Os velhos, diz uma citação célebre, não fitam mais sua juventude: "Eles se enrubescem dela". Esse sentimento de ruptura radical foi expresso com força e não sem grandeza, por ocasião dos acontecimentos mais traumatizantes, como o processo do rei: foi Cambon, menos prosaico do que se esperava, que usou a metáfora de uma ilha onde chegaram os revolucionários, incendiando depois as embarcações que os haviam transportado. A redescoberta da herança, no sentido mais amplo do termo, se fará logo em seguida: falaremos dela oportunamente. Mas, a Revolução, pelo menos momentaneamente, vê distenderem-se os laços mantidos pela tradição. O indivíduo está integrado dentro de um tempo e um espaço e ampliado: o da coletividade, a República, a nação, uma nação que pode dilatar suas fronteiras aos limites do universo. Ainda que a Revolução conserve a família como núcleo indivisível de seu sistema de valores, rompe as antigas solidariedades: as horizontais — os corpos, companhias, confrarias, ou as verticais — os laços de dependência ou de subordinação da sociedade "de ordens". Mas, à coletividade de indivíduos que ela aglutina, ela ofereec um quadro e normas renovadas.

Reformulação do tempo e do espaço

Quadros novos: para uma parte dos cidadãos, a Revolução rompeu os limites dos horizontes da vila e do bairro. Ela é um período de grandes remanejamentos demográficos: pela intensa mobilidade de homens e, secundariamente de mulheres conforme registram as estatísticas dos casamentos — ela demonstra ser mais do que uma novidade momentânea. Três quartos dos cônjuges de Chartres — cidade média de aproximadamente dez mil habitantes — eram "naturais" em 1788; mas eles não são mais que a metade durante a Revolução e essa abertura sobreviverá aos aspectos efêmeros da crise, tal como a febre de casamentos ligados ao recrutamento.

Esse índice, particularmente sensível nas categorias de homens entre vinte e trinta anos, reflete, certamente, o impacto do alistamento e recrutamento masculino, mas ultrapassa largamente os seus limites. Fermentações e contatos, sob as formas mais variadas — das confraternizações nas festas da Federação no verão de 1790 e mais tarde ainda, às incursões dos exércitos revolucionários nas províncias durante o inverno de 1793 — representaram uma tomada de contato que vai muito além das formas tradicionais, mesmo que essas tenham sido igualmente reativadas pela crise, como a vadiagem e mendicância nas planícies de grandes cultivos.

Um encontro se opera, então, entre a explosão de fato do espaço para uma parte crescente da população posta em contato com as realidades nacionais, graças aos seus próprios deslocamentos, ou ao fato de que a Revolução tenha ido até elas, desde Terror ao recrutamento em massa e à descristianização. A reestruturação voluntária do espaço e do tempo é procurada a partir de 1793, conjuntamente pelo novo calendário e pela reforma do sistema métrico e, mais revolucionariamente ainda, pela remodelagem da toponímia. Tarefas gigantescas, pensando bem, e que, da ótica que nos interessa, vão bem além de uma mudança conjuntural. O novo calendário, como também a dessacralização e desfeudalização dos nomes de lugares significam subtrair os ritmos da vida coletiva e os locais de sua expressão de toda uma herança religiosa enraizada, e introduzir aí, em seu lugar, essa banalização ou neutralização da regularidade do novo calendário. Ou melhor ainda, retomar posse desse espaço e desse tempo, povoando-os com os símbolos novos da revolução e com os valores que ela promoveu.

O sistema métrico foi um sucesso, a médio termo pelo menos; mas nem o calendário nem a nova toponímia, no geral, sobreviveram à Revolução. Nem por isso, deixou a Revolução de tentar promover nesse espaço remodelado — tanto geográfico como social — seus novos valores e novas solidariedades.

Solidão ou comunhão:
as novas solidariedades. A nação e o povo

A solidão do indivíduo isolado em seu existir permanece como o apanágio do herói revolucionário, como Marat murado em seu profetismo, ou Saint-Just e Robespierre conscientes do caráter mortal da aventura na qual se engajaram. "A virtude sempre esteve em minoria na terra...". Esse sentimento, sob formas bem diversas, não se banalizou senão no "salve-se quem puder" do período diretorial. "Estamos todos na vanguarda", escreve então um jornalista parisiense: isto é, que todos, de uma maneira ou de outra, romperam com o passado social, mental, familiar... e com os quadros de sua vida anterior. Essas expressões refletem um aspecto da Revolução "dos costumes", mas, obviamente, em sua fase de conquista, foi em outros termos que se exprimiu o discurso revolucionário.

Ele propõe prontamente, ou quase, a imagem de uma comunidade de cidadãos por meio da confraternização. Foram as festas das federações, no verão de 1790, que permaneceram na memória coletiva, com o protótipo da festa globalizadora em suas intenções, ainda que a iconografia e o cancioneiro que desenvolvem esse tema o contradigam imediatamente no espírito que nega e escarnece desabridamente:

Aristocrate, te voilà donc foutu,
Le Champ de Mars te fout la pelle au cul...[*]

O mito da unanimidade e da fraternidade vivida é um dos mais obstinadamente afirmados no repertório dos valores revolucionários e paralelamente desmentido pelos acontecimentos: ele inspira todas as "confraternizações" que

---

[*] "Aristocrata, então tu estás fodido / O Campo de Marte te enfia o ferro no cu..." (N.T.)

se repetem até o meio do período do Terror, como os banquetes fraternais da primavera do ano II. Ele cria suas expressões simbólicas, da qual a festa diretorial representará a tradução mais sofisticada, mas cujos modelos haviam surgido muito mais cedo. Assim, o ritual de troca, o ritual de juramento que a Revolução havia antes pretendido abolir (junto com a supressão de votos perpétuos) devido aos entraves que trazia à liberdade individual, para logo retomá-lo sob forma de juramento cívico, tal como o juramento federativo, aqueles laços pelos quais a Revolução procura estruturar as novas solidariedades.

No acervo de idéias-forças, dois temas ou dois valores novos sobressaem-se: a nação e o povo. Do movimento das federações, esse Anti-Terror que, um ano depois, percorre a França para sancionar o sentimento vivido de uma unidade abolindo os velhos enclaves particularistas, até a guerra e a declaração da pátria em perigo, enraizou-se uma consciência coletiva capaz de resistir às tempestades do federalismo, do recrutamento e das tentações centrífugas. Nesse aspecto, a ideologia nacional, reativada pela guerra, resistirá melhor provavelmente à força dos acontecimentos do que a idéia de "povo", como entidade coletiva, cuja gigantesca realidade poderia por si só derrubar os reis — tal como uma imagem popular o projeta, isto é, um Hércules popular esmagando os anões coroados.

Se tentarmos acompanhar, ao longo da História revolucionária, a revolução e as alterações da noção de povo, inclusive os estudos de lexicologia histórica que nos introduzem mais precisamente nesse tema, não será difícil ver nascer, afirmar-se e depois se fragmentar uma idéia-força: "dos povos" aos quais já se faz referência na época dos Estados Gerais, quando a França continua sendo o "agregado de povos desunidos" de que fala Mirabeau, até a realidade monolítica de povo, que se pretende totalizante no período da unanimidade da Revolução burguesa. Depois, por meio de transformações, à medida que se revelam os adversários a serem excluídos da unanimidade nacional — aristocratas, suspeitos, reacionários, federalistas — chega-se a uma leitura restritiva de povo como o "povinho", aquela parcela "tão interessante e tão pouco considerada" de que fala Marat, e que se prepara para se impor durante o Terror, pouco antes que o bastão do Diretório recaia de novo sobre ele, no retorno à visão unanimista do "despertar do povo. . . povo francês, povo de irmãos. . ." mitigada pelo tom protetor com que alguns outros refrões se dirigem então ao "bom povo".

Dentro desse quadro renovado, a Revolução Francesa experimenta, com dificuldades e contradições, as formas de um novo humanismo, que a intensidade do episódio vivido torna muito mais do que um prolongamento da mensagem das Luzes.

Um novo humanismo:
a vida breve e a busca da felicidade, da dignidade e da virtude

Desperta uma sensação, ou um sentimento da vida, marcada pela sua brevidade, ao mesmo tempo que uma procura ardente da felicidade, sobre a qual se sabe bem, segundo a fórmula de Saint-Just, que é "uma idéia nova na Europa". Ouvimos, como um eco, aquele espantoso juramento que Fauchet, futuro bispo constitucional, faz os assistentes pronunciarem sob as arcadas do templo sagrado: "Juramos nesse dia. . . juramos que seremos felizes". É a felicidade, mais ainda como reivindicação e como conquista a realizar do que como estado. A verdadeira vida consiste em conquistá-la e moldá-la; mas ela está na terra, para aqueles que sabem, como diz a canção de François de Neufchâteau, que:

Le paradis est sur la terre
*et l'enfer est dans le remords.**

Concretamente, essa aspiração à felicidade imediata ou, o mais tardar no dia seguinte, informa um certo número de traços do *homo novus* revolucionário. Mas eles não estão livres das contradições do tempo e do meio.

O primeiro, ou em todo caso, o mais constante dos valores individuais promovidos por esse novo humanismo é, talvez, a dignidade, o respeito pela pessoa, como na velha fórmula lacônica, com a qual se identifica o jacobino: "teu igual em direitos". Mas a dignidade passa pelo respeito que lhe reconhecem os outros, ela supõe o direito à vida e à existência sob as formas mais ambíguas: a segurança, certamente, e o respeito à integridade física, que faz condenar as torturas e as punições aflitivas do Antigo Regime. A substituição pela guilhotina, dos antigos suplícios, constitui em si só um progresso e uma visão nova do homem. Ele supõe o respeito do direito à vida: para a burguesia estabelecida, isso se entenderá como respeito à propriedade; para o movimento popular em sua expressão extrema, isso passará, ao contrário, pela limitação desse direito, na afirmação do direito de todos a uma existência decente.

O respeito de minha dignidade, tal como a exijo dos outros, supõe que eu me oriente pelo exercício da virtude; outra palavra-chave dessa nova ética, logo após a dignidade. Moralista e moralizadora, a Revolução jacobina se define em oposição à corrupção do regime que a antecede, ainda que o pessimismo de Robespierre ("a virtude sempre foi minoria na terra") corrija e limite as esperanças de um mundo novo. A prática cotidiana e os detalhes das declarações apresentadas por ocasião das assembléias seccionais,

---

* "O paraíso está na terra. / e o inferno está no remorso." (N.T.)

testemunham que essa idéia-força não permaneceu absolutamente no rol das declarações de fé: contra a prostituição, contra o luxo, o matiz espartano do episódio jacobino permanece como um dos traços marcantes pelos quais se define a atmosfera de uma época.

Ela implica uma série de afirmações conexas: a dignidade do trabalho, em contraste com o ócio dos poderosos e dos grupos parasitários do Antigo Regime; assim como a necessidade de disciplina, pessoal e coletiva, que é o seu prolongamento. Sobre seu cenotáfio maçônico, o jacobino Joseph Sec, aquele *self-made man* de Aix, cujo universo mental eu estudei a partir do que estava escrito em seu túmulo, proclama:

> *Sorti d'un cruel esclavage*
> *Je n'ai d'autre maitre que moi*
> *Mais de ma liberté je ne veux faire usage*
> *Que pour obéir à la loi.**

Isso não representa ainda senão a expressão ao nível do cotidiano dessa nova ética. A pressão dos acontecimentos e a das necessidades revolucionárias conduzirão a uma formulação última e sublimada sob forma de heroísmo e da mentalidade heróica de uma época. Tempo de heróis, individuais ou coletivos, anônimos, assim se apresenta o episódio revolucionário: a festa revolucionária e as panteonizações são sua expressão inequívoca.

A igualdade vivida ou o nível republicano

A igualdade e, mais tardiamente proclamada, a fraternidade são os dois valores esperados no repertório desse

---

* "Saído de uma cruel escravidão / Não tenho outro senhor senão eu mesmo / Mas de minha liberdade não quero fazer uso / Senão para obedecer à lei." (N.T.)

novo mundo: não absolutamente dentro do que nos interessa diretamente, por suas proclamações abstratas, mas pela forma como foram vividos, ou pelo menos sonhados. Pensando bem, tão profundamente "transtornantes", como a grande reestruturação tentada do tempo e do espaço, foram as inovações igualmente efêmeras, tal como o tratamento por "tu", a revolução nos trajes com adoção do *sans-culotte*, o uso do boné vermelho ou os banquetes fraternais da primavera de 1794. Em suas formas mais extremas, estarrecem-nos ainda os campanários alpinos desmantelados pelo representante Albitte a fim de serem colocados "ao nível republicano". Todas essas são traduções concretas da pulsão igualitária liberada em um momento, testemunhando bem que ela foi integrada, não por todos, absolutamente, mas por uma sensibilidade popular que nela encontrou resposta às suas aspirações.

O simbolismo da festa revolucionária, sob suas formas inventadas e freqüentemente espontâneas de 1793-1794, e também em suas liturgias fixadas desde a época diretorial, traduz metaforicamente em gestos, esse novo código de valores sonhados: é o gestual da troca, do dom, que tem aí uma importância tão grande.

Esse repertório, enumerado muito sumariamente, já era conhecido há muito tempo, se poderá comentar justamente, e a tal ponto banalizado que o fim do século XIX escreverá, sobre os muros dos edifícios públicos, a tríade "Liberdade, Igualdade, Fraternidade". O que é menos conhecido e isto é o mínimo que se pode dizer — é como esse novo sistema de representações se difundiu, a que harmonias profundas ele respondeu, para quem, até quando e em que profundidade?

Expressões privilegiadas como a festa introduzem bem a essa pedagogia, e nos colocam ao nível onde a idéia-força se traduz, senão se concretiza, em símbolos e reflete ao mesmo tempo o discurso oficial e as adaptações que lhe são feitas, ou as criações espontâneas das bases. O problema continua sendo, contudo, saber até que ponto esses valores foram verdadeiramente "vividos" e em que medida eles representam ou uma mudança momentânea ou uma mutação decisiva ao nível do "imaginário coletivo". A resposta — em um campo de estudos ainda pouco explorado — não é pacífica. Teria mudado a vida dos homens e das mulheres daquele tempo? É ainda ao nível das proclamações mágicas que o *Chant du départ* (*Canto da partida*) enaltece Bara e Viala, proclamando:

Ils sont morts mais ils ont vécu...
*Le lâche accablé d'ans n'a pas connu la vie...**

A verdadeira vida é a partir de então uma outra: os atores mais diretos da Revolução a perceberam como breve, intensa e heróica. Tiveram eles o privilégio da sensibilidade que valoriza o instante, mais ainda que a urgência da obra a realizar? Ao nível mais humilde do militantismo cotidiano, ou dos quadros inferiores do movimento, essa percepção se coloca em termos idênticos. Entre inúmeros exemplos, penso na justificação, em termos de autobiografia, apresentada por Barjavel, promotor público no ano II em Vaucluse, às vésperas de seu processo e execução no ano III. Abnegação, devotamento, engajamento desmedido: tantas qualidades que Richard Cobb reconhece nos quadros médios do movimento jacobino, que são seus interlocutores habituais.

Em adendo a esse retrato frontal do jacobino de pé para a posteridade, cabe lembrar que ele não é o único a desejar traçar uma imagem "verdadeira" do *sans-culotte* ou

---

* "Eles estão mortos mas viveram... / O covarde acabrunhado pelos anos não conheceu a vida..." (N.T.)

392 MICHEL VOVELLE

do jacobino, herói desmistificado e reduzido a suas dimensões humanas.

A vontade punitiva, a violência

Ao sistema de valores cujos temas acabamos de recordar, parte dos quais a burguesia podia reconhecer como normas de referência, o momento revolucionário superpõe a consciência de uma tensão muito viva: de um lado, os valores que são os da "liberdade vitoriosa e pacífica", segundo a expressão de Robespierre; e de outro, a emergência, momentânea ao menos, de noções muito antigas e muito novas: a vigilância, a violência, a punição, todas as coisas nas quais talvez pensasse Saint-Just ao escrever: "Pode ser que a força das coisas nos leve a resultados que não havíamos previsto".

Uma parte da historiografia contemporânea, como a do século passado, não acolheu esse aspecto "incongruente" da Revolução nos espíritos, que se exprime sob essas formas. Relembramos seus aspectos passadistas, enraizados em toda uma tradição de violências e de "furores" populares: a pulsão punitiva tal como ela se exprime desde a condenação até os massacres de Setembro, não seria ela o ressurgimento de atitudes e de gestos dos quais poderíamos seguir, retrospectivamente, a repetição monótona até a Fronda, a Liga e mais além? É o que pensavam, há quinze anos, Denis Richet e François Furet. A interpretação desse último é, atualmente, bem diferente, insistindo não sobre o passado ou a herança, mas, ao contrário, sobre o futuro da Revolução — transferência de legitimidade — na qual o mito da conspiração, uma das formas maiores do "delírio" revolucionário (segundo sua expressão) tem um lugar essencial, tornando-se o ancestral e como que a matriz de "todos os *goulags* que ainda virão". Nesse aspecto, Furet converge paradoxalmente, por caminhos diferentes, para Richard Cobb, em seu retrato psicológico do *sans-culotte*, particularmente sobre a intolerância espontânea e brutal que ele lhe empresta.

Não polemizemos mais. Certamente, convém reconhecer o espaço, dentro da mentalidade revolucionária de toda uma série de noções novas, à primeira vista inesperadas, na herança das Luzes. Antes mesmo do mito da conspiração, é a vigilância que se exprime no símbolo do olho aberto e atento que se encontra na fachada dos comitês de vigilância e em outros locais também. A vigilância, forma inquieta da consciência e da virtude, apropriada ao momento revolucionário, não é senão uma das formas domesticadas do impulso punitivo que, a partir da prática popular caucionada pela burguesia, reimpôs à filantropia das Luzes a idéia da violência necessária para fazer triunfar os objetivos da Revolução.

Vigilância, complô, violência legitimada: ao nível da grade de tratamento do discurso descristianizador, organiza-se toda uma rede conceitual que se exprime dentro de um vocabulário determinado, onde os termos de ação dominam: energia, ódio, vingança, raio, destruir, esmagar, vigor, exterminar, execrar, ardor, vomitar, aniquilar... Adivinha-se nessa ênfase e nessas duplicações a importância que tem esse registro na mentalidade revolucionária. Não representaria ele o fruto das circunstâncias, uma distorção momentânea no sistema de valores burgueses que o repudiarão muito rapidamente e com vergonha, como lhes sendo estranhos e como excessos de um dia? Acontece, porém, que um fato essencial não pode passar em silêncio, o que quer que se faça dele. E este é, muito simplesmente, o próprio fato da Revolução, isto é, a tomada de consciência coletiva da ruptura brusca e violenta da continuidade, da herança e da tradição.

Os contemporâneos sentiram, e o exprimiram em termos maravilhados, a importância do evento fundador. Ouçamos Desmoulins: "Fiat, fiat, sim todo esse bem se realizará... tornamo-nos invencíveis". O fato revolucionário, em seu estado bruto, nascimento de uma nova era, que justifica a violência dele resultante, permanece como o centro dessa mutação da mentalidade coletiva.

O ano I da Liberdade. O coração e a razão

A Revolução como ano I da Liberdade, como novo nascimento: o sentimento de ruptura benéfica e total com o o passado está no âmago da sensibilidade revolucionária. O novo simbolismo está impregnado dele: tema da regeneração ou do novo nascimento, tal como o vemos no majestoso chafariz do 10 de agosto de 1793 (promulgação da nova Constituição), onde os membros da convenção vêm encher seus copos com a água que corre dos seios de uma estátua colossal de estilo egípcio.

Ao nível das declarações, basta confiar nos discursos de uns e nos artigos de outros. "Nossa liberdade terá passado como um furacão e seu triunfo, como o ribombar de um trovão", escreve Saint-Just em seu famoso discurso sobre as subsistências (novembro de 1792), fazendo eco a Marat que escrevia em sua "Oferenda à pátria": "Conheça uma vez o preço da liberdade, conheça uma vez o preço de um instante." Sentimento da ruptura brusca com o passado, combinado com o da invencibilidade e da irreversibilidade da Revolução: "Um povo em estado revolucionário é invencível", escrevia em 1751 Isnard, por uma vez de acordo com Marat: "A Revolução ocorrerá infalivelmente, sem que poder algum possa-se-lhe opor".

O novo sistema de valores revolucionários, chave mestra de um novo humanismo cujos traços esboçamos muito brevemente, se enraíza assim na legitimação de uma mudança radical, de uma subversão total que tem o nome de Revolução. Isso não quer dizer que ele se apresente como tábula rasa integral, criação *ex nihilo*, devendo-se logo apontar as cauções que ele busca em um novo sagrado e as heranças com as quais se sente em débito, em termos de modelos morais e culturais.

No discurso descristianizador do ano II, expressão última desse encaminhamento, levado até o seu paroxismo, é antes em termos de emancipação ou de liberação imediata que se configura essa conduta prometéica, as palavras de referências sendo aqui: regenerar, advertir, desmascarar, desvelar, livrar, destacar, desenraizar ou extirpar, mas também restaurar, no quadro do que foi afirmado como uma revolução moral.

Essa primeira conduta em forma de tábula rasa conduzirá a um novo sistema de referências, fundado sobre o duplo apelo ao coração e à razão. Encontram-se aí, em doses variáveis segundo os lugares, momentos eminentes do discurso descristianizador, os temas essenciais: a razão, a verdade, as luzes ou a filosofia, até o bom-senso, de um lado, e de outro o apelo ao coração, apoiado na natureza, na verdade, na moral, na sensibilidade, no instinto mesmo, como também na inspiração ou na vocação e até nos "transes" que esses valores enraizados podem provocar em nós.

Esse duplo sistema de referência — o coração e a razão — seria suficiente para preencher o vazio criado pelo exorcismo do fanatismo e da superstição? Acreditaram nisso os promotores e ativistas do culto da Razão, tal como ele evolui desde o brumário ao ventoso do ano II, em sua breve mas densa existência. Nessa recapitulação, que visa apenas a apontar pistas e campos de estudo, não se pode deixar a questão do que representou, para o público dos *sans-culottes*, a Razão personificada sob os traços das deusas da Razão vivas nas cidades, burgos e vilas. No estado atual das pesquisas, não é mais possível ater-se à imagem caricatural das saturnálias e bacanais transmitida pela historiografia do século passado... e amplamente prolongada na nossa.

O culto da Razão foi certamente melhor recebido nos grupos populares do que se afirmou: os mapas de sua difusão o comprovam. Resta saber como foi ele percebido e vivido. Quando um livro de pensamentos de um tecelão de Avignon, Coulet, declara sem rodeios: "Hoje passearam a mãe de Deus viva", percebe-se por que caminhos às vezes inesperados, pode essa experiência ser vivida nos grupos populares.

O Ser supremo e o novo além

A questão do impacto real ao nível das representações coletivas ressurge ao se tratar dessa outra imagem do sagrado com a qual o jacobinismo robespierrista pretendeu substituir o culto da Razão, disfarce equívoco do ateísmo que ele exclui. Sabe-se de longa data, ao nível dos discursos e das declarações — entre as quais as de Robespierre representam a forma mais pura e a mais acabada — o que representa o Ser supremo para seus promotores: uma necessidade do coração mais que da razão, o complemento indispensável da afirmação da imortalidade da alma, que é ela mesma o prolongamento essencial da necessidade de se assegurar que os bons serão um dia recompensados, e os maus punidos na medida de seus erros e malefícios. Enquanto uma parte dos continuadores do pensamento das Luzes — os do materialismo da segunda metade do século XVIII — exorcizam todos os fantasmas do outro mundo (escutemos o representante Lequínio: "Não, cidadão, não há vida futura, não...") e o sistema antigo de

punições eternas sob o cajado de Deus vingador, um novo
além se vê aqui afirmado, ao mesmo tempo muito abstrato
e reivindicação imperativa mais do sentimento que da razão.

O que se pesquisa atualmente, além das proclamações
teóricas, são as formas e expressões vividas desse novo além,
tal como foi percebido e sonhado: campo implicando o
estudo do imaginário coletivo do qual tanto se fala atualmente. Percebemos globalmente seus traços e temas a partir
do discurso: em suas idéias-forças (universo, humanidade,
progresso, prosperidade, imortalidade...) como também no
reemprego, a serviço da ideologia revolucionária, de todos
os epitetos e noções que remetem ao legado da antiga religião: sublime, mártires, adorar, apóstolos e missionários,
graça, prodígios, milagres, pregar, maravilhas, oráculos,
evangelho, dogma, revelação... Expulsem o sobrenatural
e ele retornará a galope!

O sobrenatural retorna não somente ao reemprego significativo de palavras, mas também nas expressões mesmo
de uma nova religiosidade que se afirma sob formas originais: o culto de mártires da Liberdade — Marat, Le Pele-
tier, Chalier, trindade nova eventualmente ampliada pelos
heróis-crianças Bara e Viala —, os cultos locais espontâneos
que pudemos identificar no caso de santos revolucionários
(como Santa Pataude, a santa de asas tricolores): um nível
popular do sagrado vivido, expresso no simbolismo da festa
revolucionária, onde se reflete a mutação vivida, e o que
M. Ozouf definiu como "transferência de sacralidade".

O culto cívico, o engajamento desmedido no bem coletivo, a pátria, o investimento, crença na felicidade das gerações vindouras, e até a vida ou sobrevida na memória
coletiva ("Eu lhes deixo minha memória, ela lhes será cara
e vocês a defenderão...."). São esses os novos valores-chave
que caucionam e sacralizam a prática social que busca então
legitimar-se.

A esse nível, percebe-se, consciente ou inconscientemente, que o *Homo novus* revolucionário, após haver feito tábula rasa da herança do passado, se apresenta, todavia, como "herdeiro" de modelos morais e culturais, conscientes e reivindicados, ou inconscientes, mas de qualquer modo profundamente enraizados. No estado atual do inventário ou do programa de pesquisas onde nos situamos, não é impossível determinar desde já as fontes essenciais dessa herança.

A Bíblia, a Fábula e a História: a Revolução como herdeira

A herança religiosa provém da Bíblia, antes mesmo do Novo Testamento do *sans-culotte* Jesus. Jean Massin, em páginas que jamais envelheceram, analisou o lado profético de Jean-Paul Marat... além de outros, como Jacques Roux, que plantaram suas verdades no deserto. Um profetismo que se exprime em atitudes, em situações (o isolamento do porta-voz), mas que ressurge também em *topoi* diretamente herdados de um discurso de impressão (a denúncia do ócio e da volúpia dos ricos, a visão apocalíptica).

A dimensão milenarista de parte do discurso revolucionário popular, mas também de alguns porta-vozes dos quadros pequenos-burgueses, é hoje um campo aberto, mas ainda a ser em larga medida explorado, mostrando-se em continuidade direta à herança cristã, ao mesmo tempo rejeitada com violência mas reintroduzida pelo tema do *sans-culotte* Jesus. A natureza do compromisso entre valores cristãos e engajamentos revolucionários vivido muito dolorosa e dramaticamente pelos sacerdotes constitucionais, que se tornaram freqüentemente demissionários no ano II, precisa ainda ser analisada e aprofundada.

Esse sincretismo ao mesmo tempo primitivo, sereno e dominado, exemplificado no belo monumento cenotáfico maçônico do burguês de Aix, Joseph Sec, funde em um mesmo discurso iconográfico, a sua própria vivência de ascensão pessoal como burguês empreendedor; a experiência coletiva da Revolução Francesa que ele vive; e, enfim, a ascensão da humanidade, projetada nos traços do profeta Elias ascendendo ao cume dessa construção sob um sol flamejante. Esse monumento representa um modelo ou um exemplo, menos isolado do que parece, da maneira como essa aventura pode ser vivida e assumida. Mas esse é apenas um modelo entre outros: muitos tiveram que viver com dificuldades infinitamente mais duras que o iluminado Joseph Sec essa crise de valores da qual a Revolução foi a cena e a culminância.

Uma outra herança pelo menos deve ser situada nessa história das "falsas aparências" de que se reveste o novo mundo em gestação: é a herança antiga. Segundo a célebre fórmula de Marx, é com falsas vestes de romanos que os atores — maiores ou anônimos — da Revolução viveram sua aventura, encontrando nos modelos antigos dos seus anos de colégio extraídos de Plutarco as referências heróicas de que necessitavam. Como e por que o quadro neoclássico, do qual a arte de David é a expressão exemplar, se pôde tornar o suporte privilegiado e eficaz do novo simbolismo, e mais profundamente ainda da nova ética e visão de mundo? Eis aí uma interrogação que não é de modo algum ociosa. Por que o paradoxo aparente de uma sensibilidade já romântica — o herói isolado, no pessimismo de uma aventura que ele sente rapidamente como mortal — e que se autocensura, pode-se dizer, fixando-se no quadro do neoclassicismo? Campo aberto que o exame do amplo acervo da pintura, gravura e desenho neoclássicos da época, tal como as recentes exposições nos mostraram, permitirá aprofundar e matizar.

Nesse ponto, passamos do inventário inevitavelmente sumário que pretendi apresentar, para os problemas funda-

MICHEL VOVELLE

mentais que ele leva a formular e com os quais pretendo concluir.

Os caminhos e instrumentos da mutação

Em primeiro lugar, a amplitude constatada da mutação, da fenda profunda da qual a Revolução é a cena no plano das mentalidades coletivas, nos conduz a interrogar sobre os caminhos e meios que ela utilizou. O programa que se desenha a partir dessa interrogação fará aparecer sucessivamente — dentro de uma dicotomia inevitavelmente um tanto artificial — as formas destrutivas do que P. Goujard e C. Mazauric qualificaram como a verdadeira "revolução cultural" à francesa, da qual a campanha de descristianização que se desenrola do brumário ao germinal do ano II, e até além, constitui o período forte e original. A descristianização do ano II, que não é nem um movimento verdadeiramente espontâneo, nem uma operação imposta por um poder que rapidamente a renegou, situa-se no ponto intermediário onde se efetua o encontro de uma minoria ativa e de uma opinião às vezes reprimida, às vezes preparada para acolher ou mesmo viver intensamente as formas de liberação súbita em relação aos valores recebidos. O auto-de-fé, o vandalismo, a dessacerdotização caminham no mesmo passo da "desfeudalização", freqüentemente simultânea, que atinge as expressões diretas ou simbólicas da antiga ordem (destruição dos brasões, dos símbolos do Antigo Regime, mudança de nomes de lugares). Compreendemos porque a reflexão sobre o vandalismo revolucionário se inclui entre as mais recentes frentes pioneiras de pesquisa, pois é um vandalismo que, em sua real complexidade, vai muito além da expressão animalesca e perversa de uma pulsão destrutiva cega.

Entre essa primeira ordem de comportamentos coletivos, que conduziram das primeiras fogueiras do Terror no pátio dos castelos aos autos-de-fé do ano II, e a ordem dos comportamentos que propõem, em contrapartida, a difusão de um novo sistema de valores e a elaboração de um novo mundo de representações, através das quais se constrói o novo "imaginário coletivo", opera toda uma dialética que está longe de ser simples. Trata-se de uma complementaridade elementar, como se quis pensar desde a época, a abertura do templo da Razão sucedendo ao fechamento da igreja?

Ou trata-se, de maneira mais complexa, de um fenômeno de "resgate" por meio do qual a burguesia jacobina, após haver deixado por um certo tempo, de boa ou má vontade, as rédeas livres para expressão da subversão popular (como na fase "carnavalesca" da festa do ano II), retomou o controle da situação a fim de organizar os elementos do sistema de valores estáveis de que ela era portadora? Algumas pesquisas recentes ajudam a decifrar precisamente os mecanismos de mudança, a partir do estudo do gestual e do discurso sobre certos pontos precisos. Assim, a análise desenvolvida por B. Conein sobre os massacres de setembro permite ver como a expressão popular da pulsão primitiva, objetivada nos gestos e atitudes, se encontra como que traduzida pelos porta-vozes espontâneos da sublevação que, nos tribunais improvisados, asseguram a transição e preparam o controle posterior, no quadro do Terror legal do ano II, para o retorno a uma forma de legalidade burguesa, mesmo sob sua expressão revolucionária.

Começamos a conhecer ou pelo menos a explorar essas mediações privilegiadas do tempo da Revolução Francesa. Uma dessas é a festa-demonstração e experimentação ao mesmo tempo, por intermédio da qual se exprime em termos de cenografia, o novo sistema de valores sonhado. Apesar da falta de uma pedagogia integral ao nível escolar, que a brevidade do episódio revolucionário não deixou tempo para que se desenvolvesse verdadeiramente, outra mediação é a política de afrancesamento da língua, da qual o célebre

MICHEL VOVELLE

relatório de Gregoire, no ano II, sobre a língua nacional é mais do que a expressão simbólica. Também o auto-de-fé constitui a formulação mais explosiva e espetacular da política de tábula rasa; o nascimento do museu no período diretorial, com muito mais discrição, exprime uma mudança acabada: obras de arte, manuscritos e outras expressões de herança são readmitidos, porém com o estatuto modificado radicalmente. A sociedade e a civilização burguesa se reapropriam dos elementos, tornados inofensivos, de uma herança totalmente desviada de suas funções iniciais. Do problema dos caminhos e meios da inovação, somos assim levados a concluir por uma colocação global da questão em termos de sociologia, de geografia e de cronologia. Sociologia e geografia caminham conjuntamente, expressões diferentes de uma mesma realidade. Basicamente, falando de crise, mudança, mutação de valores e mais amplamente de mentalidades coletivas, não podemos nos esquivar de uma questão final: quem é atingido? Trata-se, como se teria pensado antes, de uma difusão, acelerada pela Revolução, de novos valores burgueses, fruto das Luzes, afirmando sua hegemonia por ocasião mesmo da crise? Mas os exemplos e inovações que invocamos, do idioma da festa à descristianização, apontam a uma realidade irredutível das atitudes populares: as aparições insólitas da cultura popular, seja através do auto-de-fé como da festa carnavalesca do ano II; as formas de religiosidade específicas, como o culto dos mártires da Liberdade em contraste com o Ser supremo, para citar apenas alguns exemplos, demonstram bem a complexidade do problema. Depois, não poderíamos deixar de mencionar a importância dos mundos de resistência, a sobrevivência não somente dentro de uma aristocracia que irá encontrar na emigração os elementos para uma renovação ideológica nada negligenciável, mas também junto a toda uma parcela das classes populares, a persistência dos

EXISTEM REVOLUÇÕES CULTURAIS? 403

valores tradicionais, não somente inalterados, porém, mais do que isso enrijecidos e revitalizados.

Não podemos subestimar o papel, ou o lugar, do que Richard Cobb denominou a "vida à margem": aquela dos franceses que viveram durante a Revolução sem viver a Revolução; e que não são absolutamente marginais, pelo contrário. Esses enclaves podem-se inserir geograficamente dentro das regiões "conservatórios", que a Revolução não atingiu senão superficialmente, ou que se fecharam em sua reação. São áreas que alguns mapas das atitudes coletivas evidenciam como o mapa do juramento constitucional, da descristianização, do sucesso e do fracasso da política de revolucionar os nomes de lugares...

Repor o problema no tempo — tempo curto de uma revolução, e tempo longo da evolução que ela coroa, ou do século que a sucede — é resumir complexidade.

Herança de longa duração ou evento fundador?

Em vista do que precede, o que discutimos em termos de "crise" ou de mutação brusca não se mostra antes de tudo como o coroamento de uma evolução de longa duração, ou de duração "medianamente longa" (como diria P. Vilar) de um século ou de um meio século? É certo que, de minha parte estou convencido disso, tanto que dediquei parte importante de minha pesquisa à descristianização das Luzes que atuou em profundidade, principalmente a partir de 1750, sobre grupos extensos da sociedade francesa. Houve, evidentemente, uma mudança de sensibilidade coletiva, que ultrapassou em muito o simples domínio do desligamento da prática religiosa.

Mas, ao contrário de uma Revolução herdeira, que não teria senão avalizado uma mutação já operada nos espíritos e nos costumes, recentes estudos avançam a imagem de uma

Revolução não somente criadora, mas lugar privilegiado de uma "transferência" de sacralidade (M. Ozouf, a propósito da festa) e de legitimidade (F. Furet). A importância da mudança revolucionária valeria muito mais pelo seu futuro do ¡que pelo que ela própria concretiza, dando partida a uma visão do mundo renovada.

Eu não estaria absolutamente pregando um compromisso burguês se declarasse que a criatividade do episódio revolucionário me parece, a um só tempo, inegável mas complementar da evolução que ela realiza, aceíera e exprime, freqüentemente através de linguagens e formas inesperadas. O acontecimento revolucionário mantém seu papel de catalisador, de dinamizador do processo histórico. Mas, entre as novidades que ele introduz, e entre as criações do imaginário coletivo que surgem, algumas são frutos do momento, que não sobrevivem ao episódio revolucionário. O último surto carnavalesco da cultura popular na festa revolucionária é um exemplo desse tipo. Em outros domínios, a impressão de efemeridade com a qual nos deixam as manifestações de uma sensibilidade nova pode ser apenas fruto de uma leitura míope. A festa revolucionária, em seu conjunto, pôde aparecer como uma curiosidade incongruente e sem futuro para toda uma vertente historiográfica sensível à restauração aparente da tradição a partir de 1800, apenas por não terem querido ver a importância histórica de que ela se revestiu na configuração dos novos valores cívicos que serão os da sociedade burguesa do século XIX.

Identificando no que permaneceu, o resíduo dos dias e das mutações profundas reveladas ou operadas pela Revolução, não se pode subestimar o seu papel na formação do que se pode denominar um novo "imaginário", uma expressão já consagrada sobre a qual será necessário refletir e interrogar, para torná-la precisa, mas que, provavelmente. demonstrou aqui o seu caráter operatório.

O evento na história das mentalidades*

Não é para lançar charme que terminaremos esse percurso com uma questão já colocada, mas para exemplificar, em relação a um ponto preciso, as múltiplas interrogações da História das mentalidades, uma História em formação. Essas poucas páginas representam minha contribuição a uma reflexão coletiva a se realizar dentro em pouco (1983), em um encontro sobre o tema do evento "fundador" ou "traumatismo", segundo o ângulo de abordagem. Em todo caso, o evento que pesa duravelmente sobre os destinos e as consciências.

O evento tem seu lugar no campo histórico, ou melhor, no campo da nova História? Não é preciso dizer que essa é a História que nós fazemos, cada qual à sua maneira. Há algum tempo, teríamos respondido *não* sem hesitar. Isso continua sendo verdade, enquanto nos referimos à categoria do episódico, tal como aprendemos a exorcizá-la na escola

---

* Inédito. Contribuição à preparação do colóquio previsto para 1983 pelo Centro Meridional de História Social, das Mentalidades e das Culturas, em Aix-en-Provence.

dos Anais, ponto de ancoragem turbulento usado pelo tempo da História historicizante, ou da História de batalha: aquela que não se escreverá mais, pelo menos em nossos meios, deixando a uma outra raça de historiadores, mais atentos aos mídia, a exploração ainda rentável desse Potosi fatigado. Dito isso, não retornaremos a falar do triunfo incontestável da longa duração e das perspectivas novas que ela autoriza. Nós reconhecemos o lugar que ela merece em um recente colóquio realizado em Aix-en-Provence sobre o tema "História das mentalidades, história das resistências ou as prisões de longa duração"; guardando, por outro lado, muitos dentre nós, nossas reservas diante dessa tão longa duração, que pode vir a se fundir em uma "História imóvel". Não retomaremos uma discussão que se arrisca por pouco a se tornar acadêmica.

Situemo-nos em uma outra frente: a do evento. Não aquele que se tem tentado redescobrir, por uma complacência um tanto retrógrada, mas justamente aquele que se trata de constituir e de apreciar em seu alcance histórico. Não o denominaremos mutações, com receio de sermos punidos com a palmatória, mas arrisquemos prudentemente "ruptura", ou digamos, mais modestamente, que se trata de refletir, aliás de reavaliar o impacto do tempo curto. Pierre Nora, em *Faire de l'Histoire* (*Fazer História*), havia começado a situar o problema, mas sem ousar ainda fazer dele mais que uma curiosidade da História muito contemporânea ou imediata. Porém, o tempo curto não é privilégio único do sociólogo ou do historiador do presente.

Reunindo um primeiro conjunto de sinais da historiografia recente, descobrimos neles os elementos para uma releitura mais ampla e, afinal, libertada da noção de evento. Puxando a brasa para nossa sardinha, ousaremos dizer que é do campo das mentalidades que essa releitura nos lança seu desafio.

EXISTEM REVOLUÇÕES CULTURAIS? 407

Tomemos alguns exemplos, sem multiplicá-los. Sabemos atualmente que a "peste negra" não existiu, e que 1348 não vale senão em função do que começava a despontar em Flandres ou na Toscana desde 1315 ou mesmo antes, e das recorrências intermitentes da peste que ocorreram nos anos posteriores. Descobriu-se que os afrescos do Campo Santo de Pisa são anteriores a 1348; e não podemos mais raciocinar como até há pouco tempo ainda fazia Millard Meiss, classificando a pintura de Florença e Siena em *antes* e *após* a "peste negra". Precisamos, portanto, de mediações mais sutis, menos lineares... mas é justamente aí que surpreendemos o traço do tempo curto da História. Da mesma forma que não nos surprendemos mais de que Georges Duby tenha podido interrogar um período inteiro da História a partir do domingo de Bouvine; implicando muito mais do que uma astúcia ou uma comodidade de exposição.

O acontecimento de novo estilo, portanto, que denominarei provisoriamente, para me redimir, de "trauma histórico", sem me preocupar com a elegância nem com a precisão além do necessário em um estudo exploratório, digamos que ele nos confronta, no estado de nossas curiosidades, de três maneiras: o acontecimento por si mesmo, como um instante privilegiado: o acontecimento como herança e, enfim, o acontecimento como evento fundador.

Acontecimento como herança? Esperamos as objeções: é desse que muitos se dizem fatigados, do qual nos persuadiram de que precisávamos nos desembaraçar. A discussão já é conhecida: as causas da Revolução Francesa. Precisava-se dos nossos amigos alemães, como se diz, para perguntarem por ocasião de um recente colóquio sobre o problema da Revolução Francesa, se foi um "evento necessário ou contingente". Receando o bolor de um marxismo vulgar, declaramos, talvez um pouco apressadamente, e com o sorriso de praxe, o assunto encerrado e resolvido. Quanto às raízes, convém considerá-las, mas dentro da muito longa duração de uma História sem acontecimentos, sem revolução...

A moda atualmente favorece o evento fundador! O que (como o Ser supremo) não tem passado, mas ao contrário, um longo futuro. Vários historiadores, antes dedicados a exorcizar o evento, redescobrem-no atualmente. E creio que com razão. Também li, com muito interesse, as páginas de M. Ozouf sobre a festa revolucionária, definida em termos de transferência de sacralidade. Como também as obras de F. Furet, situando o fenômeno revolucionário mais como ponto de partida do que como ponto de chegada.

Depois, é preciso render a alguns precursores a homenagem que lhes cabe: a P. Bois, que foi o primeiro a nos confrontar em termos muito diferentes, mas convincentes, com a realidade do traumatismo histórico, essa mudança realizada um dia no Bosque do Oeste, e cujo peso se perpetua há dois séculos de distância, ao nível das atitudes e das opções coletivas. Por que caminhos e que meios? Tantos problemas instigantes, e sobre os quais aguardamos o que possam nos dizer os que empreenderam a análise das formas e encaminhamentos da memória coletiva.

Outro território imenso e no qual adivinhamos virtuais campos de investigação: por que não consideram a ruptura da Reforma, esses que estão fatigados da Revolução Francesa? Nossos colegas alemães, desconfiados de nosso gaulocentrismo jacobino, mas que nos censuram amigavelmente por ter esquecido o valor dos acontecimentos, não veriam nisso, provavelmente, qualquer obstáculo.

Eis que chegamos a uma terceira releitura possível do evento, muito simplesmente, diria eu, no que ele representa no próprio instante. No que ele suscita, nas linguagens, no gestual que ele inventa para si — heranças e antecipações misturadas — mas também expressão efêmera, mas não menos significativa por essa razão. É por isso que leio com paixão o que se escreve atualmente sobre os massacres de Setembro, ou linguagens como o gestual da subversão, conforme alguns pesquisadores as decodificam. Quase retomei há pouco o caso sempre novo da descristianização revolucionária do ano II, perguntando-me o que o abade Godel denominava, ele próprio, sugestivamente, e até elegantemente, a "explosão do corpo pastoral". A reação dos guardiães da História religiosa clássica me persuadiu de que o tema conserva toda a sua áspera novidade. Mas eis que Alain Lottin e Solange Deyon recaem nessa via escandalosa tratando das "turbulências do verão de 1566". Terão eles direito a uma indulgência maior?

Eis, em todo caso, a volta do evento. Ele chega no seu devido tempo? O que significa em si mesma essa curiosidade? Simples oscilação do pêndulo, depois da ênfase posta sobre História imóvel? Questão ociosa na verdade, pois são as respostas que importam, para operar, a partir do evento traumático, o encontro dialético entre o tempo curto e o tempo longo.

BIBLIOGRAFIA

Abiatecci A., Billacois F., Castan Y., *Crimes et criminalité en France au XVIIIe siècle*, A. Colin, Paris, 1971.

Agulhon, M., *Pénitents et francs-maçons de l'ancienne Provence*, Fayard, 1968.

Ariès Ph., *Le temps de l'histoire*, Ed. du Rocher, Monaco, 1954.
— *Essais sur l'histoire de la mort en Occident*, Le Seuil, Paris, 1975.
— *L'homme devant la mort*, Le Seuil, Paris, 1977.

Baehrel R., *Une croissance: la basse Provence depuis la fin du XVe siècle jusqu'à la veille de la Révolution*, SEVPEN, Paris, 1961.

Bakhtine M., *L'œuvre de François Rabelais et la culture populaire au Moyen Âge et sous la Renaissance*, Gallimard, Paris, 1970.

Bercé Y.-M., *Fête et révolte*, Hachette, Paris, 1976.

Bois P., *Paysans de l'Ouest*, Mouton, Paris-La Haye, 1970.

Bouchard G., *Le village immobile: Sennely en Sologne au XVIIIe siècle*, Plon, Paris, 1972.

Braudel F., *La Méditerranée et le monde méditerranéen à l'époque de Philippe II*, A. Colin, Paris, 1976.

Brémond H., *Histoire littéraire du sentiment religieux en France depuis la fin des guerres de religion jusqu'à nos jours* (en fait au XVIIe siècle), Paris, 1920 et suivantes, 11 vol.

Breton A., Ehrmann G., *Les inspirés et leurs demeures*, Paris, 1962.

Castan Y., *Honnêteté et relations sociales en Languedoc, 1705-1780*, Flammarion, Paris, 1973.

412   MICHEL VOVELLE

Chanaud R., "Folklore et religions dans le diocèse de Grenoble à la fin du XVIIe siècle: les visites pastorales de Mgr Le Camus", *Le Monde alpin et rhodanien*, Grenoble, 1977, numéro spécial "Religion populaire", p. 33-104.

Chaunu P., *Séville et l'Atlantique entre 1504 et 1650*, SEVPEN, Paris, 1956-1960.

— *Civilisation de l'Europe des Lumières*, Arthaud, Paris, 1971.

— *La mort à Paris*, Fayard, Paris, 1977.

Collectif (Daniélou J., Feret M., Hild J., Roguet M. et al.), *Le mystère de la mort et sa célébration*, Le Cerf, Paris, 1956.

Cox H., *La fête des fous*, essai théologique sur la notion de fête et de fantaisie, Le Seuil, Paris, 1971.

Davis N. Z., *Some Tasks and Themes in the Study of Popular Religion*, Leiden, 1974.

— *Society and Culture in Early Modern France*, Stanford, 1975.

Duby G., *Les Trois Ordres ou l'imaginaire du féodalisme*, Gallimard, Paris, 1978.

Dupront A., *Anthropologie du sacré et des cultes populaires. Histoire et vie du pèlerinage en Occident*, Miscelleanea Historiae Ecclesiasticae, t. V, Louvain, 1974.

Ehrard J., *L'idée de nature en France à l'aube des Lumières*, Flammarion, Paris, 1970.

Fabre D., *La fête en Languedoc*, Privat, Toulouse, 1977.

Favre R., *La mort au siècle des Lumières*, PUL, Lyon, 1978.

Febvre L., *Le problème de l'incroyance au XVIe siècle; la religion de Rabelais*, Albin Michel, Paris, 1962.

Friedlander S., *Histoire et psychanalyse*, Le Seuil, Paris, 1975.

Furet F., Richet D., *La Révolution française*, Hachette, Paris, 1965.

Gaignebet C., Florentin M.-C., *Le Carnaval, essai de mythologie populaire*, Payot, Paris, 1974.

Ginsburg C., *I beneandanti, stregoneria et culti agrari nell'Europa del'500*, Turin, 1966.

— *Il formaggio e i vermi. Il cosmo di un mugnaio del '500*, Turin, 1976.

Godechot J., *Les Révolutions*, PUF, Paris, 1965.

Goldmann L., *Le Dieu caché*. Etude sur la vision tragique dans les pensées de Pascal et dans le théâtre de Racine, Paris, 1955.

Hazard P., *La pensée européenne au XVIIIe siècle, de Montesquieu à Lessing*, Fayard, Paris, 1963.

Hobsbawm E., *The Primitive Rebels*, Manchester, 1959.

Huizing, *Le déclin du Moyen Âge*.

Imbert G., *Des mouvements de longue durée Kondratieff*, La Pensée universitaire, Aix-en-Provence, 1959.

Isambert F., Terrenoire J.-P., *Atlas de la pratique religieuse des catholiques en France*, Presses de la Fondation nationale des sciences politiques, Paris, 1980.

BIBLIOGRAFIA 413

Joisten C., "La mort, Dieu et le diable dans un ethnotexte du haut Embrunais", *Le Monde alpin et rhodanien*, Grenoble, 1977, numéro spécial "Religion populaire".

Joutard P., *La légende des camisards: une sensibilité au passé*, Gallimard. Paris, 1977.

— *Iconographie et tradition orale*, Iconographie et histoire des mentalités, Ed. CNRS, Provence-Côte d'Azur, Marseille, 1979.

— "Protestantisme populaire et univers magique: le cas cévenol", *Le Monde alpin et rhodanien*, Grenoble, 1977, numéro spécial "Religion populaire".

Koselleck R., *Les monuments aux morts, contribution à l'étude d'une manifestation visuelle des temps modernes*, Iconographie et histoire des mentalités, Ed. CNRS, Provence-Côte d'Azur, Marseille, 1979.

Labrousse E., *Esquisse du mouvement des salaires et des prix au XVIIIᵉ siècle*, Dalloz, Paris, 1932.

— *1848-1830-1789: Comment naissent les révolutions*, Actes du congrès historique de la révolution de 1848, PUF, Paris, 1948.

Laslett P., *Un monde que nous avons perdu*, Flammarion, Paris, 1967 (trad.).

Lefebvre G., *La Grande Peur*, SEDES, Paris, 1932, rééd. Editions sociales, Paris, 1953.

Le Goff J., Nora P., *Faire de l'histoire*, Gallimard, Paris, 1974, 3 vol.

Le Goff J., Chartier R., Revel J., *La nouvelle histoire*, Les Encyclopédies du savoir moderne, 1978.

Le Roy Ladurie E., *L'histoire du climat depuis l'An Mil*, Flammarion, Paris, 1967.

— *Montaillou, village occitan de 1294 à 1324*, Gallimard, Paris, 1975.

— *Le carnaval de Romans*, Gallimard, Paris, 1978.

Mâle E., *L'art religieux après le Concile de Trente*, A. Colin, Paris, 1932.

Mandrou R., *De la culture populaire aux XVIIᵉ et XVIIIᵉ siècles*, Stock, Paris, 1964-1975.

— *Magistrats et sorciers en France au XVIIᵉ siècle*, Plon, Paris, 1968.

Mauzi R., *L'idée de bonheur au XVIIᵉ siècle*, Paris, 1960.

Morin E., *L'homme et la mort dans l'histoire*, Le Seuil, Paris, 1968.

Mornet D., *Les origines intellectuelles de la Révolution française*, Paris, 1933.

Mus M., *Imagerie populaire avignonnaise*, DES, dactylographié, Aix-en-Provence.

Ozouf M., *La fête révolutionnaire, 1789-1799*, Gallimard, Paris, 1976.

Panofsky E., *Essais d'iconologie. Les thèmes humanistes dans l'art de la renaissance*, Gallimard, Paris, 1967.

Potel, *Mort à voir, mort à vendre*, Paris, 1970.

Praz M., *La morte, la carne e il diavolo*, Florence, 1931, rééd. 1948, traduction française, Fayard, Paris, 1977.

Réau L., *Iconographie de l'art chrétien*, PUF, Paris, 1955-1959.

Roubin L., *Chambrettes des Provençaux*, Plon, Paris, 1968.

414

Roupnel G., *La ville et la campagne au XVIIe siècle*. A. Colin. Paris. 1955 (nouv. éd.).

Russo C., *Società, chiesa e vita religiosa nell'"Ancien Régime"*. Guida ed., Naples, 1976.

Schule R.-C., "De l'ermite à la cigogne... L'origine des enfants en Valais et vallée d'Aoste", *Le Monde alpin et rhodanien.* Grenoble. 1977, numéro spécial "Religion populaire".

Siegfried A., *Tableau politique de la France de l'Ouest sous la IIIe République*, A. Colins, Paris, 1913.

Soboul A., *La civilisation et la Révolution française*, Arthaud, Paris, 1970.

Tapié V.-L., en collaboration avec Le Flem J.-P. et Pardailhé-Galabrun A., *Retables baroques de Bretagne et spiritualité du XVIIe siècle,* PUF, Paris, 1972.

Tenenti A., *La vie et la mort à travers l'art du XVe siècle,* A. Colin. Paris, 1952.

Van Gennep A., *Manuel de folklore français contemporain*, Picard, Paris, 1949-1958.

Vecchi A., *Il culto delle immagini nelle stampe popolari.* Olschki, Florence, 1968.

Vovelle M., *Piété baroque et déchristianisation, les attitudes devant la mort en Provence au XVIIIe siècle,* Le Seuil, Paris, 1978.

— *La mort et l'Occident de 1300 à nos jours.* à paraître fin 1982. Gallimard, Paris.

— *Les métamorphoses de la fête en Provence de 1750 à 1820*, Aubier-Flammarion, Paris, 1976.

— *L'irrésistible ascension de Joseph Sec. bourgeois d'Aix*, Edisud, Aix-en-Provence, 1975.

— *Religion et Révolution: la déchristianisation de l'an II*, Hachette. Paris. 1976.

— *De la cave au grenier. un itinéraire en Provence. de l'histoire.*